CONVERSACIONES CON Gurudev

VOLUMEN I

MAHĀMANDALESHWAR SWAMI NITYĀNANDA

SHANTI MANDIR
Temple of Peace

Derechos de autor © 2021

ISBN 978-1-7321420-2-2

Shanti Mandir
51 Muktananda Marg
Walden, NY 12586, Estados Unidos de América.

Tel· +1 (845) 778 1008
www.shantimandir.com

Conversaciones sin principio ni final...

A menudo en nuestras conversaciones llegamos a un cierto punto en el que decimos: "OK, hasta aquí. Punto final". Cuando hacemos esto, ya no puede haber más conversación, ni más diálogo. Le ponemos un alto porque no queremos lidiar con nuestros problemas. Es demasiado doloroso. Nos lastima. No nos gusta. Una cosa es cierta: el día que muramos, no habrá más conversaciones. Entonces, al menos mientras estemos vivos, podemos tener conversaciones. Si estamos dispuestos a escuchar, a reflexionar y a asimilar las enseñanzas, surgirán nuevas preguntas. Esto hace que una conversación sea emocionante. Y puede continuar. Y continuar. En vez de un punto, solo ponemos una coma.

~ *Gurudev*

ÍNDICE

PRÓLOGO

Me viene a la mente una historia acerca de dos piedras. Hay un templo, y como es el caso en la mayoría de los templos de India, adentro hay una deidad hecha de piedra. Es de terso mármol blanco, o tal vez de granito. La gente va al templo para orar o para venerarla, a ofrecerle luces, incienso, frutas y flores. Un sacerdote la reverencia durante todo el día. Afuera del templo hay otra piedra, una piedra áspera. La gente camina sobre ella. Se sienta en ella. Tropieza con ella. Le hace muchas cosas a esa piedra.

Un día, la piedra de afuera tiene una charla con la piedra de adentro del templo. Se queja: "Tú eres una piedra. Yo soy una piedra. Nuestra cualidad básica por naturaleza es la piedra. A pesar de eso a ti te adoran y todos piensan que eres Dios. Te tocan con delicadeza. Pero, ¡mírame a mí! La gente me patea. Me escupe. Los niños pequeños hacen otras cosas. Un automóvil me atropella. Entonces, ¿cuál es la diferencia entre nosotras?".

La piedra que se ha convertido en la deidad dice: "La diferencia es que yo sobreviví al cincel. Soporté en silencio el martilleo del artista que talló esta deidad de piedra. Como resultado, ya no soy solo una piedra. He adoptado una forma divina. Soy adorada por gente que no piensa en mí como piedra, sino que piensa en mí como divina. Y por eso la guío hacia esa experiencia interior".

Muchos de nosotros vamos por la vida como si fuéramos la piedra de afuera. Yacemos o nos asentamos ahí y se nos golpea, como a la piedra de afuera. Rara vez nos aventuramos a entrar al templo interior. Incluso si vamos a *satsang*, ¿escuchamos realmente las enseñanzas? Y si las escuchamos, ¿en verdad las contemplamos?

Creo que debemos contemplar lo que escuchamos. Debemos pensar más aun, hacernos más preguntas. Por ejemplo: "¿Creo lo que se dijo o tengo que pensar más acerca de la manera en que lo comprendo?".

Puedo ver cuando la gente hace esto. Veo a la mente tratando de descifrar: "¿Qué quisiste decir exactamente cuando dijiste eso?". Entonces sabes que esa persona se está preparando para hacer la siguiente pregunta.

Cuando lees nuestras escrituras —ya sea los *Upaniṣads* u otra escritura— a menudo ves que no es otra cosa que un diálogo entre el discípulo y el Guru. Es lo que podríamos llamar una sesión de preguntas y respuestas. En aquellos días, Guru y discípulo vivían juntos durante diez, doce o quince años. Los discípulos estudian. Escuchan. Practican. Cuando un discípulo escucha una enseñanza del Guru, la contempla durante los siguientes días o semanas. Luego regresa queriendo comprenderla mejor.

Hoy en día ocurre lo mismo. El discípulo visita al Guru, pasan tiempo juntos; y luego el discípulo se va y vive su vida. Más adelante regresa y le hace más preguntas al Guru para poder llevar las enseñanzas a un nivel más profundo en su propia vida.

Cuando la gente venía de Occidente a ver a Baba Muktānanda, a fines de los sesenta y principios de los setenta, todos querían saber: "¿Qué es lo que haces?". Estaban comenzando a tener experiencias espirituales, así que tenían muchas preguntas: "¿Por qué me está pasando esto? ¿Por qué me está pasando aquello? ¿Qué es esto? ¿Qué es aquello?". Pero en ese momento no había nadie para explicar lo que estaba sucediendo. No había charlas.

La gente llegaba. La gente se sentaba. La gente cantaba. La gente hacía *sevā*. La gente entraba en lo que, incluso como niños pequeños que éramos, entendíamos que era una meditación espontánea. Nadie les dijo que tendrían un despertar de la *kuṇḍalinī*. No tenían dos meses de clases para explicarles qué es la kuṇḍalinī y prepararlos. Simplemente venían y tenían experiencias de salirse del cuerpo, de estar fuera de la mente. Entonces trataban de comprender qué les había sucedido. ¿Qué es lo que había hecho Muktānanda?

Una de las historias que me encanta es la de una jovencita que vivía en Mumbai. Le dijo a su abuela que había decidido visitar a Muktānanda.

La abuela dijo: "¿Sabes qué pasará?".

La niña respondió que sí.

La abuela dijo: "Tu vida cambiará".

La niña dijo: "Sí, lo sé. Por eso voy".

La abuela concluyó: "Después no digas que no te advertí sobre el efecto que tendría Muktānanda".

Creo que una parte de nosotros ama esa experiencia. Sabemos que eso es, en realidad, lo que somos y quiénes somos. Así pues, Baba escuchaba las preguntas de los occidentales y, por supuesto, tenía respuestas. Los primeros libros que nos dio fueron cinco volúmenes de preguntas y respuestas de aquellas reuniones. Estos libros —la serie *Satsang con Baba*— no están disponibles ahora.

Si lees esos libros, ves que a veces la misma persona hacía la misma pregunta otra vez, de una manera diferente. La mente seguía tratando de entender. Se preguntaba: "¿Cambiará su respuesta? ¿Va a cambiar lo que cree?".

También encuentras que Baba responde la misma pregunta una y otra vez. Expresa sus pensamientos en forma un poco diferente cada vez porque, por supuesto, cada persona hace la pregunta de manera un poco diferente. Pero, en general, ves que se mantiene consistente. Lo que él ha experimentado, lo que él ha encontrado y llegado a conocer en su interior no cambia.

Hasta el día de hoy, cada persona hace *sādhanā* en su casa, en su propio espacio. Luego nos reunimos como grupo y compartimos las grandes cosas que estamos experimentando. Tratamos de comprender mejor aquello que está sucediendo en la vida de cada uno.

Las escrituras dicen que hay dos tipos de preguntas: preguntas que son edificantes y benéficas, y preguntas que son lo que yo llamo pensamientos embrollados. Estos últimos no tienen un propósito ni un foco. La persona no ha comprendido aún qué es lo que quiere saber.

Por lo tanto, debes pensar en tres prácticas del *Vedānta*: *śravaṇa, manana* y *nididhyāsana*.

Śravaṇa: escuchar. Después de haber escuchado, manana:

contemplar. Después del satsaṅg, quédate quieto y contempla las enseñanzas. Escuchaste las palabras. Pero las palabras no son lo que se queda contigo. Lo que permanece es el sentimiento y ese sentimiento debe ser contemplado. "¿Cómo lo entiendo?". Contempla cómo la enseñanza que escuchaste se aplica a ti. Luego, aplícala; utiliza la enseñanza en tu vida. Lo que importa no es lo que alguien dijo ni algo que leíste. Lo que importa es aquello que has llegado a conocer. Nididhyāsana significa las enseñanzas que te ha dado tu Guru. Sumérgete en las enseñanzas para que ya no sean algo separado de ti, sino tu propia experiencia directa.

DEVOLVER AGUA AL OCÉANO

Pregunta: En *Un libro para la mente*, Baba dijo: "Cuando la Consciencia pura se contrae, se convierte en la mente". ¿Lo puede explicar?

Gurudev: De hecho, tengo ese libro conmigo. Alguien me lo dio en Florida.

Baba está citando el quinto *sūtra* del *Pratyabhijñāhṛdayam*, que dice que la Consciencia se contrae y se convierte en la mente. Se limita a sí misma dentro del cuerpo, dentro del individuo.

Según el proceso descrito por el Shaivismo de Cachemira, expandes la mente limitada otra vez y experimentas la gran Consciencia.

Creo que la manera más sencilla de comprender esto es utilizar el ejemplo del océano. Imagina que vas al océano y llenas un jarro con agua. El agua en el jarro y el agua en el océano no son diferentes, excepto que el agua en el jarro no tiene tiburones ni delfines ni algas marinas. Por lo tanto, es una versión limitada del agua en el océano.

Cuando viertes el agua de ese jarro en el océano, otra vez vuelve a hacerse una con el océano. Ya no puedes distinguir qué agua estaba en el jarro. Ahora todo es, simplemente, el océano.

De la misma manera, cuando la gran Consciencia entra en el cuerpo, el individuo se identifica con el cuerpo. Se identifica con el jarro. Me han dicho que, en Australia, jarro (*mug*) significa otra cosa, así que digamos que se identifica con la taza.

Mientras el individuo se identifique con el cuerpo, la Consciencia es limitada. Se limita a sí misma al imaginar: "Esto es todo lo que puedo hacer".

Cuando eres capaz de liberarte de las limitaciones del cuerpo, experimentas esa misma Consciencia tan vasta como es. Por supuesto, una cosa es en teoría y otra diferente en la práctica.

Pregunta: Pero, ¿es una meta alcanzable?

Gurudev: Todo es alcanzable. A veces uno la llega a vislumbrar, cuando no está atrapado en las propias limitaciones.

MEDITA EN TU SER

Pregunta: Muktānanda dijo: "Medita en tu Ser, inclínate ante tu Ser, adora a tu Ser. Dios mora dentro de ti como tú". Me preguntaba si usted podría hablarnos acerca de la naturaleza del Ser y de cómo ampliar nuestra conciencia del Ser.

Gurudev: Mientras Baba viajaba por el mundo, siempre les recordaba a todos que ese era su único mensaje. Cada uno de nosotros debe llegar a reconocer la divinidad que mora en nuestro interior.

Queremos ser el Ser divino en todo momento. Esa es la comprensión y la meta.

Al mismo tiempo, todos vivimos en este mundo, y todos somos parte de todo lo que sucede en este mundo. De esta manera, quedamos atrapados en los aspectos externos del mundo.

Nos llenamos de tantas ocupaciones. Tenemos que preguntarnos: "¿En qué me estoy ocupando?". Tenemos tecnología que se supone que hace la vida más simple, más fácil, mejor, más rápida. Pero no estoy tan seguro de que eso sea cierto. La gente va conduciendo y enviando mensajes de texto, o conduciendo y hablando por teléfono. A menudo cuando viajo, veo que cada persona tiene un dispositivo y todo el mundo comienza a preocuparse si lleva quince minutos sin sonar. Entonces, ¿cómo es que la tecnología ha hecho la vida más fácil y mejor?

Desde la infancia hasta el día de su muerte, la gente experimenta su mundo como algo externo a sí misma. Cuando vienes a satsaṅg o comienzas a hacer una práctica personal necesitas —en lugar de eso— llevar tu enfoque hacia el interior.

La filosofía del Shaivismo dice: "El foco debe estar en el interior". Incluso mientras estás interactuando en este mundo, el enfoque no puede estar afuera, tiene que estar en el interior.

El Guru de Baba, Bhagavān Nityānanda, dio un ejemplo sencillo. Todos nosotros comemos fruta. Las semillas de la mayoría de las frutas están adentro de la fruta. Pero una fruta, la castaña de cajú, tiene la semilla afuera del fruto. Está pegada a la fruta, pero no está dentro de la fruta. Entonces, Bhagavān decía que así es como tenemos que aprender a vivir en el mundo. No totalmente perdidos e inmersos en el mundo. Queremos vivir en el mundo y, sin embargo, separados de él.

Mucha gente encuentra esto difícil. Pregunta: "¿Cómo puedo vivir en el mundo, pero separado de él?". Puedes empezar por hacer una evaluación de cómo está yendo tu vida. Escuché que alguien mencionó que hoy es su cumpleaños. Puedes hacer el balance a cualquier edad. Mira los recuerdos que tienes de los últimos veinte, treinta, cuarenta, cincuenta años y pregúntate: "¿Cuáles de estos recuerdos atesoro? ¿Cuáles tienen valor?".

Un sabio propondría la idea de que la mayoría de tus recuerdos son agradables. Te provocaron dicha o diversión en su momento. Pero piénsalo: ¿te dieron dicha eterna? ¿Diversión eterna? Probablemente tendrías que decir: "En ese momento fue bueno".

En vez de eso, lleva el foco hacia tu interior. Pregúntate: "¿Qué he hecho en mi interior?".

El otro día alguien dijo: "Lo único que necesitamos es sabiduría".

A mi entender, junto con la sabiduría, cada uno de nosotros necesita mirar dentro de su ser individual. No podemos simplemente decir: "Medita en tu Ser" y no ver al individuo que existe dentro de esa Consciencia divina.

Hasta que lleguemos a ser un gran sabio siempre establecido en esa conciencia interior, somos seres humanos que deben lidiar con este mundo. Tenemos sentimientos. Tenemos emociones. Sin embargo, todavía no hemos aprendido a controlarlos.

Baba dijo: "Medita en tu Ser. Honra a tu Ser. Adora a tu Ser. Respeta a tu Ser. Ama a tu Ser". Tienes que entender claramente qué es ese Ser. Tienes un cuerpo individual, que es como te reconoces. Ese no es el cuerpo del que habla Baba. Él está hablando de la Consciencia que entra en ese cuerpo y que un día dejará ese cuerpo y entrará en algún otro cuerpo. Es ese Ser, esa Consciencia, lo que debe reconocerse.

Por momentos sí lo reconocemos. Somos conscientes, pero luego nos olvidamos. Volvemos a ser Juan, nos convertimos en quienquiera que sea nuestro nombre o identidad. Olvidamos que somos el gran Ser. Una de las enseñanzas que escuchamos mientras estábamos en Ganeshpuri fue *viśala hṛdaya*. Un corazón magnánimo. Permanecer grandes. Al mirar en mi interior, me he dado cuenta de que el Ser no es ni una parte, ni un pedazo de Consciencia. Más bien, la Consciencia está en todas partes. Es dentro de esa Consciencia que yo existo.

La filosofía del Shaivismo explica esto. Cuando miras el océano, ves que tiene olas. Si eres un surfista, solo te interesas en las olas. Quieres subirte a una ola. Olvidas que el océano es de donde surgen las olas. Sin embargo, la ola no está separada ni es distinta del océano. La ola es el océano y el océano es la ola.

De la misma manera, te das cuenta de que eres el océano de la Consciencia. Por un momento, es como si la ola de tu individualidad surgiera. Y luego se funde de nuevo. La forma con la que te identificas surge, pero en realidad es Consciencia.

Vives en Sydney, junto al océano. Siéntate cerca del agua y considera cuán vasto es el océano. Al intentar comprender qué es la Consciencia, qué es el Ser, puedes pensar en el océano, en el cielo.

Las escrituras preguntan: "¿Dónde comienza el cielo, dónde termina el cielo? ¿Dónde comienza el océano, dónde termina el océano?".

Has viajado en barco. No creo que mientras estuvieras en ese barco dijeras: "Sí, el océano comienza aquí" o "El océano termina aquí". Comprendes que el océano no es solo lo que puedes ver. Es vasto, ilimitado.

De la misma manera, cuando comienzas a percibir al Ser y a la Consciencia, empiezas a considerar dónde comienza y dónde termina esa Consciencia. Ese es un buen punto de partida.

PRESENTE EN TODO MOMENTO

Pregunta: ¿Qué es la meditación?

Gurudev: Con el tiempo, aprendes a sentarte. Te sientas en una posición, de treinta minutos, mínimo, a sesenta minutos. Y disfrutas el ser capaz de sentarte. Después de unos cuantos minutos, mucha gente siente que quiere moverse. Quiere levantarse, hacer algo. Por lo tanto, yo digo que lo primero que necesitas hacer es tomar conciencia de tu postura y establecerte en ella. Sentarte sobre un almohadón puede no resultarte cómodo. Un sofá puede no ser cómodo. Pero si es un buen asiento, firme, puedes permanecer sentado durante una o dos horas. No hay nada en el cuerpo, ni en la mente, que te moleste.

A continuación tomas conciencia de tu respiración. A medida que te enfocas en la respiración, vas siendo capaz de dejar ir los pensamientos. Eres capaz de relajarte.

Luego tomas conciencia del *mantra*. Ya sea que repitas *Oṁ namaḥ Śivāya* o uses *Haṁsa*, no importa. Baba siempre decía: "Cuanto menos tengas que repetirlo, mejor". Porque el mantra es solo un vehículo que utilizas para quedarte quieto y tranquilo.

Al principio, todo esto lleva tiempo. Pero a medida que te vuelves más apto, logras avanzar a través de los pasos iniciales, en unos cinco o diez minutos. Entonces, tienes de treinta a cuarenta minutos completos, o más, durante los cuales eres capaz de sentarte sin pensamientos, o al menos con solo unos cuantos pensamientos. Experimentas una sensación de paz.

Te vuelves adicto a la meditación. Día tras día quieres sentarte y experimentar esa paz. Si un día estás demasiado ocupado, o algo interfiere y no puedes meditar, todo el día estás consciente de que no pudiste meditar.

Haz que la meditación sea una rutina y, al mismo tiempo, no la veas como una obligación. Más bien, hazlo por amor, por alegría.

Luego, aprendes a llevarte ese sentimiento contigo durante todo el día. No dejas la quietud allá donde te sentarte por la mañana, sino que te la llevas contigo.

La *Bhagavad gītā* dice: "El yoga es habilidad en acción".
Voy a compartir una historia que explica la habilidad en
acción. Estando con Baba, cada persona tenía un trabajo
diferente. Algunas eran carpinteros, otras trabajaban en la
cocina.

Un hombre está en la cocina, rebanando un pepino.

Baba camina hasta él y le pregunta: "¿Cuántas rodajas?".
El hombre piensa: "¿Qué quieres decir con cuántas rodajas?
¿Cómo puedo saber cuántas rodajas hay en ese pepino?".
Baba lo mira y dice: "Treinta". Tres cero. Baba toma el
cuchillo, y cha-cha-cha, lo corta. Deja el cuchillo y le dice al
hombre que cuente.

El hombre cuenta. Hay solo veintisiete. En ese momento
piensa: "¿Le miento al Guru y le digo que hay treinta cuando
solo hay veintisiete? ¿O le digo la verdad de que solo hay
veintisiete?". Elige decir la verdad.

Baba repite: "¿Cuántos?". Baba siempre andaba de prisa,
por lo que solo había una fracción de segundo para pensar:
"¿Cuánta verdad o no verdad decirle?".

El hombre dice: "Veintisiete".

Baba dice: "Da vuelta al cuchillo".

Y allí están las otras tres, que suman treinta.

Me encanta esta historia porque es una expresión de lo
que vimos al crecer con Baba. Tú preguntas: "¿Qué hace la
meditación?". La meditación te da ese cerebro, preciso como
un láser; esas acciones, precisas como un láser.

Estando con Baba no había oportunidad de cometer errores.
O estabas espabilado, o no lo estabas. Aprendimos que si
querías estar cerca de Baba y sentirte bien contigo mismo, más
valía que permanecieras bien avisado. De lo contrario, Baba
no te quería cerca. Eras peso muerto. Eras un inútil. Eras un
burro. Eras estúpido. Y él te lo decía muy claramente.

¿Cómo desarrollabas estas cualidades? Tenías que desarro-
llarlas a través del proceso de meditación. Tenías que ir adentro
de ti mismo. Él te enseñaba eso.

Baba no nos enseñó a meditar diciendo: "OK, siéntate, te enseñaré a meditar", sino que la meditación se dio a través de lo que hacíamos. Todas las acciones que tenían lugar a su alrededor tenían que tener ese enfoque, esa habilidad.

Solíamos sentarnos en el patio con Baba en su ashram en India. Nuestro trabajo era estar observándolo para que cuando quisiera algo, pudiéramos dárselo de inmediato. Como ya dije, él era muy rápido; y esperaba que nosotros también fuéramos rápidos.

Al mismo tiempo, teníamos que saber qué estaba sucediendo en la periferia. Estábamos mirando a Baba, pero también estábamos viendo lo que estaba sucediendo a su alrededor. Así que cuando él decía: "Dile a aquel que venga", sabíamos a quién había visto. Y nosotros íbamos y lo traíamos.

Todo esto era focalización, concentración, meditación. Si nos pedía que buscáramos a alguien y decíamos: "¿Quién?", él tenía un lindo repertorio de palabras. Nos decía lo tontos y estúpidos e idiotas que éramos al no estar lo suficientemente enfocados y presentes como para saber a quién quería.

Si alguna vez pensaste que la meditación significaba salir de este mundo, simplemente tenías que vivir con Baba durante un mes. Entonces te dabas cuenta de que la meditación no tenía nada que ver con salir de este mundo.

La meditación tiene que ver con estar presente. Presente en cada momento. Presente en cada pensamiento. Presente en cada acción. Llevas a cabo la práctica de sentarte durante una hora al día para estar preparado para las siguientes veintitrés horas.

Alguna gente dice: "Ay, me cansaría".

Pero igual que lo aprendimos nosotros al estar con Baba, aprendes a no cansarte. Aprendes a no actuar a partir del ego, ni desde una sensación de pequeñez o limitación. Actúas sabiendo que eres vasto como el cielo. Incluso cosas que consideras inertes o muertas pueden hablarte. Aprendes a hablar y a comunicarte con ellas.

Así que para mí, la meditación es sentir la Consciencia en

todo. Yo creo que todo está sucediendo simultáneamente. Sucede en esta realidad tal como la conocemos, en su momento indicado. Pero ya ha sucedido. Por ejemplo, piensa en un niño dentro del vientre de su madre. La nueva vida se está gestando. Luego, en el noveno mes, aparece. Pero no es que empiece a existir ese día. Se ha estado preparando todo ese tiempo.

De la misma manera, en la meditación, en la Consciencia, experimentas todo lo que está sucediendo antes de que descienda al nivel físico. La meditación te enseña a conectarte con todo, al nivel de la verdad que no se ve. Entonces, cuando algo sucede en este nivel mundano, tú ya sabes lo que va a suceder.

Ya los perdí, ¿Tiene sentido lo que digo?

Pregunta: ¿Es mejor repetir los mantras semilla y meditar en los diversos *chakras*, o seguir repitiendo *Haṁsa*?

Gurudev: Siempre sugiero repetir el mantra *Haṁsa* cuando meditas en casa. La meditación en los chakras es maravillosa para hacerla juntos como grupo. Experimentar la energía juntos. Pero si estás tratando de discernir cuál es el punto en el que hay que enfocarse en cada chakra mientras meditas a solas en casa, entonces todo el sentido de la concentración enfocada se pierde.

Cuando te sientes en casa cada día, primero toma conciencia de estar sentado. Luego vuelve tu conciencia hacia la respiración. Después, agrega el mantra.

La idea es llegar a un lugar de sencilla tranquilidad. En ese lugar, no hay mantra. No hay nada.

En algún momento, encuentras ese lugar de silencio y quietud. Entonces, pasas la mayor parte de tu tiempo de meditación, simplemente en la quietud. Tal vez perduren algunos pensamientos aquí y allá. No son importantes. La quietud, el silencio, son lo importante.

Pregunta: A menudo cuando estoy meditando, me olvido de respirar. ¿En qué momento debo preocuparme?

Gurudev: Bueno, tal vez tu esposo debería preocuparse. Pero no, tú no tienes que preocuparte. El silencio y la quietud de la que hablé se experimentan naturalmente durante la retención de la respiración, o *kumbhaka*. La respiración simplemente se detiene. En sus libros, Baba habla de la respiración que ocurre en la *suṣumnā*, el canal central en el cuerpo sutil. La respiración sigue teniendo lugar. De lo contrario, no estarías vivo. La respiración solo se traslada a un nivel más profundo. Así que tienes que tomar conciencia de eso.

Recuerdo la primera vez que mi respiración se detuvo. Tenía dieciséis o diecisiete años. También tuve el mismo pensamiento: "Voy a morir porque no estoy respirando". Pero habían pasado veinte minutos, y yo seguía vivo.

Me di cuenta después de que eso era lo que los sabios llaman *nirvikalpa samādhi*, unicidad en la que no hay pensamientos, hay quietud total.

Tú eres consciente de tu respiración, la que llevas a cabo normalmente a través de tus fosas nasales. Al venir una y otra vez a un lugar de quietud, vas descubriendo que tu respiración tiene lugar a una mayor profundidad en tu interior.

Creo que es bueno. Esto significa que has ido a un lugar profundo, un lugar tranquilo y calmado. Así que no te preocupes.

Pregunta: Me pregunto si quiere describir cómo es para usted cuando medita y canta.

Gurudev: Voy a cumplir cincuenta años de hacer esto. A veces me pregunto: "¿Cuándo comenzó?". Realmente no sé. A menudo bromeo con que comenzó en el vientre de mi madre.

Todos venimos con karma. Creo que soy muy afortunado de que mi familia ya perteneciera a este linaje. No tuve que pensar, ni hacer preguntas, ni preocuparme por ello. El camino llegó naturalmente. Las prácticas vinieron naturalmente.

Cuando estabas con Baba, tenías que levantarte temprano. De hecho, me gustaba levantarme temprano porque me encantaba ir al *āratī* de la mañana para tocar el gong o la caracola. Todos venían al āratī de la tarde, pero no todos venían al āratī de la mañana. Estaban meditando, durmiendo, o haciendo sevā. Pero para mí, el levantarme temprano vino naturalmente. Hasta el día de hoy.

A lo largo de los años he llegado al entendimiento de que la meditación no es algo que haces unos pocos momentos al día. Tienes que tratar de estar en paz durante todo el día. Siempre que te encuentres agitado, frustrado o atrapado en algún sentimiento, tomas unos momentos para deshacerte de eso.

Mientras crecía junto a Baba, advertí que solía sentarse en el patio para *darśan*. Entonces, de repente, se levantaba. Sucedía totalmente de la nada. La fila del darśan seguía ahí, pero él la detenía. Solía ir a su habitación y quedarse allí quince minutos. Luego volvía al patio.

Yo era un niño de diez años y no entendía del todo lo que Baba hacía. Por supuesto, la gente inventaba teorías. Algunos pensaban que iba a meditar para poder contactar a alguien en alguna parte. La mayoría de la gente probablemente pensaba que iba al baño. No era eso. Cuando entraba, se sentaba en el pequeño taburete frente a su cama. Hacía lo que hacía y luego regresaba.

En retrospectiva, me doy cuenta de que todos tenemos que aprender a hacer eso. Cada vez que surge el instinto o el deseo, toma unos momentos para hacer lo que es necesario hacer.

La meditación es para eliminar pensamientos.

Tienes pensamientos a lo largo de todo el día. Ves. Oyes. Lees. Tienes interacciones. Todo eso deja impresiones dentro de ti. Así que te sientas en silencio y ya sea que repitas el mantra o sigas tu respiración, intentas dejar ir todas esas cosas. Te das cuenta de que ya tienes todo lo que quieres.

Al sentarte, te haces consciente de diferentes pensamientos e impresiones. Si puedes entenderlos, qué bueno. Si no puedes entenderlos, solo déjalos ir.

A veces a la gente se le dificulta mucho comprender lo que está sucediendo en sus mentes, en sus vidas. Sienten que tienen que saberlo y tienen que saberlo ahora. Creo que no es necesario saberlo ahora. Si no entiendes algo, creo que lo mejor es dejarlo, como yo digo, a fuego lento. Deja que permanezca allí y más tarde la comprensión llegará.

Si quieres saber algo, lanza un pensamiento al respecto. Luego simplemente quédate en paz o haz lo que haces normalmente. El tema acerca del cual preguntaste existe en algún lugar del cosmos, en el universo. Y por eso la respuesta viene a ti.

Ahora bien, tienes que confiar en esa respuesta. No puedes pensar: "¿Me lo imaginé?, ¿Acabo de tener un pensamiento fortuito?". La respuesta que recibes es el resultado de lo que ofrendas, de tu entrega, de tu dedicación al cosmos entero.

Al mismo tiempo, no tienes que andar contándole al mundo entero: "Vi esto" o "Sé aquello". No es necesario. Quienes están en el camino contigo, sabrán y entenderán. Quienes no están en el camino, de todos modos no entenderán.

Fundamentalmente, la meditación es un espacio de silencio. Cuando estuvimos recientemente en la Capilla Rothko, escuchamos que Mark Rothko dijo alguna vez: "El silencio es muy preciso".

En el mundo de Bhagavān Nityānanda, el silencio es el silencio de la mente.

Mientras meditas o cantas, llegas a sentirte dichoso y alborozado. El objetivo es encontrar la quietud, el silencio que existe en medio de ese júbilo.

En el ashram de Magod, los estudiantes cantan los mantras védicos. Todos cantan en una misma clave musical, a un ritmo. Todo el mundo está junto, especialmente cuando cantan el *Rudram* los lunes por la mañana. Es una experiencia poderosa sentarse allí a escuchar ese sonido único durante una hora y veinte o treinta minutos. Incluso si no comprendes los mantras, puedes escuchar el poder del sonido. Te das cuenta de que has llegado a un lugar muy profundo.

Pienso en el canto como si fuera una medicina. Cuando tomas medicina para el cuerpo, esta va adonde el farmacéutico o el médico quiere que vaya. Del mismo modo, la medicina del canto llega profundamente a tu interior.

Mientras estábamos cantando *Śrī Rām*, pensé: "Es una lástima que tengamos que detenernos". Si todos hubiéramos estado de acuerdo y hecho el ajuste, podríamos haber seguido cantando.

Eso me recordó a un *sādhu* que visitamos el año pasado en los Himalayas. Eran las 4 de la tarde y unos seis de nosotros caminábamos a la orilla del Ganges. Alguien me dijo que ahí vivía un sādhu.

Al pasar frente a su pequeña cabaña, vimos un cartel: "Estancia gratis. Comida gratis. Tienes que cantar". El canto era su paga.

Por supuesto, el sādhu salió corriendo a recibirnos. "¡Swamiji!". Les dijo a todos que entraran. Tuvimos que agacharnos para pasar por la puerta de su choza.

Nos preguntó: "¿Qué hacen?".

Le dijimos.

Luego dijo: "¿Ustedes cantan?".

Dijimos: "Cantamos".

Él preguntó: "¿Quién toca el tambor?".

Una persona se sentó con el tambor.

Él dijo: "OK, voy a preparar un poco de chai. Ustedes canten". Mientras el chai se cocía, comenzamos a cantar.

Luego dijo: "¿Quién toca el armonio?".

Así que el percusionista tomó el armonio y alguien más tomó el tambor.

Él dijo: "Ustedes canten mientras yo cuelo el chai".

Creo que todos debemos hacer del canto una parte natural de nuestras vidas, tal cual. No era "primero vamos a cantar, luego tomamos chai". El chai se estaba haciendo mientras el canto tenía lugar. El chai se estaba colando, y el canto seguía. Todo ocurrió, creo, en el transcurso de una hora.

La cabaña era un espacio muy pequeño. Mientras estábamos tomando chai, le preguntamos al sādhu dónde dormían todos. Dijo: "Cuando no hay nadie aquí, duermo en aquella habitación". Medía, tal vez, 2.5 por 2.5 metros. Y agregó: "Cuando tengo invitados, ellos duermen allí y yo duermo allá afuera". Ese otro espacio medía quizás 1.80 metros por 90 centímetros, apenas lo suficiente como para que se acostara. Creamos demasiadas ideas sobre lo que son la meditación y el canto. Las teorías que creamos y los conceptos que tenemos no importan. En última instancia, solamente se trata de ser sencillo.

Si le hicieras a Bhagavān la pregunta que me hiciste, él diría: "Mi experiencia veinticuatro horas al día es cantar y meditar. Cuando el canto sucede, disfruto de eso. Cuando no sucede nada, disfruto eso".

A veces quedamos atrapados. Al vivir en el mundo moderno compartimentamos muchas cosas. Creamos todas estas particiones y divisiones. "Ahora seré espiritual. Ahora seré materialista. Ahora seré bueno. Ahora seré santo. Ahora seré padre. Ahora voy a ser cónyuge". Siempre estamos tratando de averiguar quiénes somos en ese momento. Es entonces cuando surge la *māyīya mala*.

Tienes que disolver todas esas diferencias. Eso, para mí, es la meditación. Solo sé tú mismo. Interpreta el papel que interpretas, sin quedar atrapado en tratar de interpretar ese papel.

La meditación es convertirse en testigo, observando todas las escenas que tienen lugar en tu vida. El canto simplemente le pone música.

EL JUEGO DE MĀYĀ

Pregunta: Me he estado esforzando en comprender la naturaleza de la separación. Me preguntaba si compartiría usted su entendimiento de las *malas* y particularmente de la māyīya mala.

Gurudev: Es un velo que viene del ego. Cuando piensas en ti mismo como bueno o malo o lo que sea que sientas, entonces te sientes separado. La cualidad descrita por la māyīya mala es lo que te hace percibir la separación.

En ese momento, piensa para ti mismo: "¿Por qué me siento así? ¿Por qué estoy experimentando esto?". Tanto la *Bhagavad gītā* como los *Bhakti sūtras* dicen que es difícil pasar a través de *māyā*. Porque todo lo que ves no es más que el juego de māyā.

Mientras íbamos conduciendo por la calle esta mañana, pensé: "Es un día hermoso. Hace calor. Si le dijéramos a la gente que nos reuniremos en el parque para un picnic, tendríamos una mayor asistencia que la que tenemos al decir que nos reuniremos para meditar".

El 4 de julio, en el ashram en Walden alguien me dijo: "Todos llegaron a tiempo para el picnic. Le dices a esta misma gente que llegue a tiempo para el canto o para satsaṅg o para un programa y llegará tarde. Pero para el picnic llegó a tiempo, incluso antes de tiempo".

Dije: "Eso es māyā, el placer de los sentidos, el placer de la mente".

De verdad que el espectáculo estuvo de lo más divertido. Estábamos jugando voleibol y la mesa de picnic se estaba montando tal vez a ciento cincuenta metros de distancia. La gente ya estaba haciendo fila, esperando.

Todos sabemos que lo que te toca del buffet es cuestión de suerte. Al principio, hay tal vez cincuenta platos. Luego de que alguna gente pasa por la fila, baja hasta cuarenta y cinco o cuarenta. Si llegas al final, tal vez haya solo diez. Miras el plato de otra persona y le preguntas: "¿De dónde sacaste eso? No lo vi sobre la mesa".

La persona dice: "Me formé antes en la fila". Alguien nos envió un mensaje: "Por favor, detengan el juego y vengan para que todos estén juntos al mismo tiempo y puedan servirse de todo". Me reí para mis adentros. Dije: "Pueden comenzar". Pero me respondieron: "No, quieren a todos allí". Cuando la gente piensa en māyā, piensa: "No, no, no estoy tan atrapado en māyā".

Tenemos un libro llamado *El néctar de las disertaciones*, escrito por Swami Maheshwarānanda, quien fue el Guru del Mahāmandaleshwar que nos dio *sannyāsa*. Un hombre se acercó a Swamiji en Mumbai y le dijo: "Mi familia me tortura. Ya no hago nada por ellos, porque ya no trabajo ni gano dinero. No sirvo para ningún propósito, así que les gustaría verme *morir*". No usó la palabra "morir", pero eso es lo que quería decir.

Swamiji dijo: "¿Por qué no vienes y vives con nosotros aquí en el ashram? Puedes asistir a los satsaṅg matutinos y vespertinos. Puedes hacer alguna sevā. Puedes ir al templo. Puedes cantar, puedes meditar. Y te servirán tus comidas aquí".

El hombre de repente cambió su tono. Dijo, "Swamiji, ¿por qué habla usted en contra de mi familia?".

Swamiji se sorprendió. Dijo: "Pero tú eres el que me dijo que no son amables contigo. Solo estoy ofreciendo una solución. Aquí hay un lugar donde puedes quedarte y nadie te molestará".

Māyā es muy fuerte dentro de nosotros. Ya sea debido a la pereza o a querer hacer algo o a no querer hacerlo, lleva mucho tiempo tomar conciencia de las distinciones y separaciones que māyā crea. La única salida es superarla poco a poco cada vez que surge. Creo que el día que māyā se haya ido, todo el juego habrá terminado. Al menos para ese individuo.

LA ENTREGA OCURRE AUTOMÁTICAMENTE EN TU INTERIOR

Pregunta: ¿Cómo se entrega uno?

Gurudev: Recuerdo un incidente en particular que ocurrió en 1978. Un hombre se acercó a Baba, después de aproximadamente un mes de haber llegado nosotros a Melbourne. Trajo su pasaporte, las llaves de su casa, la llave del coche, todo. Lo puso todo en el taburete de Baba, que estaba delante de su trono, y dijo: "Me entrego a ti".

Baba dijo: "Bien. Ahora puedes llevarte de nuevo todas tus cosas".

Siempre pensamos que la entrega significa renunciar a nuestras posesiones materiales. Ayer alguien me preguntó acerca de la afirmación en las escrituras que dice: "Todo lo que posees, tu dinero, tu esposa, tu hijo, tu casa, le pertenece al Guru, a Dios". Él preguntó: "¿La escritura realmente quiere decir esto?".

Dije: "Sí. Cuando uno tiene el entendimiento de que el Guru y yo somos uno, entonces no hay dos. Resulta que todo pertenece a ese principio, ya sea que lo llamemos el Guru o Dios".

Por supuesto, surge la pregunta: "Si todo es uno, ¿quién provee?". Podemos trabajar durante ocho o diez horas al día y pensar que vamos a recibir dinero como compensación. Pensamos: "Es mi jefe quien me está dando el dinero".

Pero, ¿es así realmente? Alguien que no está separado de nosotros está cuidando de nosotros para asegurarse de que recibamos ese dinero.

A veces, cuando pienso en la entrega, pienso en los animales que viven en su ambiente natural. Viven una vida de verdadera entrega, sin preocuparse por el mañana. En ellos podemos ver que la entrega verdadera es la rendición de la mente, del ego, de la dualidad, del sentido de separación.

Tan pronto como creemos que algo es "mío" y que "necesito dar", ya hemos creado la dualidad. Pero cuando nos hemos entregado verdaderamente, vemos que todo lo que consideramos "mío" en realidad le pertenece a Dios, al Guru o a quienquiera que consideremos nuestra deidad.

A medida que nuestro entendimiento se expande, podemos

comprender mejor lo que es la entrega. No es un acto que necesite realizarse externamente; es algo que ocurre automáticamente en nuestro interior. Las escrituras de India contienen muchas historias que hablan de Dios que viene, adoptando diferentes formas, para poner a prueba a sus devotos y ver qué tanto se han entregado verdaderamente.

En fin, ¡hoy todos ustedes se han entregado a estar sentados dentro de esta carpa!

EL AMOR YA ESTÁ ALLÍ

Pregunta: Tal vez Dios quiere mostrarnos que tenemos que encontrar algo a través de la tristeza, a través del dolor, para guiarnos de vuelta al amor que podemos experimentar. ¿Es así como Dios nos enseña?

Gurudev: Citaré a Kabīr. Él dice: "Maldice esa felicidad que hace que tu corazón se olvide del nombre de Dios; da la bienvenida al dolor y al sufrimiento que te obligan a repetir el nombre de Dios en cada momento".

El único problema que a veces encuentro es que la gente se queda demasiado atrapada en la tristeza y se olvida de buscar el amor. Una señora en Nueva York constantemente discute conmigo acerca de esto, diciendo que ella está más cerca de Dios cuando está triste.

Pero mi argumento es que la naturaleza humana prefiere la compañía de alguien que está alegre, a la compañía de alguien que está triste. Si alguien está alegre, quiero estar con él o ella durante horas. Pero si alguien está triste, tal vez esté con esa persona por compasión, pero no veo la hora de alejarme de allí.

Sí, los tiempos difíciles, el dolor y el sufrimiento nos recuerdan a Dios. Nos recuerdan que debemos pensar en el propósito de la vida humana. Pero a veces llevamos esta experiencia demasiado lejos. ¿Cuántas veces tienes que meter la mano en el fuego antes de descubrir que te quema?

Las escrituras hablan de un amor que se experimenta profundamente en el interior y que no viene del ego. Así es como veo la diferencia entre esta experiencia y el amor común: cuando amo desde mi ego quiero que ese amor sea reconocido. Pero cuando el amor viene de un lugar profundo, no importa si es reconocido o no; yo sigo albergando el sentimiento de amor.

Pregunta: Pero si uno siente este amor verdadero y simplemente se deleita en él, estará solo y aislado. Seguro que esa no puede ser la meta, ni el final del proceso.

Gurudev: Los que han experimentado ese amor, en realidad nunca se quedaron aislados. Muchos salieron y estuvieron con la gente. En nuestra época podemos tomar a la Madre Teresa como ejemplo. Su amor la llevó a cuidar a la gente que no podía cuidarse a sí misma o que no estaba siendo atendida por otros. Hoy en día su gran organización está bien establecida, pero estoy seguro de que cuando empezó tuvo muchos problemas.

Aunque parezca que una persona que se sumerge en el amor podría quedar aislada, no sucede así, ya que percibe que todo lo que sucede en este mundo es sencillamente parte del ciclo continuo de creación, sustentación y disolución. Cuando entendemos esto podemos relajarnos y observar, o bien dar un paso al frente y entrar en acción, sin involucrarnos en el ciclo.

Pregunta: Entonces, debo encontrar el amor verdadero dentro de mí, pero ¿el contentamiento solo llegará cuando pueda compartir este amor con otra gente?

Gurudev: Ambos están dentro de ti. Cuando compartes el amor con la gente, eso solo aumenta el amor que ya está en tu interior.

Es como meter tu dinero en el banco. Lo depositas y luego te da intereses. El banco no te da dinero sobre el cual se generen intereses. El dinero lo pusiste tú. De la misma manera, el amor está dentro de ti, y la dicha y el contentamiento también, y estos aumentan cuando los compartes.

Pregunta: Entonces, que es más importante: ¿tener amor o dar amor?

Gurudev: Lo más importante es sentir amor. Cuando tienes amor, entonces automáticamente exudas amor.

Esto nos lleva a lo que dije antes. Cuando tienes amor, la gente quiere venir y estar contigo. No necesitas salir y decir: "Yo amo, por lo tanto, ven a mí". Ellos vienen automáticamente, a causa de ese amor.

Pregunta: Suena lógico que si tengo amor, puedo compartir amor. Para mí, el amor es simplemente aceptarme a mí mismo en la mayor medida posible, lo que también significa aceptar el lado negativo. Todo el mundo tiene muchos problemas, pero para realmente aceptarse a uno mismo plenamente, uno tiene que desarrollar este amor.

Gurudev: El amor del que hablo ya está allí. No necesita ser encontrado ni desarrollado ni trabajado. Si en nuestro estado limitado compartimos amor, ciertamente puede ser útil. Pero aun así, esa clase de amor proviene del ego. En ese amor limitado, si tiene lugar una experiencia negativa, nos sentimos heridos. Pero cuando llegamos desde la experiencia más profunda del amor, damos sin esperar ningún tipo de retribución de la persona a quien damos.

Por supuesto, todos nosotros tenemos que aceptarnos como somos. La enseñanza de Baba fue "Dios mora dentro de ti, como tú". En la medida en que aprendemos a amarnos y a aceptarnos, aprovechamos el amor que ya está ahí.

LO QUE TIENE LUGAR ES LO QUE NECESITAS EXPERIMENTAR

Pregunta: Cuando uno apenas inicia su sādhanā hay mucha emoción. Sobrevienen *kriyās* y visiones. Pero con el tiempo, en mi caso al menos, parece ser mucho más plácida. ¿Esto sucede porque no estoy esforzándome lo suficiente o es solo el proceso natural?

Gurudev: El ejemplo que utilizo es que cuando conduces de Delaware a Nueva York, pasas por Nueva Jersey una vez. Y al ir aun más al norte, ya no vuelves a pasar por Nueva Jersey. Del mismo modo, cualesquiera que sean las experiencias que puedas tener en la sādhanā, estas no se repiten.

Al mismo tiempo, cuando inicias algo, hay mucha emoción, entusiasmo. Te sientas a meditar con regularidad. Haces *japa* con regularidad. Lees las escrituras con regularidad. Las prácticas se realizan con regularidad. Luego, a medida que pasa el tiempo, hay un cierto relajamiento. Lo descuidas un poco y luego vuelves a recuperar el paso. Este sube y baja, sube y baja, continúa.

En otras ocasiones, llegas a una meseta donde parece que no sucede nada. No tienes kriyās ni visiones. Pero empiezan a ocurrir cosas en otros aspectos de tu vida. Lo que te ocurre es lo que necesitas experimentar.

Había una vez un hombre que había estado de gira con Baba durante algunos años. Un día se acercó a la fila de darśan y pensó: "Toda esta gente se levanta y da charlas de experiencias acerca de la perla azul, sus visiones, la alegría y la dicha que siente, esto y aquello". Mientras se acercaba a Baba, hizo una lista mental de las experiencias que pensó que debería tener.

Luego se inclinó y dijo: "OK, Baba", —no lo dijo verbalmente, solo mentalmente— "estas son las cosas que me gustaría experimentar".

Durante los tres días siguientes tuvo todas las experiencias que quiso. Y al final de la última, Baba vino a él en una visión y le preguntó: "¿Hay algo más que te gustaría ver?".

El hombre se sintió rebasado. Comenzó a mirar su vida y se dio cuenta de la manera en la que se había transformado desde que conoció a Baba. Todo lo que necesitaba suceder había ocurrido.

Me pidieron que diera mi primera charla de experiencias cuando tenía quince años. Subí a mi habitación y pensé: "¿De qué voy a hablar? ¿Voy a hablar acerca de cómo me grita Baba? ¿O voy a hablar de cómo me crió?". Cuando me senté y comencé a pensar en los años que había pasado con Baba, empecé a apreciar más plenamente todas las diferentes cosas que habían ido ocurriendo.

Por esta razón, no me gusta decirle a la gente lo que va a experimentar. Una persona nueva que viene por primera vez no tiene idea de en qué se está metiendo. Pero tan pronto como esta persona piensa que sabe cuál será esa experiencia, la buscará. Muchas veces, la gente busca visiones en la meditación. Quieren ver luces o escuchar sonidos. Sin embargo, lo que sea que una persona tenga en su interior se manifestará de todos modos.

En los viejos tiempos, la gente se sentaba y Baba simplemente entraba. Nadie te decía que iba a darte *śaktipat*. Nadie te decía nada sobre lo que experimentarías. Solo te sentabas allí. A menudo sentías que algo había sucedido, pero no sabías qué era. Y luego ibas con algún conocido y le preguntabas: "¿Qué fue eso?". Pero esa persona tampoco lo sabía.

No fue sino hasta 1970, después de que Baba escribió *El juego de la Consciencia*, cuando la gente empezó a llamarlo śaktipat, o despertar de la kuṇḍalinī y a usar todos los términos correctos. Las mismas experiencias habían estado sucediendo todo el tiempo, solo que nadie podía explicar qué eran.

Ahora bien, dado que hemos leído tantos libros y escuchado tantas charlas, pensamos: "OK, esto es lo que me está pasando. Y eso otro es lo quiero que me pase".

Pero a cada paso en el camino de la sādhanā, las cosas cambian. Un año podrás sentirte muy atraído hacia la meditación. El año siguiente podrías estar interesado en la japa. Y el próximo puede que no estés interesado en nada, solo en estar en silencio.

Pasamos por estas fases y cada una es parte de nuestro desarrollo personal y único. El hecho de que no pases mucho tiempo meditando durante una fase no significa que ya no estés en meditación. Es solo que la meditación ha cambiado a una forma diferente o a un nivel diferente de tu ser.

Recuerdo que esta es una de las bromas que a Baba le gustaba hacernos. Cuando lo conocías por primera vez, él te otorgaba una experiencia tan poderosa que te rebasaba totalmente. Te hacía pensar: "¡Dios, esto es formidable! Voy a sentarme a meditar todos los días, y esto es lo que va a ocurrirme". Y al día siguiente te sentabas y no pasaba nada.

Así que me gusta pensar en estas experiencias como catalizadores. Te echan a andar por el camino. Y tú todavía estás aquí, así que creo que ¡podemos decir que te ha funcionado!

Pregunta: ¿Qué es la kuṇḍalinī?

Gurudev: Hay energía en este universo, ¿verdad? Eso lo creemos todos. La energía es lo que hace que todo suceda.

El sonido viaja, eso es energía. La electricidad viaja, eso es energía. El viento es energía. El fuego es energía. Todo es energía.

La misma energía que existe afuera también mora dentro de nuestro cuerpo en forma condensada. Cuando reside dentro de nosotros el término es kuṇḍalinī.

Se dice que está enroscada tres veces y media. Puedes pensar en ella como en una serpiente, enroscada tres veces y media en la base de la columna vertebral. La palabra "enroscada", en sánscrito, es *kuṇḍala*. Como es femenina, se convierte en kuṇḍalinī.

En sánscrito existen diferentes nombres dependiendo de cómo se utiliza algo. Por ejemplo, el agua tiene más de ciento cincuenta nombres. La llamamos agua de lluvia o agua de mar o agua del río. Sigue siendo agua pero, dependiendo de la forma, el sánscrito tiene un término diferente.

En la meditación, tu kuṇḍalinī se activa. Y tu kuṇḍalinī no

es diferente de todas las otras kuṇḍalinī, ni tampoco es diferente a de la gran energía que existe en este universo.

Pregunta: Hay una gran cantidad de enseñanzas acerca de los chakras y muchas incluyen el séptimo. Me preguntaba si podría usted hablar de eso.

Gurudev: En nuestros aprendizajes se nos enseña solamente acerca de seis chakras. Al que te refieres como séptimo se le considera el chakra corona, o *sahasrāra*, el loto de mil pétalos. Se dice que ya está abierto. Ya está libre de impresiones, de *saṁskāras*. Es donde la unión de lo femenino y lo masculino tiene lugar dentro del cuerpo. La kuṇḍalinī debe perforar y abrir los seis chakras. Estos seis chakras contienen todas las impresiones que hemos acumulado y que viajan con nosotros en nuestro cuerpo sutil mientras vamos de cuerpo en cuerpo después de la muerte.

Pregunta: La kuṇḍalinī se mueve mucho en mí. Me causa temor y quisiera un pequeño consejo respecto a cómo convivir con eso.

Gurudev: Un buen profesor de hatha yoga ayudaría. El hatha yoga hace básicamente lo mismo que el kuṇḍalinī yoga. Ayuda a eliminar los bloqueos. Cuando meditas después de hacer hatha yoga, es más fácil soltar y dejar ir.
El miedo surge a causa de lo desconocido. No sabemos qué va a suceder. Así que acepta que no sabes. Por otra parte, saber tampoco ayudaría.

Pregunta: Cuando medito, la kuṇḍalinī se mueve en mi cuerpo y en realidad es bastante agradable. Eso puede distraerme mucho. ¿Debo tratar de detener los movimientos, cosa que luego activa mi mente, o debo dejar que sucedan?

Gurudev: Hay varios bloqueos dentro del cuerpo. A medida que la kuṇḍalinī se mueve, hay que ir retirando estos bloqueos. Eso es lo que causa los movimientos. Lo mejor es simplemente permitir que dichos movimientos tengan lugar.

Cuando estuvimos con Baba vimos muchos movimientos. Le pasaba a gente que nunca pensarías que podría moverse de esa manera. Más tarde, cuando los encontrabas a solas o hablabas con ellos, a veces ni siquiera estaban conscientes de todas las cosas que les habían sucedido.

Recuerdo que en Melbourne en 1978, un australiano estaba hablando, creo que en japonés o en algún otro idioma. Si le preguntabas después: "¿Qué dijiste?", no lo sabía. No entendía lo que estaba diciendo.

Lo mejor es olvidar que estás teniendo movimientos. Solo permítete la inmersión. Los movimientos sucederán y después, algunos años más tarde, echarás de menos esos movimientos. Esto sucede a veces. La gente dice: "Yo tenía visiones maravillosas. Tenía movimientos maravillosos. Pero ya no me sucede". Se preocupa. Se pregunta si la kuṇḍalinī ya no está trabajando en ellos.

Cuando estábamos con Baba teníamos una broma. Alguien se acerca a Baba y dice: "Ya no tengo movimientos".

Baba dice: "Eso significa que estás despejado. Ya no tienes más bloqueos".

Por supuesto, la persona se siente eufórica al escuchar esto. Significa que es muy pura en comparación con el resto de la multitud.

Pero supongamos que, en vez de eso, Baba dice: "Eso significa que estás tan atascado que no hay espacio para que la kuṇḍalinī se mueva".

Ahora la persona se preocupa.

Por lo tanto, disfruta de tus movimientos. Deja que sucedan. Yo diría que dentro de ese movimiento existe también una quietud. Esa quietud, esa energía, es lo que buscas sentir y experimentar.

Pregunta: ¿Hay algún peligro con el despertar de la kuṇḍalinī? Parece ser una experiencia abrumadora.

Gurudev: Creo que abrumadora es probablemente la palabra correcta. Se trata de soltar, o dejar ir, y puede haber un pequeño porcentaje de gente a quien las vuelva realmente loca. Pero, como dijo Baba, la *śakti* es sabia. Si te permites entregarte al proceso y tener fe, la śakti te guiará de la manera correcta. Entonces la vida se vuelve plena, completa. Como tal, no hay peligro.

El peligro surge cuando la gente mezcla kuṇḍalinī, drogas y otras cosas, para experimentar. Si haces eso, estás jugando con fuego. Estás haciendo algo que no es natural. Eso puede volverse peligroso.

Mucha de la gente que se desequilibra mentalmente, es porque ya estaba en el límite. Para depurar esa tendencia, la kuṇḍalinī podría empujarla totalmente hacia el otro lado. Entonces podrá reconstruirse de nuevo. La mente se vuelve más fuerte.

Cuando yo tenía unos ocho o nueve años, un norteamericano fue a Ganeshpuri. Estaba un poco tocado de la cabeza. Baba le aconsejó: "No medites. Simplemente haz repeticiones del mantra".

Así que a nosotros, los niños pequeños, nos dieron el encargo de sentarnos en fila a lo largo de la pared del fondo y él tenía el encargo de caminar de acá para allá, de allá para acá, cantando *Śrī Rām jai Rām*. Él cantaba y nosotros respondíamos. A veces pensábamos que era un castigo para nosotros porque teníamos que sentarnos allí con él durante una o dos horas haciendo eso. Él necesitaba del canto, tan solo para poder calmarse.

NO PERMITAS QUE TU MENTE TE ENTRAMPE

Pregunta: A veces no estoy seguro de si estoy aprovechando como debería sus charlas y los cantos y las otras prácticas. ¿Hay alguna manera de maximizar lo que estoy recibiendo?

Gurudev: Cuando quedas atrapado en "Debería estar haciendo esto para sacarle el máximo provecho", a veces surgen problemas. Es mejor solamente sentarte y participar sin decir: "Debo sentir esto" o "No debería sentir esto" o "Debería pensar esto o no pensar esto".

Baba solía contar una historia muy sencilla acerca de un buscador que fue al Guru y le dijo: "Inícieme".

El Guru estuvo de acuerdo y dijo: "OK, aquí tienes un mantra. Ahora medita". Y agregó: "Pero nunca pienses en un mono cuando medites".

El buscador pensó: "¿Por qué? Nunca pienso en monos. ¿Por qué pensaría en un mono cuando medite?".

Así que volvió a casa y se sentó. Y lo primero que vino a su mente fue un mono. Cambió de dirección. Cambió de lugar. Cambió de postura. Pero todo lo que podía hacer era pensar en un mono.

Regresó corriendo a ver al Guru y dijo: "Nunca había pensado en un mono antes. Pero ahora que me has iniciado, no puedo pensar en el mantra. ¡Solo puedo pensar en un mono!".

Solo con hacerlo y participar plenamente, te volverás más apto. El valor de lo que estás recibiendo empezará a aumentar. Pero si te dices a ti mismo: "Quiero asegurarme de que en estas veinticuatro horas que pasamos juntos obtenga el máximo beneficio", entonces tu propia mente te entrampará. Cuando te vayas a casa, te estarás preguntando: "¿Conseguí el máximo beneficio o no?". Empezarás a evaluar. En cambio, si solamente vienes, participas y luego regresas a casa, te sentirás feliz.

¿Ves mi punto? Solo disfruta. No importa qué tanto de ti pueda participar, déjalo que participe. Podría ser tu todo, podría ser el noventa por ciento, podría ser el cincuenta por ciento. Cualquier cantidad está bien.

Pregunta: Me siento encerrado en pensamiento y acción en la experiencia cotidiana. ¿Qué produce el cambio hacia la espontaneidad?

Gurudev: La mayoría de los seres humanos actúan a partir del miedo. Sin embargo, cuando hay algo de entendimiento en tu interior, te das cuenta: "¿De qué sirve el miedo? No sirve más que para limitarme. Lo que suceda sucederá de todos modos. Así que voy a vivir la vida y a disfrutar". Los sufíes utilizan el ejemplo de cómo viven los animales. Los animales no se preocupan por el mañana, o sobre qué hacer o qué va a pasar. Solo viven la vida en el momento y disfrutan. Ram Das enseña: "Estate aquí ahora". Esto significa vivir la vida en el momento, manteniendo a la mente en el presente. Si puedes entrenar a la mente para estar en este momento y disfrutar, entonces puede alcanzarse la espontaneidad. Es un proceso en el que hay que trabajar.

Pregunta: Usted mencionó antes el deshacerse de pensamientos inútiles. Pero también dijo: "Usa tu mente, usa tu cerebro". ¿Puede explicar eso? ¿Utilizar el cerebro, pero no los pensamientos inútiles?

Gurudev: Creo que respondiste tu propia pregunta. Todo el mundo piensa. No hay nadie que no piense. Un perro también piensa. Estoy seguro de que un caballo piensa. Yo decía que todos tenemos un cerebro y ahora la ciencia está descubriendo que cuanto menos usamos nuestro cerebro, este muere más y más. Y cuanto más muere, mayor es la probabilidad de contraer una gran diversidad de enfermedades. Así que la idea es utilizar el cerebro para hacer cosas mejores. Crecimos respetando a nuestros mayores. Teníamos miedo de nuestros mayores. Así que por amor y respeto a nuestros mayores utilizamos nuestro cerebro para hacer cosas buenas. Por lo menos intentamos hacer obras buenas. Sin embargo, los niños de hoy no tienen ese miedo a sus mayores. Así que sencillamente hacen cualquier cosa. Y eso se filtra a la sociedad.

Lo que queremos es, como dicen los *Vedas*: "Oh mente mía, ten pensamientos nobles".

Por ejemplo, piensas: "Quiero repetir el mantra". Pero no puedes sentarte veinticuatro horas al día y repetir *Oṁ namaḥ Śivāya, Oṁ namaḥ Śivāya, Oṁ namaḥ Śivāya*. Hay otras cosas que tienen que ocurrir. Sin embargo, ahora gracias al iPod y al CD puedes tener el mantra sonando de fondo, con el volumen ajustado aproximadamente a 10. Puedes escucharlo y al mismo tiempo seguir haciendo lo que haya que hacer.

Me has oído hablar acerca de la gente que ve películas de terror y luego dice que su sueño estuvo perturbado esa noche. ¿Quién le pidió que viera esa película? ¿Quién le pidió que se asustara? No necesita hacer eso.

Puedes leer algo edificante antes de irte a la cama. Entonces duermes bien. Por la mañana, te despiertas sintiéndote bien. Y haces cosas buenas.

En última instancia, aspiras a la cesación de pensamientos. Pero hasta que llegues a la cesación total de pensamientos, haz cosas sabias.

Esto puede ser una lucha constante. Es difícil ser bueno. Pero todos tenemos que esforzarnos por ser buenos.

Pregunta: Trabajo con mucha gente que padece demencia y me preocupa volverme demente y olvidar mi mantra. Si eso sucede, ¿seguiré estando OK mientras no tenga pensamientos?

Gurudev: Pienso que mientras sigas libre de demencia y de todas las enfermedades que pueden llegar con el envejecimiento, debes trabajar muy duro para que cada parte de tu cuerpo se llene del mantra.

A menudo Baba decía que cada célula, cada poro del cuerpo debía llenarse con el mantra. Así que, para irte anticipando a una posible demencia, practica eso ahora.

A través de los años he leído que utilizar más partes del cerebro, ya sea por medio del aprendizaje de un idioma o haciendo cosas diferentes, se asocia con mantenerlo vivo. Si lo utilizas menos, es más probable que el cerebro vaya muriendo. Así que tienes que encontrar cosas que puedas hacer, incluyendo cosas que tal vez nunca antes hayas hecho, para mantener vivas esas partes del cerebro. Por otro lado, hoy en día mucha gente no es consciente del efecto que los alimentos y otros aspectos de su estilo de vida tienen sobre el proceso de envejecimiento. Así que, ¡a cantar!

UNA VASIJA DE ORO

Pregunta: ¿Podría hablarnos de los riesgos de meditar demasiadas horas al día?

Gurudev: Siempre he advertido acerca de meditar en exceso. Uno piensa: "Solo debería meditar". Pero Baba no prescribió eso. Dijo que demasiada meditación consume los fluidos del cuerpo. Las escrituras prescriben muchas otras cosas —el estudio, la repetición del mantra, japa— para complementar la meditación.

Si te fijas en el esquema de Baba mismo durante su sādhanā, verás que meditaba temprano por la mañana. Luego, hacía un receso. Más tarde, meditaba a media mañana. Y luego hacía otro receso. A continuación, volvía a meditar por la tarde, al anochecer. Y hacía otro receso. Y una vez más, volvía a meditar antes de irse a dormir. De modo que no era una meditación constante y sin cesar. Su meditación se extendía a lo largo del día, junto con el estudio, japa, caminatas y algunas interacciones con la gente.

Lo más importante que dicen los sabios es que la mente y el cuerpo no son lo suficientemente fuertes como para tanta meditación. Generamos mucha energía en nuestro interior cuando meditamos. La analogía que se usa a menudo es la de la leche de la tigresa y una vasija de oro. Dicen que la leche de la tigresa es tal que se necesita una vasija de oro para transportarla. Siempre que menciono esto, digo: "Si no estás seguro, siempre puedes ir por leche de tigresa y ver qué pasa".

La idea es que el cuerpo es una vasija. Hemos hecho tantas cosas con él que lleva mucho tiempo depurarlo y purificarlo para que, cuando meditemos, pueda digerir y contener la energía meditativa. Necesitamos purificar y preparar el cuerpo físico, y también los otros cuerpos en su interior, para evitar los peligros de una meditación excesiva.

Pregunta: ¿Hay algún momento del día que sea mejor para hacer japa o repetir el mantra?

Gurudev: Creo que antes de irse a la cama es un momento estupendo porque entonces la mente se colma del mantra. Otro buen momento es temprano en la mañana, cuando acabas de despertar.

Pregunta: Recuerdo haber leído que durante su sādhanā, Baba meditó doce o trece horas por día durante nueve años. ¿Cómo se explica eso?

Gurudev: Debes recordar que él ya había estado buscando e investigando durante veinticinco años, antes de empezar esos nueve.

Baba también hablaba de alimentarse como corresponde para asegurarse de que el cuerpo estuviera preparado. Castañas de cajú, ghee, pistachos y uvas pasas son algunos de los alimentos que nos dan energía para meditar. Por eso los usamos en nuestra cocina.

Estando con Baba, cuando alguien tenía una reacción fuerte durante la meditación —una *kriyā*— le introducían una banana en la boca. Si una persona no podía hacer esto fácilmente sola, entonces dos personas sujetaban a la que tenía la kriyā. A veces se trataba de una persona de menor tamaño y, aun así, a las otras dos no les era fácil controlarla. Tal es la cantidad de energía que se puede llegar a tener.

Creo que no entendemos del todo a la śakti. Es decir, hablamos de ella. Decimos lo que pensamos que es. Pero cuando es śakti en bruto, como muchas veces vimos al estar con Baba, no nos damos cuenta del poder que contiene.

Creo que, como aconsejan los sabios, es mejor no arriesgarse con una meditación excesiva. Porque toda esa energía puede hacer cortocircuito en el cuerpo. Eso lo hemos visto a través de los años. Una persona se "deschaveta" porque su sistema no es capaz de procesar la energía.

Preguntas por qué. Un ejemplo sencillo es tomar algo diseñado para funcionar a 110 voltios en los Estados Unidos. Si lo enchufas a una toma de corriente de 440 voltios, eso es cuatro veces más de lo que puede procesar. Explotará.

Pregunta: En nuestro mundo lleno de ruido y confusión, ¿cómo hago para enfocarme?

Gurudev: Ciertamente, nuestro mundo es ruidoso. Ayer, mientras caminábamos después de pasar algunas horas en la cabaña, dije: "Qué tranquilo es aquí".

Pienso que aquellos de nosotros que disfrutamos —que hemos aprendido a disfrutar— del silencio, podemos crear silencio, al menos en nuestros propios espacios. Aprendemos a apagar las cosas que hacen ruido. Porque todo hace ruido, incluso nosotros mismos. Para mí, la práctica de la meditación en su totalidad es aprender a disfrutar del silencio.

Ponemos música y, en algún punto, queremos que hasta esa música pare. Como anoche después del canto, había una quietud. Aprendamos a disfrutar de esa quietud. Si estamos acostumbrados al ruido, entonces morimos por hacer ruido. Tenemos que contenernos y decir: "Estate quieto. Estate tranquilo".

Focalizar es un gran ejercicio. A lo largo de los años, nos enseñamos a nosotros mismos cómo enfocarnos. La experiencia de Baba se basaba en el enfoque. Él realizó un gran esfuerzo para llegar hasta ese lugar.

LA LUZ SE ENTREVÉ

Pregunta: Baba hablaba mucho acerca de la perla azul. ¿Podría explicar más sobre esto?

Gurudev: La perla azul fue lo que Baba experimentó en su propia meditación como meta final. Solía decir que su experiencia del Ser en el interior de cada uno de nosotros era una perla azul.

Los sabios se refieren a los cuerpos sutiles, o cuerpos de energía dentro de nosotros, como luz. Tukārām Mahārāj dijo que experimentó rojo, blanco, negro, amarillo y diferentes colores. Según el estado interior de una persona, verás diferentes colores que emana él o ella. La gente moderna lo llama aura.

Baba solía decir que cada vez que veía que alguien se le aproximaba primero veía luz. No veía al individuo, todo lo que veía era luz. Para él, esa era la luz del Ser, a la que llamaba la perla azul.

Él contó que cuando estaba atravesando por su proceso de meditación, a veces veía que la perla azul iba y venía. Una vez que él se asentó en su experiencia de meditación esa luz azul permaneció constante.

No creo que puedan leer acerca de la perla azul en demasiados lugares salvo en los libros de Baba. Por eso digo que esa fue su experiencia. Por supuesto, una vez que él escribió sobre eso, muchos hablaron de ella.

Pregunta: ¿Entonces, la perla azul es algo que podemos alcanzar?

Gurudev: Puedes llegar hasta un lugar donde veas la luz de la Consciencia. El modo en que la veas puede ser igual al de alguien más, o puede ser diferente.

Dentro de este cuerpo se encuentran el cuerpo sutil, el cuerpo causal, y el cuerpo supra-causal. Todos ellos son cuerpos de luz o cuerpos de energía. Cuando no meditas, te tornas más denso. Colocas más cubiertas sobre los cuerpos de luz. Cuando empiezas a meditar, depuras y purificas esos cuerpos. Entonces la luz resplandece.

Es por ello que con frecuencia se dice que nuestro rostro es reflejo de nuestro interior. Cuanto más puro te vuelves en tu interior, más radiante es tu rostro. Ese brillo no se debe a ninguna otra cosa más que a la luz que resplandece en tu interior. Y para eso practicas un yoga vivo.

Pregunta: Quiero preguntarle sobre una experiencia que no entiendo. Hace algunos años, tuve una meditación en la cual Baba Muktānanda colocó una daga en mi tercer ojo, el cual explotó en mi cabeza y vi tres colores: rojo, blanco y azul. Eran como joyas. Siempre me he preguntado qué significaban esos colores.

Gurudev: En uno de sus poemas, Tukārām Mahārāj los llama los colores de la Consciencia. Él habla de rojo, blanco y negro; no menciona el azul. Dice que son los colores de la Consciencia que están en nuestro interior.

Cuando cada uno de los diferentes chakras se abre, se emite una luz. Junto con la luz viene el color. Tukārām habla del rojo, blanco y negro y dice que están asociados con el chakra *ajña,* el que llamamos el tercer ojo.

El Vedānta habla de colores y dice que están asociados a los diferentes cuerpos: físico, sutil y causal. Cada uno tiene su color.

Cuando meditas ves diferentes luces y colores. Siempre digo que son señuelos para hacerte saber que algo está pasando, que el proceso está en marcha. De este modo se mantiene el amor por las prácticas. Se fortalece el deseo de continuar. Este tipo de experiencias abre el apetito para más.

EL MANTRA REDIME

Pregunta: He estado practicando *Oṁ namaḥ Śivāya*, y hoy usted mencionó *Haṁsa*. Empecé a repetirlo, pero estaba medio luchando con él. ¿Podría darnos algo de luz en relación con este tema?

Gurudev: No eres el único. Así que gracias por mencionarlo. Todo el mundo tiene este problema cuando ha practicado *Oṁ namaḥ Śivāya* o algún otro mantra durante cierto tiempo. Se preguntan: "¿Cómo repito *Haṁsa* si mi mente va automáticamente a *Oṁ namaḥ Śivāya?*".

Cada día, cuando te sientas a meditar, empieza a tomar conciencia del proceso entero de la respiración. Respiramos, pero es excepcional que nos encontremos inhalando amplia y profundamente, llevando el aire hasta el abdomen, y luego exhalando plenamente desde el abdomen hacia arriba.

Primero, permítete tomar conciencia de la inhalación y de la exhalación. Cuando veas que puedes inhalar y exhalar desde el abdomen, entonces, al unísono con esa respiración, repite *Haṁ* y *Sa*.

La filosofía del Shaivismo de Cachemira explica que este es el sonido que la respiración hace al entrar y salir. Hasta llegar a cierto punto, repites *Haṁ* y *Sa*. Luego descubres que te has quedado quieto. A veces te oirás repitiendo el mantra. Pero en realidad no eres tú quien lo repite. Está ocurriendo.

Entonces, surge la pregunta: "¿Qué hago con *Oṁ namaḥ Śivāya?*".

Mientras estés en tus actividades diarias, sin estar consciente de tu respiración, sin tratar de entrar en meditación, repite *Oṁ namaḥ Śivāya*. Recuérdate, de una u otra manera, que todo es un reflejo de la Consciencia.

¿Cómo puedes hacer eso? No puedes decir: "Reflejo, reflejo, reflejo, reflejo, reflejo, reflejo". Entonces dices *Oṁ namaḥ Śivāya*. Y eso te recuerda que es un reflejo. Te recuerda sonreír. Te recuerda reír. Te recuerda, simplemente, relajarte y disfrutar.

Usas el mantra *Haṁsa* como un medio de concentración, de enfoque. Y usas *Oṁ namaḥ Śivāya* como recordatorio.

Pregunta: Si una persona repite el mantra, ya sea consciente o inconscientemente, con la pronunciación incorrecta, ¿puede esa persona matar a alguien o a sí misma, a causa del poder del mantra?".

Gurudev: No te matarás con el poder del mantra. Mantra significa "aquello que redime". Cuando lo haces con un entendimiento positivo, te ayuda y te enaltece. Hay gente que usa mantras para hacer maldades. Sin embargo, si al mismo tiempo tú repites el mantra que te protege, esa otra persona no te hará daño. Siempre he sabido que la persona que elige la ruta positiva, gana.

TODO ESTO ES UN REFLEJO

Pregunta: ¿Puede hablar acerca de las maneras de permanecer conectados a este yoga vivo, en momentos en que la mente necesita enfocarse en cosas prácticas, mundanas?

Gurudev: La filosofía del Shaivismo habla de una práctica llamada *ābhāsavāda*. Significa verlo todo como un reflejo. Empecemos con la teoría simple del reflejo. Hay un espejo. Los objetos se reflejan en ese espejo. Ahora bien, los dos son reales: el reflejo y los objetos. Cualquier cosa que les pase a los objetos afecta a esos objetos. Sin embargo, nada le ocurre al espejo. El espejo es independiente, ¿sí?

Lo que me estás preguntando es: "¿Cómo debería yo percibir este gran reflejo?".

Aplica el mismo concepto cuando entres en el mundo. Todo lo que ves allí no es más que un reflejo de la Consciencia universal. No todos los objetos están conscientes del hecho de que son un reflejo. Más aún, no hay un espejo allí, entre el reflejo y tú, para recordarte que todo esto es un reflejo. Tienes que saberlo.

Si sales al mundo entendiendo de que todo es un reflejo de esa única Consciencia, entonces tu actitud al tratar con todo el mundo cambia.

Está bien decir mentalmente: "Todo es un reflejo". Pero hay una realidad con la que tienes que lidiar. No puedes conducir detrás de un auto y decir: "Es un reflejo, así que no chocaré con él". Eso no es verdad. Vas a chocar contra él. Pero, al mismo tiempo, recuerda que es simplemente un reflejo.

Traje el libro de Baba conmigo. Y acabo de mirar el título: *Reflejos del Ser.*

Él quiere que entendamos por cuánto tiempo sirve un reflejo. En tanto te pares frente al espejo, hay un reflejo. En el momento en que te apartas del espejo, no hay reflejo. En tanto el cuerpo esté allí, hay un reflejo. En el instante en el que el cuerpo muere, ya no hay reflejo. Se fue.

A menudo me pregunto: "¿Cómo hacen los sabios que viven en la experiencia del Ser en todo momento para lidiar con este mundo?".

Ellos se percatan de que todo es Consciencia. Y al mismo tiempo tienen que lidiar con nosotros. Pienso que no se permiten retirarse de la experiencia de la unicidad, de la grandeza, de la percepción, o como quieras llamarla. Permanecen expandidos. Nosotros nos contraemos. Nuestra contracción se debe al miedo, a nuestras limitaciones.

Entonces, la pregunta que debes hacer es "¿Cómo me deshago de estas limitaciones?". Porque como dijo Baba, el ser humano tiene el potencial, el poder de ser lo que quiera. Podemos ser buenos, podemos ser malos. Podemos hacer el bien, podemos hacer el mal. Pero nos limitamos al decirnos de inmediato: "No, eso no es posible. No puedo hacerlo".

Pienso que cuando lidiamos con el mundo, más que pensar que algo no puede hacerse, tienes que verlo al revés. Piensa en lo que sí es posible, en lo que puede hacerse. La única pregunta es cómo.

Todo es cuestión de manejar las percepciones de la gente. Piensa en lo que hacen los medios de difusión. Dirigen tu percepción. De repente, un millón de personas en todo el mundo han leído las mismas noticias. Y un millón de personas tiene el mismo pensamiento: "¡Ay, Dios mío!".

Pienso en lo que Baba hizo en su tiempo. Puso a cantar a tanta gente. Hizo que tanta gente meditara. Históricamente han existido lugares como Pandharpur o Alandi, donde grandes multitudes se reúnen a cantar. OK, son lugares calurosos, polvorientos, sucios. Son todo eso. Pero si logras elevarte por encima de todo eso, surge la experiencia colectiva.

Traten de crear un ambiente propicio en sus lugares de trabajo, un ambiente de Consciencia para volverse más perceptivos. Muchos lugares de trabajo, compañías y fábricas en India reúnen a sus trabajadores para cantar. Hacen āratī. Hace poco tiempo, un hombre trajo aquí a un grupo de compañeros de trabajo para que pudieran vivir algo diferente de lo que experimentan normalmente. A una señora le gustó, y después trajo a su esposo y a sus padres.

Como lo que hacemos es tan diferente, pienso que nos da miedo. Nos preguntamos: "¿Qué debo decirle a la gente?".

Cuando voy a una tienda de comestibles, a veces hay un niño que tiene el valor de preguntar: "Mami, ¿qué hace un hombre vestido con falda?".

Ella dice: "¡Shhh!".

El niño sigue mirándome, y cada vez que nos encontramos en diferentes góndolas, continúa preguntándose: "¿Qué hace un hombre vestido con falda?".

Lo único que puedo hacer es sonreír porque sé que la madre teme que yo convierta al niño en lo que yo soy. Por supuesto, visto ropa que me hace evidente. Pero tú puedes llevar la conciencia a tu lugar de trabajo de otras formas. Date cuenta de que así como tú eras ignorante hace algunos años, tus colegas, amigos y familia pueden serlo ahora.

No se trata de llegar y decir: "OK, ¡todo es Dios! Todo es Consciencia". Eso les hará perder el interés de inmediato.

Piensa en maneras de compartir esta enseñanza. Hazles saber que estás tratando de vivir una vida mejor. Que estás intentando actuar de manera consciente. Que aspiras a observar tus pensamientos. Mucha gente ni siquiera sabe que puede ser consciente de sus pensamientos. Algunos piensan: "Tengo pensamientos, ¿qué puedo hacer al respecto?". Sin embargo, podemos tener mejores pensamientos.

Entonces, surge la pregunta: "¿Cómo mejoro la calidad de mis pensamientos?".

Baba decía: "Lee buenos libros. Escucha buena música. Ten buena compañía". ¿Y entonces? Bueno, empieza con eso. Por supuesto que te van a preguntar: "¿Qué debo leer?". Ten preparado lo que les vas a dar para leer.

Todos estos son apoyos. Inician la conversación. Por supuesto, a ti te sirven como recordatorio de que esto es un reflejo. Porque es posible olvidarlo en el momento.

Todos nosotros tenemos que encontrar maneras de recordar las enseñanzas. Brahmānanda Mahārājji solía hacer esto. Baba solía hacerlo también: siempre llevaba consigo una versión de bolsillo de la *Bhagavad gītā* o de alguna otra escritura. De esa manera, cuando estás ocioso, en vez de tener pensamientos inútiles puedes abrir el libro.

Recuerdo cuando estuvimos con Mahārājji en 1995, en Calcuta. Temprano por la mañana, todos nos reuníamos en el prado para desayunar. Él estaba sentado en su silla, leyendo su pequeña *Bhagavad gītā*. Yo pensaba: "Ha sido monje durante cincuenta o sesenta años. Domina todo el contenido de arriba a abajo. Conoce todos los versos. Sabe todo". Entonces dije: "Preguntémosle por qué está leyendo esto a las ocho de la mañana". Normalmente uno querría leer el periódico para enterarse de los chismes más recientes. De modo que le preguntamos. Él respondió: "Yo soy Arjuna. Y este es Kṛṣṇa hablándome". En algún momento en el transcurso de esos sesenta años, se dio cuenta de que Arjuna no es alguien más. Las enseñanzas no son solo para predicar o compartir. Son lo que tenemos que aprender. Elimina la diferencia de que esta conversación entre Kṛṣṇa y Arjuna se lleva a cabo en un campo de batalla. No, este es mi campo de batalla. Yo soy Arjuna. Y Kṛṣṇa me está hablando. Estas enseñanzas son para mí.

Cuando leemos los libros de Baba, pensamos: "¡Wow!, Baba dijo cosas formidables". Pero luego leemos *Reflejos del Ser* y vemos que dice: "Lávate las manos y la cara. Cualquier alimento que recibas, ya sea sabroso o seco, cómelo solamente después de purificar tu mente. Que la comida deliciosa no te tiente. Si te dan alimento seco, no te enojes".

Tal vez digas: "Bueno, por supuesto, me lavaré manos y cara". Pero lo que en verdad tienes que recordar es: "Si te dan alimento seco, no te enojes".

Durante un vuelo, a veces los sobrecargos te dan algo que no puedes comer. En ese momento date cuenta de que esa persona no puede hacer más. No pienses que, como tú podrías hacer más, esa persona también puede hacer más. Ese reflejo no puede hacer más que esto. Ahí termina la capacidad de ese reflejo. Queremos sobreponer, por la fuerza, nuestro reflejo a ese reflejo. Eso no es posible.

Para mí, de esto se trata vivir el yoga. Se trata de vivir las enseñanzas, los principios, constantemente. Ponte en los zapatos de la otra persona y piensa: "¿Qué habría hecho yo?". De vez en cuando, un auxiliar de vuelo, al enterarse de que somos vegetarianos, será creativo y dirá: "Ahora regreso". Otro solo preguntará: "¿Lo ordenó con anticipación?", y no nos conseguirá nada.

Generalmente, no queremos nada de todos modos porque hemos venido preparados. Pero es divertido ver cómo se comporta esa persona.

Cada vez que alguien no es agradable, o es mezquino, es una buena lección. Podemos recordarnos: "Así es como no quiero ser cuando esté en una situación como esta". Por supuesto, eso significa que también nos estamos preguntando: "¿Cómo quiero ser?".

En todos nuestros tratos en el mundo debemos simplemente preguntarnos: "¿Cómo me gustaría que me trataran?". Y entonces tratamos a los demás en consecuencia.

Pregunta: Si está usted confundido, ¿cómo sabe que está tomando la decisión correcta?

Gurudev: Tengo una pregunta. Cuando me hago esa pregunta, viene una respuesta. La respuesta viene suavemente, gentilmente. Escucho esa respuesta. Soy consciente de que mi pregunta ha sido respondida.

Pero supongamos que en lugar de seguir esa primera respuesta, voy a pedir unas cuantas opiniones. Una docena de personas me darán una docena de opiniones. Entonces, ¡estoy confundido! Puede que tenga doce opiniones pero he olvidado aquella primera respuesta.

Nosotros, como buscadores, tenemos que aprender a confiar en esa primera respuesta. Proviene de un lugar de Verdad, de Consciencia.

Eso no significa que todo va a ir saliendo perfectamente según avanzamos. Pero llegaremos a nuestro destino. La razón por la que aparecen esos obstáculos es porque la Consciencia quiere ver cuán decididos estamos a llegar a nuestra meta. ¿Podrá una distracción apartarnos de nuestro objetivo, o seguiremos adelante sin importar lo que pase? Si vengo de la Ciudad de México hacia acá, puedo perderme. Podría haber un embotellamiento de tránsito. La carretera podría estar cerrada. La última vez que vinimos, tuvimos cuatro neumáticos ponchados. Cada una de esas veces tuvimos que buscar un lugar para repararlos. Ahora bien, puedo decir: "Bueno, en realidad Dios no quería que yo fuera allá". O puedo decir: "Dios quería ver cuánto deseaba llegar en realidad".

Puedo decirme: "Estas son solo pequeñas cosas que pasan en el camino. Le van a pasar a alguien; hoy me toca a mí". Y puedo seguir adelante.

Esto es lo que nos enseña el focalizarnos. No nos distraemos con todas estas cosas.

Ni tampoco escarbamos muy hondo ni preguntamos: "¿Qué está tratando Dios de enseñarme con esto?".

Caí en un bache y ponché un neumático. O no hice mi tarea para averiguar si la ruta estaba en reparación. Nos volvemos sabios.

La pregunta es: "¿Cuál es mi meta?". Esto es lo que me tiene que quedar claro. Cuando ya tengo claro cuál es mi punto de llegada, tengo que seguir enfocado y llegar hasta allí. Esta es la claridad que cada uno de nosotros debe conservar.

TODOS SOMOS LUZ

Pregunta: Cuando medito veo una luz azul y luego desaparezco. No sé si han pasado cinco minutos o una hora; no hay conciencia. ¿Es esa una forma inferior de samādhi? ¿Y cuál es el siguiente paso?

Gurudev: A menudo la gente ve luz azul en diferentes formas. Como dijo Baba, esa luz azul es la luz de la Consciencia. Él te sugería que llegaras a un lugar donde esa luz azul permanezca estable en tu experiencia.

Pregunta: ¿En mi experiencia de vigilia?

Gurudev: En los tres estados de vigilia, soñar y sueño profundo. Y por supuesto, en el estado en el que experimentas el Ser. La experiencia de Baba era que todos somos luz. Por lo tanto, necesitamos ver esa luz.

En este momento nos experimentamos a nosotros mismos y a todo lo demás en su forma física, burda. No vemos la luz. De vez en cuando tenemos un vislumbre. Así que debemos traernos hasta un lugar más profundo en nuestro interior, donde siempre veamos la luz.

El otro día durante la meditación, alguien se cayó de su silla. Todos se preocuparon por unos instantes, pero esa señora estaba bien. Cuando la encontré más tarde, me dijo que en realidad estaba relajada como nunca antes lo había estado cuando eso sucedió.

A través de la meditación, todos podemos llegar hasta ese lugar en nuestro interior. Estar relajados significa estar a gusto con nosotros mismos. Aunque vivimos con nosotros mismos todo el tiempo, la mayoría no nos damos cuenta de que no nos sentimos a gusto.

¿Cómo llega un yogui a ese estado? Creo que cuando llegamos a un lugar de calma interior es porque nos hemos aceptado a nosotros mismos y hemos dejado todos los juicios. La enseñanza de Baba de que todos somos luz no se refiere a ir a un lugar de vacío o vacuidad. Vamos a un lugar que podrías llamar amor o dicha suprema.

A veces me pregunto si es necesario ponerle una etiqueta. Es simplemente un lugar maravilloso en el que estas diferentes experiencias suceden. En nuestro estado limitado nos preguntamos: "¿Esto es amor?, ¿Esto es alegría?, ¿Esto es dicha?, ¿Es aquí donde la mente se disuelve?". Las escrituras dicen: "Cuando la sal se mezcla con agua, ¿cuál es sal y cuál es agua? Se han vuelto uno". Entonces, si yo también me vuelvo así, no importa lo que me suceda. Lo que importa es que me he disuelto.

Pregunta: ¿Desaparecer totalmente?

Gurudev: Para alguna gente ese es un pensamiento aterrador porque tiene sus identidades. Y en el lugar al que vas no hay identidad. Solo hay un estado expandido de Consciencia.

EL PUNTO DE LA MEDITACIÓN

Pregunta: Entonces usted dice que llegamos a este lugar de quietud. ¿Cuál es el punto?

Gurudev: Hasta que no hayas experimentado calma y quietud, te preguntas cómo será eso. Estar quieto no significa que el mundo se detenga. El mundo continúa. Pero la mente no está llena de tantos pensamientos. Crecimos en el ashram y nos enseñaron una y otra vez a tener tan pocos pensamientos como fuera posible. Ahora me doy cuenta de que mucha gente en el mundo entero tiene millones de pensamientos.

Viajo mucho y pongo mi cabeza en muchas almohadas en diferentes camas. Uno puede sentir que algunas almohadas tienen un montón de pensamientos. Cuando me doy cuenta de esto, retiro la almohada. Y pienso: "¿Cómo vive este individuo con tantos pensamientos?".

Antes de siquiera llegar a un lugar donde no hay pensamientos, tienes que reducir, reducir, reducir, reducir, reducir.

Ahora bien, tienes pensamientos aleatorios, pensamientos sin propósito. Puede que te preguntes: "¿Por qué estoy teniendo estos pensamientos?".

Así que atraviesas por un proceso de eliminación. En primer lugar eliminas todos los pensamientos erráticos. Eliminas los pensamientos inútiles.

Un día llegas a un lugar de muy pocos pensamientos. Y esos pocos pensamientos son pensamientos útiles. Son pensamientos enfocados. Como diría Baba, en lugar de ser el criado de tu mente, tu mente se convierte en tu sirviente.

Algunas personas tienen miedo al silencio. Me dicen que demasiado silencio no es bueno. Puedes leer anuncios de venta de CDs para la gente que vive en Manhattan y que no está acostumbrada a que haya silencio todo el tiempo. Cuando va al campo, tiene que llevar un CD del ruido de la ciudad para poder dormir por la noche.

Baba solía contar una historia de un florista y un pescador que eran amigos. El florista invita al pescador a su casa a pasar el día. Dispone flores hermosas y perfumadas para que el pescador las disfrute.

El pescador llega. No está cómodo. Se acuesta, pero no puede dormir. Le da dolor de cabeza. Así que se dirige al florista y le dice: "Sabes, amigo, pusiste estas hermosas flores, pero me están dando dolor de cabeza".

En India, el pescador lleva una cesta cubierta con una bolsa de yute que despide un fuerte olor a pescado. El florista se da cuenta de que su amigo está acostumbrado a ese olor. Entonces le lleva su canasta y le dice: "Toma, duerme con esto a tu lado". El pescador respira profundamente y dice: "¡Bien!". Y se queda dormido.

Por lo tanto, Baba decía: "Todos nos acostumbramos a nuestra fragancia".

Es posible que no sepas cuál es tu fragancia, pero es la fragancia de los procesos mentales a los que estás acostumbrado. Si tienes una mente perturbada, estás acostumbrado a tu mente perturbada. No sabes lo que es una mente tranquila. No sabes lo que es ser feliz. No sabes lo que es estar en paz. Tienes que permitirte disfrutar de una fragancia diferente.

Aquellos de nosotros que pasamos tiempo con Baba notamos una cierta fragancia que lo acompañaba. A veces la olías incluso antes de que él entrara en la habitación. A lo largo de los años, mucha gente ha dicho que era heena, el aroma de un aceite que se aplicaba. Pero llegué a darme cuenta de que no tenía nada que ver con ese aceite. Era una fragancia que él emanaba.

Creo que todos nosotros desarrollamos una fragancia interior. Hasta que no hayas tenido esa experiencia, no puedes entender lo que es. Una vez que has notado una cierta fragancia, ya sea beatitud o paz o tranquilidad, ya no quieres vivir sin ella.

Durante mis años de viaje he encontrado que toda la gente exitosa medita. No la llama meditación, porque está pensando. Pero cada uno se levanta temprano y se sienta en una silla durante una hora. Si le preguntas a esa gente qué está haciendo, dice: "Planeando el día". Pero yo creo que está meditando, está enfocando sus pensamientos.

La gente que no es exitosa solo sale de la cama y echa a correr. No hace nada de la vida porque no ha recogido sus pensamientos. Tan solo corre de pensamiento en pensamiento en pensamiento.

Así que la meditación es un proceso de eliminación. Aprendes lentamente qué no guardar. Solo conservas lo que es útil y necesario; y te liberas del resto. Ese es el punto.

LA PRÁCTICA
TIENE QUE SER VIVA

Pregunta: ¿Es más auspicioso cantar la *Guru gītā* en la mañana? No estoy seguro de si está OK cantarla en la noche.

Gurudev: Depende de tu estilo de vida y de tu horario de trabajo. Si tus horarios te permiten hacer la práctica por la mañana, ese es el mejor momento.

Cuando cantas en grupo, la *Guru gītā* se lleva de cuarenta a cuarenta y cinco minutos. Pero si la cantas solo, puedes hacerlo en veinte minutos. Así que no toma tanto tiempo.

A través de los años he visto que el mejor momento para cualquier práctica es temprano por la mañana. Ninguna hora es mejor que entre las 4:00 a.m. y las 6:00 o 6:30 a.m. La naturaleza tiene algo especial a esa hora.

Una vez que ha salido el sol, los vehículos han empezado a circular y todo el mundo está en movimiento. Es difícil decir: "Ahora me voy a poner mis tapones para oídos y trataré de estarme quieto". No es precisamente lo mismo. Para entonces, la naturaleza también ha aflorado completamente.

Todo es cuestión de ajuste. Si te resulta más fácil, puedes hacer tu práctica cuando regreses de trabajar. Refréscate. Tómate esa hora, hora y media o dos horas para practicar. Luego vete a dormir.

Pregunta: ¿Qué hay de la ubicación?

Gurudev: A pesar de lo que lees en la *Guru gītā*, no creo que sea un pecado cantarlo en cualquier parte. Lo que el sabio está tratando de decirte es que encuentres un lugar, que encuentres una práctica. ¡Que la hagas, la hagas, la hagas!

Ellos saben que si te asustan con el asunto del pecado, entonces lo harás. Pero si lees con entendimiento, te das cuenta de que no hay tal cosa. Es solo para asustarte lo suficiente como para que hagas la práctica en un momento y en un lugar determinados, todos los días, que esa palabra de seis letras ha logrado colarse. Lo peor de todo esto es que te sientes mal. Y no hay pecado peor que ese.

Ojalá que todos estemos viviendo las enseñanzas, las prácticas, el conocimiento y todo lo que se nos ha impartido. Hacer de eso una parte de nuestra vida es lo más importante. Siempre digo que puedes elegir una práctica, una enseñanza que te guste. Te dices: "OK, esto puedo hacerlo". Eso es mejor que nada. De hecho, yo diría que es maravilloso porque al menos hay una enseñanza de la que puedes decir que la has tomado, la has absorbido totalmente, la has practicado y la has hecho tuya. Se ha vuelto real para ti. Simplemente sigue eso. A tu debido tiempo, cuando te sientas preparado, elegirás algo más.

Por ejemplo, toma el mensaje de Baba: "Medita en tu ser, honra a tu ser, adora a tu ser. Dios mora en ti como tú". Puedes elegir cualquier parte: meditar, honrar, adorar, Dios mora en ti como tú. Si es honrar, puedes decir: "Solo me acordaré de honrar, solo me acordaré de honrar, solo me acordaré de honrar". Dondequiera que vayas, sin importar lo que suceda, te acuerdas de ser honorable. Se vuelve parte de ti. Ya sea que estés despierto o soñando o durmiendo, o no importa qué estés haciendo, esa enseñanza no puede separarse de ti.

Creo que eso ocurre cuando la práctica, la enseñanza, el conocimiento ha cobrado vida. Hasta entonces solo se encuentra en los libros.

Cuando regreses a casa, busca entre tus libros. Le digo a la gente: "Pide un libro prestado". Porque por lo general no lees el mismo libro dos veces. Y no resaltes ni marques los libros. Si algo te atrae, ten un cuaderno y escríbelo allí. No necesitas escribir demasiados detalles. No creo que eso sea importante. Lo importante es la enseñanza.

Puede que en diez años olvides qué libro leíste o de qué sabio era, pero siempre tendrás tu cuaderno. Tendrás un registro de la enseñanza que se iluminó en tu interior. Cuando lo vuelvas a leer diez años después, se iluminará aun más porque habrás avanzado aun más en el sendero.

A la gente le gusta ver los anuarios. Pero tu propio cuaderno es el mejor anuario. En él no hay nada bueno, nada malo.

No hay nada correcto, nada incorrecto. Solo está donde estás hoy, donde estabas hace cinco años, donde estabas hace diez años. Algunas cosas te harán sonreír al releerlas porque tendrás recuerdos de lo que sucedió entonces. Y te darás cuenta en tu interior: "He avanzado". En nuestro interior hay mucha memoria —más memoria de la que hay en una computadora—. Estoy seguro de que a veces se sorprenden de todo lo que recordamos. Dios nos ha dado infinitos terabytes.

Pregunta: Cuando lees la traducción de la *Guru gītā*, dice cosas bastante raras con relación a sentarse encima de diferentes cosas, mirando en distintas direcciones. ¿Se supone que debemos tomarlo literalmente?

Gurudev: Sí, las orientaciones para sentarse y demás tienen significados literales. Pero necesitas estar muy entregado, muy resuelto a hacerlo si quieres ver resultados.

Por ejemplo, la *Guru gītā* dice que sentarse en dirección al norte es para la paz y en dirección al poniente es para la riqueza. Entonces te sientas y te dices: "Me siento en esta *āsana*, en dirección al norte, para adquirir paz". Como con todo en la vida, tiene que haber intensidad. Si te sientas simplemente con el libro en la mano, mirando al norte, sin meterte realmente a fondo en lo que estás haciendo, entonces no va a suceder gran cosa.

La parte ritualista de los *Vedas* está llena de todo este tipo de prácticas: en qué dirección mirar, la deidad a complacer, los mantras a utilizar. Los sacerdotes brahmines pueden mirar la carta astrológica de alguien y prescribir lo que ese individuo puede hacer para complacer a la deidad relevante.

Yo lo veo de esta manera: existe la energía única de Dios, pero diferentes subdivisiones de esa energía desempeñan varias funciones que habilitan al universo para trabajar. Las deidades son diferentes energías que desempeñan esos diferentes trabajos.

PRÁCTICA PERSONAL DIARIA

Pregunta: Lavarji me dijo que hiciera *sandhyā*, pero nunca lo he hecho. Yo pensaba hacer solo lo que Baba nos dijo que hiciéramos: el mantra, meditación, kirtan. ¿Estoy siendo necio? ¿Es esto incorrecto?

Gurudev: Lavarji es un sacerdote. Él nos acompaña unos cuantos meses. Luego se va. Viene y va. Cada mañana canta mantras, además de los que ofrece aquí frente a todos nosotros. Y cuando se encuentra con alguien trata de compartir su conocimiento con esa persona. Creo que no hay nada de malo en escuchar lo que quiere compartir y luego preguntarse: "¿Cómo puedo aplicar esto a las enseñanzas que mi Guru me ha dado?".

La palabra "sandhyā" significa amanecer y anochecer. En otras palabras, las coyunturas del día. Algunas prácticas tienen que hacerse a esas horas.

Baba nos ha dado estas prácticas. La pregunta a hacernos es: "¿Cuánto hago en realidad?".

Algunas personas vienen al ashram y dicen: "Bueno, ahora tengo que irme a casa y descansar".

Yo les pregunto por qué.

Dicen: "Aquí tengo que levantarme temprano. Hago mucho durante todo el día. Luego me voy a la cama y me levanto temprano otra vez al día siguiente. En casa puedo dormir hasta tarde. En casa puedo dormir cuando yo quiera".

Esa es gente que ha estado en el sendero durante veinte, treinta años. Mi pensamiento es: "Algo anda mal en alguna parte".

Lo que es importante es que encuentres el tiempo —no importa cuán ocupado, no importa cuán atareado estés— para hacer tu práctica. Elabora un cronograma. No hagas la práctica solo cuando vengas al ashram. No la hagas solo cuando se reúnan en comunidad o en grupo como amigos.

Tenemos gente aquí que, sabiendo que el āratī comienza a las 6:30 a.m., se levanta a las 6:25. Se cepilla rápidamente, se echa un poco de agua encima y aparece en el templo. Esa no es la idea.

La idea es que te levantes temprano en el ashram y hagas la

práctica diaria que hayas creado en casa. Esa es tu práctica individual. Cuando entras al templo, haces una práctica en grupo, con todos. Eso es un plus, adicional a las prácticas individuales que hagas. La pregunta que debes hacerte es: "¿Qué he creado para que sea mi propia práctica personal diaria?". Podría ser *Haṁsa*, *Oṁ namaḥ Śivāya*, kirtan, la *Guru gītā*. Entonces preguntas: "¿Cómo estaba yo hace cinco años? ¿Cómo estoy hoy?". No creo que podamos tener un examen para la sādhanā. Puedes decir: "Soy muy bueno". Pero si tus amigos te dicen lo contrario, entonces no puedes simplemente decir que están equivocados en la forma como te juzgan. Cuando nos sentimos juzgados, es natural pensar que los demás no deberían juzgarnos. Pero en este caso, tienes que preguntarte: "¿Qué hago ahora? ¿Cómo me supero? ¿Cómo hago para ser mejor? ¿Cómo evoluciono?".

Hay muchas enseñanzas allá afuera. La pregunta es ¿Cuánto de ese conocimiento aplicas en realidad y diariamente en tu vida? ¿Cuánto usas en realidad?".

En sus libros, Baba habla sobre cómo una persona puede ser un gran erudito. Una persona puede tener mucha información, mucho conocimiento. Pero eso no necesariamente significa que lo sepa.

El ejemplo que doy es el de un CD o un video. Ese CD contiene una gran cantidad de información, pero eso no significa que el reproductor de CD la haya asimilado. Todos podemos leer libros, podemos citar de los libros, pero ¿cuánto sabemos realmente? ¿Las enseñanzas resuenan realmente en nuestro interior? Esa es la pregunta.

Reunirse en satsaṅg cada vez que puedas ayuda a que esto se haga evidente. Cuando estás en un grupo de gente con ideas afines y cada una comparte y compara con los demás, ves cuánto has comprendido realmente de todo lo que se te ha enseñado y de todo lo que has leído.

ADONDE VA EL ALMA

Pregunta: Desde que era niño he tenido la curiosidad de adónde vamos cuando morimos. Sigo con la curiosidad. ¿Es a *siddha loka*?

Gurudev: Estoy seguro de que todo el mundo siente curiosidad. Hoy, una señora perdió a su marido de noventa y tres años de edad. Así que esta tarde la llamamos para hablar con ella. Ella me dijo: "Dondequiera que esté, que esté bien". En *El juego de la Consciencia*, Baba habla de diferentes planos de existencia, a los cuales llamamos lokas, a donde el alma va después de la muerte. El octavo capítulo de la *Bhagavad gītā* habla acerca de todo el proceso de la muerte. Nos enseña cómo morir, así que comenzaré por ahí.

La mayoría de la gente no sabe que el alma puede abandonar el cuerpo en una de cuatro maneras. Puede que sepas que cuando alguna gente muere, excreta. Alguien mencionó que pensaba que esta gente se está deshaciendo de la suciedad del cuerpo. Pero en realidad el alma ha salido por el ano. Se considera la peor forma de muerte. Esta persona no ha vivido una buena vida ni ha realizado buenas acciones.

Otra forma es a través de la boca. En ese caso la boca permanecerá abierta mientras el alma abandona el cuerpo. El tercer modo es a través de los ojos.

La cuarta manera es a través del sahasrāra, en la parte superior de la cabeza. Solo un yogui se va de esta forma. El cuerpo tiene cinco tipos de *prāṇa* y al yogui le toma aproximadamente de veinte a treinta minutos reunir todo su prāṇa y luego salir a través del sahasrāra.

Cuando alguien muere, generalmente la primera pregunta que hago es: "¿Cómo murió? ¿Sufrió o simplemente se fue?".

A veces la gente dice: "Bueno, tenía problemas respiratorios". O "Tenía dolor" o esto o aquello. Alguna gente se va mientras duerme. Otra tiene un ataque cardiaco. Por supuesto, puedes tener un ataque al corazón y luego los médicos tratan de revivirte. Pero lo mejor, como Baba solía decir, es que si piensas que eres un yogui, entonces en tu lecho de muerte le demuestras al mundo lo buen yogui que eres. Dentro del cuerpo físico hay un cuerpo sutil con diecinueve miembros. El cuerpo sutil está hecho de luz, y cuando el alma sale, viaja en ese cuerpo. Según nuestra filosofía, adónde vamos después de la muerte depende de cómo hemos vivido en la Tierra. La Tierra es el único lugar donde podemos trabajar el karma. Si has creado un buen karma, vas a uno de los planos que Baba mencionaba. Por un período, el alma, o cuerpo sutil, vive allí y disfruta de los placeres de ese mundo. Cuando el buen karma que has creado se termina, una vez más el alma vuelve a esta Tierra en una forma física.

Depende de nosotros lo que hacemos con esta vida. Siempre pienso que en realidad no puedo preocuparme por la muerte ni por lo que me sucederá después de la muerte. Tengo que ser bueno mientras vivo mi vida. Si quiero que el momento en que deje el cuerpo sea bueno y que mi vida después de dejar este cuerpo sea buena, tengo que ser bueno todo el tiempo.

Mi teoría es que las buenas acciones deben volverse una constante. Todos los pensamientos deben ser buenos. Toda el habla debe ser buena. Y quiero aclarar que no es decir superficialmente bueno. A veces decimos: "¡Wow, eso fue bueno!". No, que sea bueno con profundidad, realmente bueno. Debemos sentir, pensar y hacer el bien no por obligación, sino porque así surge de manera natural.

LA GRACIA SIEMPRE ESTÁ ALLÍ

Pregunta: Podemos hacer muchas prácticas, pero me gustaría escuchar más en relación con la gracia del Guru.

Gurudev: Todas estas prácticas nos preparan para conectarnos con la gracia. La gracia es como la luz del sol. Siempre está allí. Pero ahora mismo parece que no hay sol. Está oscuro. Es simplemente una nube gris enfrente del sol. En unos momentos, la nube se habrá ido y el sol volverá a brillar.

De la misma manera, nuestra mente es como una nube gris. Todas nuestras dudas, todas nuestras negatividades son como las nubes que ocultan al sol. El yoga, todas las prácticas, todo lo que hacemos aquí es para asegurarnos de que las nubes siempre se vayan rápidamente.

Puede que sientas que la gracia no está presente. Pero yo siento que la gracia siempre está. Todo lo que tenemos que hacer es conectarnos con ella.

Esta grabadora está cargada al cincuenta por ciento. Para el final del día, estará cargada al cero por ciento. Al llegar al diez por ciento, me recordará que tengo que cargarla. Si estoy atento, la conectaré en ese momento y la recargaré. Entonces, en dos horas, estará lista para usarla de nuevo.

De la misma manera, todos los días usamos nuestra batería interna. Para el final del día, está descargada. Una manera de recargarla es dormir. La segunda forma es levantarse y hacer un poco de canto y meditación. Eso carga todo tu ser.

Cada día que no haces tus prácticas espirituales, tu batería se descarga. Y te preguntas por qué. Pero solo tienes que enchufarte. Asegúrate de conectarte todos los días. Entonces permaneces conectado, permaneces cargado.

Por eso hablamos de la gracia del Guru. Cuando nos mantenemos conectados con la gracia, sentimos que el Guru está siempre con nosotros.

Cuando viajábamos para acá, pudimos ver Montserrat. Todo aquel que conduzca en esta dirección recibe el darśan de la montaña. Se siente conectado con la gracia solo con ver la montaña.

Si vas a lugares antiguos en Europa, ves que el edificio más alto siempre fue la iglesia. Sin importar dónde estuvieras, podías ver su campanario. Al mirarlo, podías permanecer conectado con Dios. Ahora muchos edificios son más altos que la iglesia, por eso debemos hacer un esfuerzo adicional para ir a donde está el templo de Dios.

De la misma manera, cuando encuentres tus medios, o tu técnica para conectarte con la gracia, úsalos.

Tu medio puede ser llevar contigo fotos o música. Cada vez que te olvides, todo lo que tienes que hacer es encender tu música y en un momento estás allí.

Hace un rato puse la plática de Baba, solo por dos minutos. Lo escuchas y en un momento estás en su presencia. Sin importar qué esté pasando en tu mente, el Guru está presente.

Un día, una persona que trabaja conmigo salió del ashram. Iba sola en su automóvil y notó que la iban siguiendo algunas malas personas. Solo un kilómetro más adelante la detuvieron dos policías y le pidieron: "Llévanos en tu auto".

Los llevó, y le dijeron dónde dejarlos.

Pensó: "Estos deben ser Bhagavān Nityānanda y Baba". Los dos policías lo estaban protegiendo, y él sintió que estaba en presencia de los dos Gurus. Sintió su gracia.

La gracia siempre está presente. Por supuesto, tenemos que tener los ojos para verla.

Muchas historias intentan mostrar esto. Por ejemplo, un hombre es un gran devoto de Dios. Está lloviendo y se avecina una inundación. A medida que el agua está subiendo, él ora: "Dios, ven y protégeme".

Un bote viene y el capitán dice: "Te llevo".

El hombre dice: "No, no, Dios va a venir".

El agua sigue subiendo hasta que él está parado en el techo de su casa.

Un helicóptero viene y le dice: "Vamos a tirar una cuerda. Aférrate y te salvaremos".

El hombre dice: "No, no, Dios está llegando".

Por supuesto, el agua continúa subiendo, y él muere y va al

cielo. Está muy enojado. Dice: "Dios, ¡te invoqué, pero nunca llegaste!".

Dios dice: "Te envié un bote y un helicóptero. ¿Qué puedo hacer si no aceptaste la ayuda?".

A veces nos quedamos atrapados en lo que creemos que es Dios, en lo que pensamos que es la gracia. Está ahí frente a nosotros, pero si no es como la imaginamos, la rechazamos. Decimos: "Esperaré a Dios como es en mi imaginación".

También escuchamos una historia similar de la vida de Bhagavān Nityānanda.

Una mujer lo invita a su casa a almorzar.

A esa hora, un perro negro viene a su casa y va directo a la comida.

Ella lo golpea y lo aleja.

Cuando la señora va a Ganeshpuri unos días después, le dice a Bhagavān: "Usted no vino a mi casa para almorzar".

Dice: "¿Te acuerdas de ese perro negro al que golpeaste y sacaste a empujones?".

El Guru trata de enseñarnos a ver a Dios en todo. Por supuesto, tenemos que ser capaces de decir: "OK, Te veo".

Fuimos a Ganeshpuri en enero, y estábamos sentados con un viejo devoto de Bhagavān.

Una señora vino y se sentó con nosotros. Dijo: "Estoy tan feliz de haber podido venir hoy por su darśán".

El hombre preguntó: "¿Por qué?".

Ella dijo: "Mi sobrino está enfermo y he estado cuidando de él. Esta mañana quería venir a Ganeshpuri, así que rogué a Bhagavān que lo cuidara".

Inmediatamente el hombre preguntó: "¿Quién lo estaba cuidando antes?".

Ella se quedó en silencio. Porque su entendimiento había sido que *ella* estaba cuidando al niño, y que Bhagavān se encargaría de él solo hasta que ella regresara.

Este es el tipo de cambio que necesita darse en nuestro entendimiento.

Necesitamos reconocer que la gracia siempre está haciéndose

cargo. Nosotros somos solo un instrumento que hace su trabajo. Tenemos que hacernos conscientes de la gracia en nuestra vida y estar agradecidos por su presencia.

NUNCA DEJES PASAR UN DÍA

Pregunta: En mi caso, a veces las prácticas son ensayo y error. No estoy enfocado en permanecer consciente; sencillamente, estoy distraído.

Gurudev: Ayúdate de lo que sea que te recuerde permanecer consciente. Puede ser una imagen, un símbolo u otro objeto. La gente guarda en su casa recuerdos de su familia o cosas que les han dado sus amigos. Y cuando las ven, esas cosas les recuerdan a los que aman.

La gente que llegaba al ashram veía las imágenes de grandes seres en las paredes y le preguntaba a Baba: "¿Por qué tiene usted todas estas imágenes?".

Él respondía con otra pregunta: "¿Qué sucede cuando ves sus fotos? Piensas en lo que enseñaron".

En tu casa, puedes crear un espacio donde aquietarte todos los días. Lo que me parece más importante es tener un pequeño altar con una lámpara o una vela. Puedes encender incienso y hacer un pequeño ritual, como cantar *Jyota se jyota*, y eso te inspirará a sentarte a meditar. Pero, incluso si solo te sientas durante unos minutos después de cantar, tendrás una gran meditación.

Creo que es mucho mejor tener una gran meditación de cinco o diez minutos que sentarse durante una hora mientras tu mente está vagando y llena de pensamientos.

Pregunta: ¿Cómo reinicio mis prácticas espirituales si las he interrumpido por un tiempo? ¿Cuál es la manera más elegante o eficiente de hacerlo?

Gurudev: Nunca omitas las prácticas diarias. Incluso en el peor día, cuando realmente no tengas ganas de realizar las prácticas, oblígate a hacerlas. El día que las omites una vez es el día en que dejan de existir.

Entonces dices: "Bueno, dejé pasar el día de ayer, pero está OK, empezaré mañana".

Pero el mañana nunca llega.

Nunca dejes pasar ni un día. Si no puedes realizar tu práctica por la mañana, hazla por la noche. Si no puedes hacerla por la noche, hazla por la mañana. Pero hazla. Algunas veces, yo he sido así con respecto al ejercicio. Empecé, paré. Empecé, paré. Si lo dejaba de hacer un día, podían pasar días o meses antes de retomarlo. Me decía a mí mismo: "Esperaré a que llegue el verano, el invierno es demasiado frío". Pero cuando llegaba el verano, pensaba: "Estoy muy ocupado, sencillamente no tengo tiempo". Ahora bien, eso nunca me sucedió con las prácticas espirituales. Quizás eso fue gracias a Baba. Estaba el temor a Dios, y también la experiencia de la dicha. Siempre me aseguré de hacer las prácticas, no porque tuviera que hacerlo, sino por la dicha de realizarlas.

El cansancio es generalmente la causa por la que en algunos días omitimos nuestras prácticas espirituales. El cuerpo se siente totalmente exhausto. Quizás haya otros motivos. Pero en esos días especialmente, tenemos que hacer nuestra práctica, aunque solo sea por unos minutos.

Si es necesario, puedes hacer una versión reducida de lo que normalmente harías. O puedes sentarte por quince, veinte minutos y no hacer nada antes de adentrarte en la práctica que deseas hacer. Averigua por ti mismo qué es lo que te funciona.

Una vez que has logrado la autodisciplina y la conviertes en parte de tu vida, se queda contigo.

Después de bañarme por la mañana, siempre hago mi *pūjā* y meditación. Viene naturalmente. La mente va hacia ello de manera automática. Esa es la ventaja de tener una rutina. Cuando llega el momento, la mente automáticamente va en esa dirección.

Pregunta: Cuando uno cae y no puede saltar de regreso a la japa, o a cantar o a cualquier práctica, ¿cuál es su recomendación para retomar esa práctica?

Gurudev: Es entonces cuando necesitas tener buenos amigos.

Puedes llamarlos o charlar en persona con ellos; y te ayudarán a levantarte.

A veces te sientes solo. Sientes: "¿Qué puedo hacer?". En ese momento puedes llamar a un buen amigo. No tienes que decirle: "Fracasé". Simplemente lo llamas, hablas y te sientes mejor.

O puedes llevar un cuaderno, un diario. Después, cuando te sientas triste, puedes regresar a mirar lo que escribiste. Algo puede hacerte reaccionar. De lo que has escrito obtienes el impulso que necesitas.

Cuando llegas a un lugar de *tamas*, de oscuridad, quieres estar rodeado de cosas que te animen. Entonces todo lo que ves te dice: "¡Levántate! ¡Levántate! ¡Levántate!". No tienes más remedio que pensar: "OK, todo lo que miro me está diciendo que me ponga de pie".

Todos nosotros llegamos a este lugar en diferentes momentos de nuestra vida. Encontramos diferentes técnicas y métodos para elevarnos. Es por eso que debes tener claridad sobre cuál es la técnica que funciona para ti. A veces esto puede representar salirte del lugar donde estás, e irte a otro completamente diferente.

También es importante limpiar tu espacio. Deshazte de todo lo que no necesitas. Solo conserva lo que es bueno y te eleva. Pueden ser libros, cuadros, notas, música.

Puede que no estés consciente de las energías sutiles que hay en un espacio. A veces la energía se estanca y debes renovarla. Si has tenido algo en el mismo lugar durante mucho tiempo, muévelo. Límpialo. Luego, restablécelo. Enciende lámparas. Enciende incienso. Trae flores.

El propósito de todo esto es crear un movimiento de energía.

Un buen momento para hacer esto es cuando estás enojado. Hay mucha energía en la ira que tiene que liberarse. Cuando limpias o haces otros tipos de trabajo, ésta se libera. En lugar de enojarte o de hacer algo dañino, haces algo productivo.

Después de algunas horas, estás cansado y te preguntas por qué empezaste a hacer todo eso. Te ríes de ti mismo cuando te das cuenta: "Ah, estaba enojado". Puede que ni siquiera recuerdes por qué estabas enojado. Pero al menos tienes un espacio limpio. Estas son diferentes cosas que aprendemos a hacer. Constantemente movemos y cambiamos la energía. Tenemos la capacidad de levantarnos. Es solo que a veces nos volvemos perezosos y decimos: "No es posible". Así que cambia ese mantra y di: "Sí, es posible".

¿Todo bien? Everything's okay?

LA MEJOR REDENCIÓN

Pregunta: ¿Cómo debe uno actuar si ha hecho algo que sabe que no está bien o si ha tomado una decisión terrible? Sé que lo primero es OK, resolverse a no permitir que vuelva a suceder. Pero aun así, están todas las cosas que uno ha creado, toda la gente a quien uno pudo haber lastimado. ¿Cuál es la mejor forma de redimirse?

Gurudev: Creo que el solo hecho de que te hayas dado cuenta es la mejor redención.

Si vas por ahí intentando aclarar lo que has hecho, solo te arriesgas a meterte en más problemas. Quiero decir, es absurdo intentar acercarte a cada persona y decirle: "Lo siento, no debí haber hecho eso".

Entonces dicen: "¿Qué hiciste?". La persona ni siquiera sabe por qué te disculpas.

Por supuesto, depende de cuál sea la situación. Si lo que sucedió fue solo una pequeñez y sientes que la otra persona va a entenderlo así, puedes explicárselo. De lo contrario, solo tienes que confiar en que la Consciencia universal se hará cargo.

Todos los días oramos en el *Āratī* de la tarde:

yad-akṣaraṁ padaṁ bhraṣṭaṁ
mātrā-hīnaṁ ca yad bhavet
tat sarvaṁ kṣamyatāṁ deva prasīda parameśvara

Le pedimos al Señor: "Por favor, perdóname por cualquier cosa que haya hecho sin darme cuenta de lo que hacía".

Cuando recitamos esa oración, veo a algunos juntar sus manos; a otros, cerrar los ojos. Hay la conciencia de: "He hecho muchas cosas hoy. Sé que algunas fueron buenas. Sé que algunas fueron malas. Algunas no sé qué fueron. Pero pido Tu perdón".

Así que cada día, al terminar el día, cuando estés en el templo o antes de ir a la cama, solo di: "OK. Gracias. Lo siento. Buenas noches". A medida que haces eso, lentamente llegas a un lugar en tu interior donde eres consciente de que tus acciones, incluso aquellas que realizas de manera inconsciente, son cada vez mejores, mejores y mejores.

SÉ QUIÉN ERES

Pregunta: Soy feliz cuando estoy en el camino espiritual. Luego algo se interpone en mi camino y decido que no quiero hacerlo más. Sin embargo, algo dentro de mí me dice que esa no es la manera y regreso otra vez. A veces siento como si me debatiera entre los malos recuerdos de mi vida pasada.

Gurudev: Creo que lo que estás diciendo probablemente es cierto y resulta pertinente para todo el mundo. Cada uno tiene su propia lucha. Cualquiera que sea la forma en que llegues a resolverla —no quiero decir por las buenas o por las malas, porque la idea es intentarlo siempre por las buenas— está bien. Hagas lo que hagas, hazlo con regularidad. Hazlo diariamente. No permitas que la mente te controle tanto, juzgando: "Soy bueno" o "Soy malo".

Lo que necesitas crear es un balance. Por ejemplo, estás compenetrado tan apasionadamente en tu meditación que la śakti se despierta de manera salvaje. En ese caso, encuentra un equilibrio mediante el cual no estés muy concentrado hoy y luego no lo estés en absoluto mañana. Rompe ese ciclo.

Pregunta: Practico meditación. Me siento bien con mi vida. Pero luego recibo influencias externas de las noticias del mundo y la impotencia se apodera de mí. Me ocupo de mí mismo; enseño hablando con la gente. Pero ¿hay algo más?

Gurudev: Una de las conclusiones a las que he llegado, especialmente desde el 11 de septiembre, es que nosotros, como gente que piensa de modo similar, necesita hacer más a través del habla, a través de ser intrépida. Creemos que, como yoguis, toda nuestra atención va hacia el interior. Pero una cosa que amo del yoga es que nos enseña cómo actuar desde el interior hacia el exterior. Luego, dondequiera que estemos podemos traer esa paz con nosotros y compartirla con los demás.

Entonces surge la pregunta: "¿Hemos mejorado realmente al mundo? ¿De qué manera son diferentes las cosas?".

Creo que tenemos que salir al mundo y hacer más.

No es que no haya resultado nada de lo que has estado haciendo o que nada vaya a dar resultado en el futuro. Pero cuantos más de nosotros realicemos estos esfuerzos, mayor será el efecto.

Eso no necesariamente significa convertirse en activista, o volverse loco de alguna manera. A veces me estremezco cuando la gente en el camino espiritual utiliza estos términos floridos: "¡Vuélvete suave! ¡Vuélvete gentil!". ¡Solo sé quien eres! A veces nos hacemos tan propios e intentamos parecer muy normales. Hay un norteamericano llamado Krishna Das que hace kirtan. El otro día estábamos muy emocionados porque fue nominado para el Grammy. Siempre viste una playera y una camisa de lanilla. Siempre.

Cuando nos enteramos de que Krishna Das iba a cantar en los Grammys, nos preguntamos si vestiría su típica playera y camisa de lanilla o franela. Y así se vistió. No se puso un traje de etiqueta. No usó corbata. No se puso una chaqueta. Simplemente fue tal cual él mismo es.

Probablemente requirió mucha valentía y descaro. La gente a su alrededor debe de haberle dicho: "No puedes ir así, vas a parecer un tonto". Pero él tuvo que decir para sí: "Este es quien soy. Esto es como voy a ser".

Cuando viajo por el aeropuerto, no intento esconder que soy un swami. A veces un niño pregunta: "Mamá, ¿por qué ese hombre lleva puesta una falda?". Si lo escucho, aprovecho la oportunidad para sonreírle a la madre, para demostrarle que no soy raro ni extraño ni alienígena. Para demostrarle: "Soy igual que tú, pero he optado por hacer algo diferente".

Si están lo suficientemente cerca, me apresuro a decir: "Soy de India. Soy un monje. Soy un swami".

Ellos dicen: "OK".

Tal vez al llegar a casa busquen qué significa la palabra "swami". Pero al menos la ignorancia y el temor disminuyeron en la mente de esos padres.

Como decías, podemos hablarle a la gente. Y podemos hacer otras cosas también. Por ejemplo, puedes sostener la puerta abierta para la persona que viene detrás de ti. No debes actuar como si no vieras que él o ella están detrás de ti. La gente piensa:"Si soy amable, se preguntarán cuál es mi problema". ¡Nada! Permíteles corresponder a tu amabilidad.

A menudo la gente dice: "*Ellos* lo están haciendo".

Mi pregunta es: "¿Quiénes son *ellos*?". No son extranjeros. No es gente que llegó de algún lugar desconocido. Simplemente es gente de la que nos hemos alienado porque no hemos aprendido cómo amarla.

Justo estaba leyendo un libro escrito por un swami norteamericano, quien falleció. Él comparte una carta de una joven india en Malasia, que estaba a punto de suicidarse, pero le escribió a este swami antes de intentarlo y cuando el swami recibió la carta, se puso en contacto con ella y con sus padres. Estoy seguro de que el swami se sintió bien por haber podido evitar ese suicidio. La joven quiso compartir su carta para poder ayudar a otra gente que estuviera sintiendo lo mismo. Creo que muchas veces no sabemos cómo pedir ayuda cuando estamos en problemas. Ni tampoco sabemos qué hacer para ayudar a una persona que está en problemas.

En la sociedad actual, nos hemos puesto muchas capas. Pero en algún punto, alguna gente se harta y se quiebra. Este enojo es lo que hemos estado viendo en las noticias en las últimas semanas. Cuando estuvimos en California, lo volvimos a ver. A menudo al final se pegan un tiro y te das cuenta de que su enojo y frustración no son hacia nada que esté allá afuera. La frustración se encuentra en su interior.

Siempre siento que encuentros como este satsaṅg deben darse más a menudo. La gente puede venir, escuchar, pensar y seguir viniendo. Es cuando uno se queda solo en casa y no tiene a quién acudir que uno maquina ideas y pensamientos y visiones.

En estos días mucha gente no tiene un lugar al que siente que puede acudir. En India, en mi infancia, si sabías de alguien que vivía en tu vecindario y era un amigo y una buena persona, ibas con esa persona. Sabías que podías pasar un rato en su compañía y deshacerte de cualquier frustración. Podías no saber, necesariamente, que estabas frustrado pero, aun así, ibas. Pensabas: "Él sabe bastante, porque es un poco mayor". Él no sabía por qué habías ido, pero pensaba: "Aquí hay algo un poco desajustado". Entonces hablaban. Al llegar a tu casa tenías un mejor sentido de cómo poder manejar las cosas.

Mis padres también daban la bienvenida a los visitantes. En los primeros años, mi madre tenía siempre una toalla limpia y una muda de ropa disponibles. En India era costumbre que si llegabas de afuera te lavaras y te pusieras ropa cómoda. Te quitabas los pantalones y te ponías un lungi, y simplemente te relajabas. Todos los días vestías ropa limpia.

Nadie decía: "Mi precio por pasar el día contigo es tanto".

Ayer alguien comentó: "¿Sabías que el swami tal cobra doscientos dólares por hora?".

Dije: "Sí, estoy enterado de ello. Pero eso no es lo que quiero hacer". Esta clase de prácticas solo nos desacredita.

Creo que cada uno de nosotros debe intentar crear un lugar en su casa, o en donde quiera, en el que nuestros amigos sepan que son bienvenidos. En el ashram, por ejemplo, la gente sabe que el almuerzo se sirve a la 1:00, y que el chai es a las 4:00. Pueden llegar quince o veinte minutos antes para asegurarse de ser incluidos entre los comensales.

A medida que la sociedad se vuelve más moderna y tecnológicamente más avanzada, esto es algo en lo que tenemos que pensar más. Necesitamos más lugares que no sean los bares donde la gente va a emborracharse y drogarse para luego salir y chocar contra alguien. Queremos embriagarnos de una manera diferente, "andar pasados" de una manera distinta. Y esa diferencia es simplemente el amor.

Así que creo que vas por buen camino. Tú sigue hablando y haciendo lo que haces.

LLENA SUS CORAZONES

Pregunta: Todos tenemos gente en nuestras vidas que intenta controlar cómo nos sentimos. ¿Cómo ayudas a esa gente a entender que no debe intentar controlar a los demás?

Gurudev: No puedes decirle a esta gente que no controle a los demás. Esa es una cosa que he aprendido. Tan pronto como le dices a alguien: "No lo hagas", la persona lo hace más. Creo que hace este tipo de cosas por dos razones. Primero, quiere atención. Y segundo, quiere amor.

Así que tienes que darle una gran cantidad de amor. Llena su corazón. En algún punto va a saturarse.

Primero escúchala, juega un poco con ella. Puedes compartirle historias. Lentamente, con amabilidad, habla con ella. No es que sin más ni más vayas a poder decirle: "OK, ahora que te lo he dicho ¡ya está!". Lamento decir que a veces eso lleva algunos años.

Un niño pequeño viene aquí con su niñera. Aunque nos hemos convertido en los mejores amigos, él se enojó cuando estuvo aquí el otro día. Quería aferrarse a mi pierna y jalarme. En lugar de alejarme, jugué un poco con él. Él jugó conmigo. Por supuesto, esto lo hemos hecho durante los pocos años que ha estado viniendo aquí.

Veo que lo mismo sucede con los adultos. Los adultos son personas grandes, pero en su interior son solo niños pequeños. A ellos el control les sirve para sentir que tienen el poder. Lo mismo da que estén o no en puestos de poder.

Todo el mundo sabe que en la autopista los vehículos deben ingresar a un carril uno a la vez. Pero entonces alguien piensa: "¿Por qué tengo que esperar? ¡Quiero pasar ahora!".

A veces digo: "OK, que pasen". Otras veces pienso: "No. ¿Por qué tengo que dejarlos pasar?".

A veces la gente ve la manera en que está actuando. Puede que sea demasiado tarde, pero lo ve. En realidad, siento que cada uno siempre sabe lo que está haciendo, a pesar de que pueda parecer que no. Una persona puede decir: "¡Oh, no sabía que yo era así!". Pero no lo creo. Creo que la persona siempre lo supo; solo estaba tratando de actuar como si no lo supiera. Es por eso que tienes que tomar conciencia. Verlo como un juego. Mucha gente puede tratar de controlarte. Puede querer decirte cómo debes ser, lo que debes hacer. Con el tiempo, desarrollas el valor para ser tú mismo.

Con el tiempo, también te das cuenta de que esa gente siempre estará ahí. En cuanto arreglas a una, la siguiente estará lista. No se terminará.

Por esta razón, lo que la mayoría de nosotros puede hacer es trabajar dentro de nuestro pequeño mundo, con la gente que conocemos. Jugamos con ella. Nos tomamos nuestro tiempo con ella. Lentamente, la hacemos mejores seres humanos. Y luego, a medida que sale a su círculo de amigos, de gente que conoce, ella protege deliberadamente lo que ha recibido.

Cuando se trata del resto del gran mundo, dejamos que Dios se encargue de ello.

LA ESPOSA DE DIOS

Pregunta: Baba habla de adorar al Ser. Entiendo que no está hablando de nuestros seres individuales, pero no sé cómo pensar en el Ser de otra forma, de una manera más grande.

Gurudev: Piensa en lo que hiciste hace un par de años en la tienda de bagels. Estabas ahí por azar y dijiste: "Tome, permítame pagar por esos bagels". Eso es un ejemplo de adoración, al menos en mi mente. En ese momento, tuviste una idea: "Esto es lo que me gustaría ver que sucediera". E hiciste que sucediera. El Ser, cuando piensas en él, está presente en la forma de todas las diversas cosas en nuestras vidas. Eso incluye al amigo cuyos bagels te ofreciste a pagar.

Leí una pequeña historia. Es invierno y una señora rica sale a caminar. Escucha a un niño hablando con Dios afuera de una tienda. El niño le dice a Dios: "Necesito un par de zapatos". Entonces ella entra a la tienda con él y le compra unos zapatos. Al final de la historia, el niño le pregunta: "¿Eres la esposa de Dios?".

Estoy seguro de que ella nunca olvidará ese momento.

Cuando Baba habla de adorar al Ser, se refiere a los momentos que todos nosotros tenemos. En cada momento tenemos la oportunidad de adorar, de honrar, de amar, de ofrecer bondad. Por supuesto, nos abstenemos porque pensamos: "¿Qué pensará esa persona? ¿Qué sentirá? ¿Recibirá lo que le doy?".

No puedes controlar cómo se va a sentir alguien. Pero sí puedes aprovechar cualquier oportunidad que se te presente.

DESACELERARSE

Pregunta: Estoy tan ocupado que me resulta muy difícil apagar el proceso de pensamiento, y dormir. No quiero apagar el mundo, pero necesito descansar. Y no sé cómo hacer eso.

Gurudev: Tienes que crear un cronograma para ti, cada día: una hora fija para despertar, un tiempo fijo para lo que harás en la mañana para ti mismo, un tiempo destinado para el mundo. Y luego, cuando el sol se ponga, decides qué actividades harás para bajar el ritmo hasta que sea hora de irte a dormir.

Es una cuestión de preparación: al principio del día, a la mitad y luego, por supuesto, al final.

La gente me dice a menudo que puede tomar una taza de té o café y luego ir a dormir. No lo creo. Creo que solo se acuesta en posición horizontal, sin dormir en realidad. Lo sé porque cuando he hecho algo así de tonto, he estado acostado en la cama durante tres o cuatro o cinco horas. Puede que haya dormido una hora, pero luego me desperté y pensé: "Realmente no dormí".

Con el tiempo te vuelves sabio. Te das cuenta, "OK, este es el tipo de cuerpo que tengo. Soy extrovertido y amigable y me gusta involucrarme con el mundo". Sabes que necesitas emplear las últimas dos o tres horas del día para bajar el ritmo, para realizar únicamente actividades que te conduzcan a un buen dormir. La noche entera está orientada a eso.

Siempre le digo a la gente que no hay necesidad de una pantalla de televisión en el dormitorio. No hay necesidad de tu teléfono. Deja todo eso afuera. Así, cuando entres al dormitorio, encontrarás que es un lugar silencioso y tranquilo.

Puedes tener algunos libros. Puedes tener música. Especialmente en una noche en que no puedas dormir, puedes leer un libro particularmente denso. Eso te noquea; en cinco minutos estarás fuera. Otros días, puedes leer un libro más ligero.

En el ashram, estamos en la cama a las 10:00 en punto, listos para ir a dormir. Sabemos que tenemos que levantarnos a las 4:00 ó 5:00 de la mañana y queremos seis horas de buen sueño para poder ser productivos a lo largo del día. Nuestro último té es a las 4:00 de la tarde, por lo que no se sirve cafeína durante las seis horas previas a dormir. Comes, cantas y luego te vas a dormir.

A lo largo de los años he descubierto que el cuerpo es el mejor amigo que tenemos. De acuerdo con cómo lo entrenas, en eso se convierte. Pero tienes que entrenarlo. Creas tu horario y lo cumples.

Pregunta: Pasé por una etapa en la que si comía mucho antes de acostarme, mi corazón latía muy rápido. Creo que puede haber sido demasiado para la energía. ¿Cree usted que ese podría haber sido el caso?

Gurudev: Eso es probablemente cierto para todos nosotros. El Āyurveda afirma que todos debemos comer menos a medida que el sol comienza a bajar. Pero no lo hacemos. Pensamos: "Cuanto más coma, mejor dormiré". Entonces, por supuesto, el cuerpo tiene que trabajar para procesar eso.

Creo que todos deberíamos ser más sabios y darnos cuenta de que una vez terminada la comida del mediodía, tendríamos que comenzar a ir más despacio, porque el día está yendo más despacio. Eso ayuda al cuerpo. También nos ayuda a levantarnos a la mañana siguiente.

EXTRAE SABIDURÍA POR MEDIO DE TU AMOR

Pregunta: Intento escuchar, pero nunca llego a comprender algunas de las líneas en la *Guru gītā*. ¿Es solo cuestión de cantarla más o sería bueno tomar una lección?

Gurudev: Si puedes, consigue un CD de Baba cantando la *Guru gītā* y escúchalo. Al escucharlo, entenderás mejor algunas de las palabras.

Si después de algunos años aún sientes que es difícil, es bueno conseguir ayuda. La gente de habla inglesa generalmente encuentra partes en el canto donde la lengua tiene que girarse. No es tan fácil. Si vas con un maestro que sepa sánscrito, él puede ayudarte a colocar tu lengua en la forma correcta.

En sánscrito, la colocación de la lengua es lo que provoca el sonido. La colocación correcta de la lengua es también lo que hace que el canto tenga el efecto que debería tener en nuestro cuerpo.

Hay cuatro tipos de sonidos que podemos producir: labiales, dentales, palatales y guturales. Yo diría que puede tomar un mínimo de un mes para lograr la articulación correcta de la lengua para que puedas producir el sonido adecuado.

Pregunta: Según recuerdo, Baba cambió la melodía de la *Guru gītā* antes de tomar *mahāsamādhi*, pero después volvimos a la melodía original. Esto no es un sueño mío, ¿o sí?

Gurudev: Todos estamos en un sueño.

Si te sientas con alguien que conoce la *Guru gītā*, eso ayuda.

Por ejemplo, durante las últimas tres noches, hemos estado cantando el *Pādukā pañcakam*. Muchos de ustedes lo han estado cantando durante años. El verso número 1 dice *pādukābhyaḥ*. Sin embargo, la mayoría de la gente solo cierra los ojos y dice *pādukābhyām*. Pero cuando miras las palabras, encuentras que dice *pādukābhyaḥ*.

Entonces lees el significado. El primer verso dice: "Ofrezco salutaciones a las sandalias del Guru".

El sánscrito es un lenguaje bastante complejo. Cualquiera

que tenga miedo de contraer la enfermedad de Alzheimer, como lo comentamos en el retiro, puede beber jugo de remolacha —no lo derrames en tu camisa blanca— y estudiar sánscrito. Espero haber respondido a tu pregunta.

Pregunta: Todavía no estoy seguro de la melodía. ¿La melodía de la *Guru gītā* ha sido la misma durante miles de años o hay diferentes melodías para los mismos mantras?

Gurudev: Los *Vedas* han sido cantados de la misma manera. Si los estudiantes estudian con un maestro experto por un mínimo de cinco años, pueden aprender la manera correcta de cantar los *Vedas*.

Pero muchos estudiantes no quieren tener que vivir con un maestro durante años para aprender las cosas que quieren aprender.

Por ejemplo, la gente viene a nosotros y quiere aprender el armonio. Quieren aprender en un día. Dicen: "Ya sé piano. Ya sé guitarra. Ya sé todo. Así que solo muéstrame. Dame una hoja con las notas y yo lo averiguo". Ellos averiguan lo que piensan que deben averiguar.

En la *Guru gītā*, por ejemplo, tenemos *Kailāsa-śikhare ramye, bhakti-sandhāna-nāyakam*. Aquí, *bhakti* tiene una /i/ corta. En inglés no tienes letras diferentes para indicar la /i/ corta y la /i/ larga, ni la /a/ corta y la /a/ larga. Usas la misma letra para /i/ y para /a/.

Alguien que toca el armonio por primera vez no entiende este tipo de diferencias. Y si esa persona habla la variedad "austraaaliana" del inglés, va a ser aun más diferente.

Si estás realmente interesado en un idioma o en una tradición, tienes que ir al país de donde provienen. Encuentra un buen profesor y sumérgete en el idioma. Ya sea uno de los idiomas de India o una lengua europea, esa es la única manera en que comprenderás todo.

Es como lo que estabas compartiendo conmigo, que había un hombre que quería aprender el didjeridu. Fue a donde viven los pobladores aborígenes y ahí le dijeron: "Sí, puedes aprenderlo. Pero durante el primer año no puedes ponerle las manos encima. Solo escucha nuestra música. Escúchanos. Siente la música primero. Luego, después de un año, podrás posar tus manos en el instrumento".

La gente no siempre tiene tanta paciencia ni perseverancia. A veces viene a nuestro curso de hatha yoga y dice: "OK, me está presionando demasiado. Deme menos horas. Deme el certificado. Lo único que quiero es salir y enseñar". Entonces se quejan de que el profesor era horrible. Por supuesto que el profesor parecerá horrible porque el estudiante eludió muchas de las clases y acortó el tiempo de la práctica solo para conseguir ese papel. Pero llegar a ser bueno en cualquier cosa requiere tiempo, compromiso y dedicación.

Tendemos a pensar que es solo el camino del yoga el que requiere establecer una relación basada en el amor, con un maestro, con el Guru. Pero creo que en cualquier camino —ya sea que quieras ser carpintero o músico o cualquier otra cosa— tienes que tener una buena relación con tu maestro. Tú extraes la sabiduría de ese maestro a través de tu amor y pasión por el aprendizaje.

No sé cómo es hoy en día que los estudiantes aprenden de los cursos en línea. Pero pensando en aquel entonces, cuando pasamos por la escuela, aprendí más de aquellos maestros con quienes tuve una relación maravillosa y que hicieron el esfuerzo de estar con nosotros, los estudiantes. Funcionó en ambos sentidos. Dimos mucho y ellos dieron mucho. La enseñanza es enteramente una cuestión de relación.

LA NATURALEZA CUIDA
DE SÍ MISMA

Pregunta: Se habla mucho acerca del desplazamiento de la Tierra sobre su eje y de ese tipo de cosas. Me preguntaba si podría comentar cómo podemos manejar este período de la mejor manera, si es que es algo que necesitamos manejar.

Gurudev: En primer lugar, el calendario hindú no tiene término. Así que, de acuerdo con el calendario hindú, el mundo no llega a término. Incluso para los mayas —al menos esto es lo que me dicen los mexicanos— es solo su calendario el que termina. En su entendimiento tradicional, el mundo no llega a su fin. Sin embargo, el calendario fue hecho solamente hasta este momento en particular.

En la tradición hindú, aún tenemos 427.000 años por delante. La era actual se llama *Kali Yuga*. Tiene solo cinco mil y unos cuantos cientos de años más de edad. La duración total de la era es de 432.000 años. Así que, en cuanto a tiempo, por lo menos de acuerdo a la tradición hindú, tenemos un largo camino por recorrer.

Los anuncios del fin del mundo son un buen modo de hacer dinero. La gente se asusta si cree que va a suceder.

Tengo una pequeña historia.

Un pájaro se está ahogando en un pequeño estanque. Está gritando —como sea que grite un pájaro—: "¡El diluvio se acerca, el diluvio se acerca!".

Todos se preguntan: "¿Qué diluvio?".

Alguien saca al pájaro del agua y lo pone en tierra.

Para entonces, ha corrido la voz de que este ave está proclamando que el mundo se acabará porque el agua está subiendo. Así que alguien se acerca al pájaro y dice: "¿Dónde está el diluvio? ¿Dónde está el fin del mundo?".

El pájaro dice: "Ah, ya terminó".

Como se estaba ahogando pensó que el fin del mundo había llegado. Sin embargo, ya que se encuentra fuera del agua, todo está bien.

A menudo en nuestra época actual, debido al internet, los

medios de comunicación y la prensa, la gente perpetúa más fácilmente este tipo de situaciones. Por ejemplo, luego de ver una película como *2012*, tienes imágenes en tu mente que dicen: "Oh, Dios mío, ¡esto es lo que va a suceder!". Olvidas que el escritor o el director tenían esas imágenes mentales y las convirtieron en una película en la cual quedaron representadas. Son imágenes tan vívidas que ahora las llevas en tu mente.

Baba Muktānanda diría que siempre debemos estar preparados para el final.

Ninguno de nosotros sabe la hora de nuestra muerte. Por lo tanto, siempre debemos estar preparados para el hecho de que podemos morir al momento siguiente.

A menudo cuando la gente oye que fulano murió, dice: "Pero si almorzamos ayer". O "Hablé con él por teléfono justo esta mañana". Como si el haber almorzado ayer o hablar por teléfono hoy significara que no podía morir. Ayer estaba normal. Todo estaba bien. Sin embargo, ocurrió la muerte.

Pienso que cada persona enfrenta esta incertidumbre en la vida. Así que, en lugar de elegir una fecha y hora en la que ellos podrían morir, la gente piensa que todo el mundo va a morir en ese determinado momento.

De una cosa podemos estar seguros: todo lo que ha sido creado se disolverá. Y esa disolución ocurre en incrementos. Por ejemplo, piensa en el tsunami masivo que ocurrió. Empezó en un área de la Tierra y lentamente se extendió a otros lugares. Hemos llegado a saber que los animales lo sintieron llegar, por lo que se trasladaron a tierras más altas. Algunos animales murieron, pero muchos sobrevivieron.

Estamos tan inundados de información en estos días que a menudo no sabemos qué es lo que realmente creemos. Tenemos que pasar por un proceso de tamizar y pensar, para llegar a tener claridad en nuestro interior. ¿Cuál es la Verdad, en medio de todas las supuestas verdades?

De hecho, el fin del mundo se ha predicho muchas veces en los últimos veinte, treinta años. Pero como el calendario maya es tan conocido, mucha gente piensa que el mundo realmente se va a terminar en diciembre. Cuando la computadora iba a pasar de 1999 a 2000, la gente pensaba que todo iba a colapsar. Sin embargo, todos nos despertamos el 1 de enero de 2000. Recuerdo que fui a la computadora y pensé: "OK, ¡se supone que va a estallar! O al menos tendrá la fecha equivocada". Pero no había sucedido nada. Así como los seres humanos nos aseguramos de que las cosas vayan bien, la naturaleza también se ocupa de sí misma. La Consciencia se ocupa de sí misma. Lo hace de la mejor manera para asegurarse de que la vida continúe. Ese es mi entendimiento de lo que va a suceder o debería suceder. Debemos hacer el bien y ser buenos, y así, para nosotros solo existirán el bien y lo bueno.

¿QUÉ TIPO DE DISCÍPULO ERES?

Pregunta: ¿Es importante el papel del Guru o debemos tratar de encontrar nuestro propio camino?

Gurudev: Todo lo aprendemos de alguien. Cuando queremos aprender el sendero del yoga o de la espiritualidad, también tenemos que aprenderlo de alguien. Cuando aprendemos algo por nuestra cuenta no siempre sabemos si lo entendimos bien, si nos lo enseñamos bien.

Así como hoy vemos a tantos que predicen el fin del mundo, también hay miles de gurus. Gente que ha practicado un poquito de yoga, un poquito de meditación, que ha estudiado un poquito con alguien o que ha vivido con el Guru durante algún tiempo decide: "¿Sabes qué? En mi ciudad no hay nadie más que esté enseñando. Me convertiré en el guru local". Sucede.

Por lo tanto, el buscador debe ser capaz de discernir. Las escrituras nos aleccionan acerca de las cualidades de un verdadero Guru. Cuando buscamos un Guru, debemos buscar esas cualidades en el Guru. El poeta-santo Kabīr dice: "Filtras el agua antes de beberla; conoce al o a la Guru antes de aceptarlo".

A lo largo de los años, la gente ha tenido malas experiencias con gurus. Baba solía decir que cuando compras un cajón de manzanas, habrá algunas manzanas echadas a perder. Entonces, las manzanas malas te muestran cómo es una buena manzana. A partir de una mala experiencia, sabes qué tipo de experiencia es la que quieres.

Al mismo tiempo, no siempre tiras a la basura todas las manzanas dañadas. Puedes cortarles la parte mala y comerte la parte buena. De la misma manera, el que hayas tenido una mala experiencia con un guru no significa que todas las experiencias que vayas a tener serán malas. Solo dices: "OK, ya pasó".

En mi experiencia, el tipo de Guru que encuentres dependerá del tipo de individuo que seas.

Alguna gente es lo que podríamos llamar tradicional, u ortodoxa, o disciplinada. Sigue un método que es tradicionalmente correcto. Otra gente decide que no quiere tener nada que ver con lo tradicional. Piensa que la tradición y la disciplina no tienen relevancia. Dice: "Hago lo que tengo ganas de hacer. Me voy a dormir cuando se me antoja. Despierto cuando quiero. Como cuando tengo ganas de comer. Me baño cuando tengo ganas de bañarme". Pero creo que todos nosotros estamos de acuerdo en que la disciplina es buena.

Por ejemplo, si estás manejando en una autopista que tiene tres carriles con señales para circular en un cierto sentido, conduces en ese sentido. Supongamos que dices: "¿Por qué tengo que seguir los carriles? Voy a conducir entre dos carriles". Vendrá la policía y te dirá que esa es la forma incorrecta.

No sé cómo es aquí en Australia, pero en los Estados Unidos no puedes ir demasiado lento ni demasiado rápido. Debes viajar dentro del rango de velocidad indicado.

Hace poco, un muchacho compartió con nosotros que el año pasado cuando venía al ashram, venía con el tránsito. El límite de velocidad era sesenta y cinco millas por hora y él venía a setenta y cinco millas por hora. Todos iban a setenta y cinco, y por eso él iba a setenta y cinco. Un policía le ordenó que se orillara y le preguntó: "¿Sabe por qué lo orillé?".

Él dijo: "No lo sé".

El policía dijo: "Es que usted iba rápido".

Él dijo: "Pero todo el mundo iba rápido".

El policía dijo: "No debe sobrepasar el límite de velocidad".

Él dijo: "¿Entonces por qué no para a todos?".

El policía dijo: "Detendré a los demás, pero por el momento lo detuve a usted".

Así que lo multó.

Este año, cuando venía rumbo al ashram, venía a la velocidad indicada. Pero cuando vio a un policía, disminuyó la velocidad. Iba por el carril rápido. El policía lo paró. Una vez más le dijo: "¿Sabe por qué lo detuve?"

Él dijo: "No lo sé".

El policía dijo: "Está yendo lento por el carril rápido".

Él dijo: "¿Qué quiere decir? El año pasado me infraccionaron por ir rápido y seguir el flujo del tránsito".

El policía le dijo: "Debe fluir con el tránsito. Está obstaculizando el tránsito".

No recibió una multa, solo recibió una advertencia. Pensó: "Ahora estoy confundido. Sigo al tránsito y me imponen una multa. Disminuyo la velocidad y no me dan una multa, pero sí una advertencia".

Esta es la razón por la que necesitas un Guru. Te enseña las artimañas del vivir.

No todo es siempre lo mismo. No puedes inventar una doctrina y decir: "Este es el modo correcto". Como creo que todos sabemos, en la vida hay que adaptarse constantemente. Te adaptas al país, te adaptas a la situación, te adaptas a la persona.

A menudo la gente que lee los diálogos de preguntas y respuestas de Baba Muktānanda dice que se hizo dos preguntas similares, pero se dio dos respuestas diferentes. Piensa: "¡Wow, eso es increíble!". Pero tenemos que darnos cuenta de que fueron dos personas diferentes quienes hicieron la pregunta. Esas dos personas estaban en diferentes puntos en su práctica, en diferentes etapas de sus vidas. Así que la respuesta se dio de acuerdo con la persona que estaba preguntando a Baba.

A veces lo que preguntamos es diferente de lo que queremos preguntar. Cuando tenemos un Guru que nos conoce y con quien mantenemos una relación, contestará de acuerdo con nuestras necesidades, en vez de contestar de acuerdo con lo que pensamos que queremos.

Es un tema complejo, y la relación Guru-discípulo es una relación compleja. Entrar en esa relación no es tan simple como nada más decir: "OK". Una relación marido-esposa tampoco es sencilla. Sin embargo, si ambos deciden resolver algo, ese algo puede resolverse.

A menudo la gente viene a mí y dice: "Él es así" o "Ella es así".

Digo: "Mira, no importa adónde vayas, él va a ser así. Ella va a ser así. Así que ya tienes este problema, más vale que lo soluciones". Con el tiempo, aprendes adónde das, adónde peleas, adónde haces concesiones —todas esas cosas—.

Es lo mismo en la relación Guru-discípulo. Aprendes. Te vuelves sabio. Sabes lo que puedes hacer y sabes lo que no eres capaz de hacer. Aprendes todas estas cosas y, en consecuencia, comprendes la relación.

Baba Muktānanda escribió un libro llamado *La relación perfecta*, que habla de la relación Guru-discípulo. El *Kulārṇava tantra* habla de ello. Los budistas tienen muchos libros relacionados con el entendimiento de la relación Guru-discípulo. La *Guru gītā* entera, que cantamos aquí por las mañanas, trata de la relación Guru-discípulo. Al principio, entiendes esa relación en un nivel y a medida que pasa el tiempo, poco a poco empiezas a entenderla en diferentes niveles.

En la *Bhagavad gītā*, Arjuna le dice a Kṛṣṇa: "Tú eres mi amigo. Tú eres mi maestro. Tú eres mi Dios". Cantamos versos en la *Guru gītā* que dicen: "Tú eres mi madre. Eres mi padre. Eres mi hermano. Eres mi pariente. Eres mi amigo. Tú eres todo". Creo que la totalidad de la relación Guru-discípulo puede entenderse de esta manera.

Cuando nos sentimos cómodos con el Guru que hemos elegido, creamos ese vínculo, esa relación, esa confianza.

Creo que la responsabilidad recae en ambos sentidos. Ya sea una escuela de yoga o una iglesia o un templo o un ashram, la gente que asiste tiene tanta responsabilidad de asegurarse de que el Guru se comporte, como el Guru la tiene de asegurarse de que los discípulos sigan el camino y las prácticas. Por eso dije: "Según la clase de discípulo que seas, ese es el tipo de Guru que encontrarás".

A veces la gente de India me dice: "Bueno, los tiempos han cambiado. No podemos ser tan estrictos como solíamos ser".

Aun así, creo que los Gurus siempre saben que los discípulos fracasarán un poquito. Harán un poco de trampa; se comportarán un poco mal. Por lo tanto, pones el listón a buena altura, para que sepan que deben, por lo menos, tratar de alcanzar cierto nivel.

Cuando practicas diferentes tipos de deportes, el instructor dice: "OK, ve un poco más lejos". El maestro de yoga te dice:

"Estírate un poco más". Si se supone que debes tocar algo, quisieras que los maestros lo bajaran para así poder agarrarlo. Por supuesto, saben que si lo bajan, podrás asirlo fácilmente. Pero si lo ponen más arriba, harás ese pequeño esfuerzo extra para llegar allí.

Cuando los Gurus de la antigüedad escribieron sus instrucciones para las prácticas yóguicas, sabían que necesitaban decirnos que llegáramos un poco más lejos de donde podemos llegar fácilmente.

Pregunta: Nunca he entendido realmente el concepto de ego. Estoy confundido acerca de por qué Baba dijo que debemos intentar hacer que el ego se vaya y luego dijo: "Si vas a tener un ego, ten uno grande".

Gurudev: Bueno, si hay un ego como un gran globo, cuando lo haces reventar hay una gran explosión. Y te liberas de él. Y si revientas un globo pequeño, bueno, entonces no es tan divertido.

Pregunta: Tengo problemas con la idea del Guru destruyendo el ego. Me llevó años de terapia llegar al punto de no permitir que la gente me pisotee.

Gurudev: A mucha gente le encanta complacerse con lo que llama "quemar el ego".

Estoy seguro de que no era el propósito de Baba sentarse allí y pensar: "Me voy a encargar del ego de este" ni tampoco: "A este lo voy a aplastar hoy".

No creo que una persona necesite que se le trate como basura ni que se le pisotee. En mi experiencia, Baba nunca me hizo eso. Y yo tampoco le hago eso a nadie que acude a mí. No se trata de eso.

Sin embargo, los Gurus a quienes les interesan los juegos de poder, o que no son lo que un Guru verdaderamente debería ser, parecen disfrutar de ese tipo de cosas. Así es como manipulan y controlan a sus discípulos y a las multitudes que acuden a ellos. A alguna gente le gusta eso. Te sorprenderías de cuánto le gusta a algunas personas que las pisotee. Puedo decir esto porque estoy en esta posición. Por ejemplo, a veces le digo a alguien: "Ve y haz esto". La persona tiene el sentido común, la inteligencia y el entendimiento para ir y hacerlo. Pero luego regresa y pregunta: "¿Debo hacerlo de esta manera, o debo hacerlo de esa otra manera?" Yo pienso: "Solo hazlo". Quiero decir, si esa no es la manera correcta, vendré y te lo diré, y luego podremos cambiarlo.

En *Más allá del materialismo espiritual*, Chögyam Trungpa habla de los pasos en este proceso. Primero vas de compras a buscar un Guru y luego tienes un amorío con el Guru; tercero, te enojas y cuarto, te marchas. Y finalmente te das cuenta de que el Guru no es solo una persona o un cuerpo; el Guru está en todo en esta vida.

Cualquier persona puede decirte algo que te hiera o haga que tu ego reviente. Sin embargo, no te detendrás a pensar demasiado en ello porque no ves a esa persona como tu Guru. No obstante, todo el proceso tiene lugar en tu mente y aprendes algo de eso o no. Mientras que, cuando el Guru dice algo, la gente le da una enorme importancia: "Voy a aprender una lección; por lo tanto, necesito arder".

Especialmente en Occidente, todo el concepto de la relación Guru-discípulo ha sido malinterpretado. Cuando comparas lo que escuchas acerca de lo que varios gurus hacen en nuestros días, con lo que sucedía en torno a Baba o Bhagavān Nityānanda u otros santos, te das cuenta que los gurus actuales no están en el mismo estado en el que se encontraban aquellos grandes seres.

YOGA RÁPIDO

Pregunta: En este mundo moderno siempre estamos intentando hacer las cosas más rápido: tenemos comida rápida y ¿por qué no, yoga rápido? Así que me pregunto: ¿qué prácticas considera usted esenciales, y cuáles son periféricas?

Gurudev: En diferentes días, uno tiene diferentes estados de ánimo. Algunos días quieres hacer algo breve. Sientes que ya estás en un buen espacio y que practicar de treinta a cuarenta y cinco minutos está bien. Otros días sientes que quieres practicar por dos horas.

El miércoles pasado, quedamos exhaustos después de dos *sūrya namaskārs*. No queríamos hacer una tercera ronda. Al día siguiente hicimos cinco, y podríamos haber hecho diez. Pero le dijimos a la maestra cinco, porque sabíamos que si le decíamos cinco, tendríamos que hacer ocho.

Creo que hay un pequeño malentendido acerca de la comida rápida. Considera lo que sucede con el paquete que te llevas de la sección de congelados del supermercado. Lo llevas a casa y lo descongelas. O lo pones directamente en el microondas. Está listo después de treinta segundos. Pero piensa por todo lo que atravesó antes de terminar en la sección de congelados del supermercado. No fue directamente desde la granja al paquete congelado. Antes fue parte de un largo proceso.

De la misma manera, cualquiera que sea el producto final en que podamos convertirnos, nuestro proceso tiene que tener lugar. Todos debemos atravesar el proceso.

El iPhone tiene una app para el yoga. Yo quisiera que esa aplicación hiciera el yoga y yo simplemente pudiese mirar y recibir el beneficio completo. ¡Eso sería realmente instantáneo! Desafortunadamente, como sabes, no es así.

HONRA A LA DIVINIDAD INTERIOR

Pregunta: ¿Qué significan esas marcas en su frente? ¿Solo las llevan los hombres?

Gurudev: Una mujer puede usarlas si quiere. Si vas a la ciudad de Haridwar, verás que las mujeres también las tienen. En algunas partes de India, las mujeres usan *bhasma* blanca, pero en su mayoría la usan los hombres, porque las mujeres no están dispuestas a poner tanto en sus rostros.

Lo que tengo es pasta de sándalo fresca que es molida cada mañana. No todo el mundo usa pasta recién molida; muchos utilizan polvo ya preparado.

A menudo le digo a la gente que al igual que las mujeres se ponen como maquillaje rubor y lápiz labial y todo eso, este es nuestro maquillaje.

Puedes ver en la imagen de Baba que también usa ceniza. Tenemos ceremonias de fuego y la ceniza que queda ha sido purificada. Cuando la usas purifica tu cuerpo, porque proviene del fuego ceremonial. Te protege porque cantas mantras a medida que te la aplicas. Es como una armadura.

Los sādhus que viven a orillas de los ríos en India tienen sus pequeños fuegos propios y toman las cenizas de allí. En lugar de jabón, utilizan la ceniza para bañarse. Después de salir del río, se untan cenizas en todo el cuerpo. Esa es su vestimenta para el día.

En India, se acostumbra cremar los cuerpos. Así que cada día, cuando miras la ceniza, recuerdas: "Un día, esto es lo que me va a suceder". Un día serás ceniza.

Cada mañana, bañamos a nuestras deidades. Las ungimos con sándalo, bhasma y otras cosas. Luego nos ungimos a nosotros mismos con lo que queda después de ungirlos a ellos. La idea es que honras y adoras a tu deidad y luego honras y adoras a la deidad en tu interior.

Nos ponemos tres franjas. Esto nos recuerda que el mundo está hecho de tres cualidades o tres *guṇas*: *sattva*, *rajas* y *tamas*. Tenemos que aprender a elevarnos por encima de ellas.

El lunar rojo, el *bindu*, nos recuerda que todo proviene de un lugar, una Consciencia. Se dice que los rayos del sol de la mañana son atraídos por la coloración roja. El rojo está hecho con cúrcuma y cal. Lo hacemos ahora en nuestro ashram porque muchos de los bindis hechos en India están llenos de sustancias químicas.

En la tradición hindú, especialmente las mujeres usan el lunar rojo. Hoy en día utilizan unos lunares autoadheribles, y también algunos que tienen diseños coloridos. Pero la idea es que lo utilizan para honrar esa Verdad, esa divinidad, dentro de sí mismas. Sobre todo en el norte de India —aunque ahora también en el sur— cuando una muchacha se casa, el marido le pone polvo rojo en la raya del cabello. Cuando ves eso, sabes que la muchacha está casada.

Todas estas son diferentes formas de adoración. Cuando te miras en el espejo y ves lo que te has puesto esa mañana, inmediatamente te recuerda tu divinidad, a Dios. Si tu mente se ha aventurado en otro lugar, dices: "¡Oh!". Y regresas a la ceremonia, al sentimiento, a los mantras.

Pregunta: Usted nos ha enseñado a ver a Dios en todos. ¿Eso significa que Dios está también en Satanás y en el mal? ¿Es la violencia también Dios?

Gurudev: No creo en la existencia de Satanás. Creo que nosotros, como individuos, como seres humanos, podemos crear la maldad. Entonces, sí, en ese caso, puedes ver a Dios en esa maldad.

Pero cuando realmente te elevas por encima de todo, encuentras que hay un equilibrio total. No hay odio. No hay bien. No hay mal. Esas son solo cualidades que adquirimos.

Podríamos decir que es discutible si Dios ha creado el mal o si los humanos lo han creado. No creo que ninguna escritura diga quién es el creador del mal. Incluso en el caso de Adán y Eva, ¿quién los tentó? Fue alguien o algo. Así que Dios metió mano en eso. Alguien tiene que asumir la culpa, ¿verdad?

Baba solía contar una gran historia. Un día, el rey pidió a

un pintor que pintara un cuadro de la persona más hermosa; es decir, una persona que representara la belleza, el amor y todas las grandes cualidades.

El pintor miró a su alrededor y encontró a un niño. Pintó el retrato de este niño y se lo llevó al rey.

El rey lo miró y dijo: "Ahora píntame un cuadro de la persona más mala, más cruel, la peor que puedas encontrar". Describió los dientes feos y todas las cosas que nos enseñan que tienen los demonios, no porque tuviesen necesariamente que estar en el cuadro, sino porque la persona debía tener esas características.

El pintor buscó por todas partes. Fue a las cárceles y a muchos lugares por el estilo, pero no podía encontrar a una persona malvada. Finalmente, un día, encontró a un joven y pensó: "¡Ah, aquí está!". Entonces pidió permiso para llevar a ese joven al estudio donde estaba pintando.

Cuando entraron, el joven vio la foto anterior. Comenzó a llorar.

El pintor dijo: "¿Qué sucedió? ¿Por qué estás llorando?". Y dijo: "Ya no puedo pintarte. No eres el arquetipo del mal que traje aquí para pintar".

El joven dijo: "No sé qué decir. Años atrás, yo era como el niño que pintaste como el mejor; el niño más piadoso, amoroso, maravilloso. Y hoy me has traído como la persona más malvada, la peor persona". Añadió: "Veo lo que me he hecho a mí mismo. Yo era la mejor persona y hoy soy la peor".

¿Quién es el que hace esto? Nos lo hacemos nosotros mismos. Hacemos esa elección. Dios nos hace y nos pone en esta Tierra. Y luego a través de la compañía que mantenemos, a través de nuestros amigos, a través de todo lo que tenemos en nuestra vida, adquirimos esas diferentes cualidades.

Por lo tanto, las escrituras hablan de satsang, de estar en compañía de la Verdad. Necesitas compañía que te eleve, en lugar de compañía que te hunda.

Se dice que un verdadero amigo es el que te critica y te muestra lo que estás haciendo mal. Por supuesto, puede ser que no te agrade esa persona, pero él es tu verdadero amigo. Y un verdadero enemigo es aquel que te alaba aun cuando estás haciendo algo equivocado.

Dios existe en toda la gente, ya sea amorosa o esté llena de maldad o de odio. Esta última simplemente se ha cubierto a sí misma con la característica del mal. Es como ir al teatro a ver una obra. Colocan diferentes telones de fondo como escenarios: una casa, montañas, un bosque. De la misma manera, nos ponemos diferentes fachadas.

De acuerdo con las escrituras, todo en la Tierra está hecho de las tres guṇas, tres cualidades. Sattva es pureza. Rajas es actividad. Tamas es inercia, oscuridad. Si quieres, puedes llamar a tamas el mal.

Dicen que cada persona está hecha de una combinación de las tres guṇas. Hay bondad en nosotros. Hay actividad en todas las cosas que hacemos. Y también hay un lado oscuro en nosotros. Dios nos ha creado de esta manera para que podamos aprender a elevarnos por encima de esas cualidades y comprender que Dios es más grande que todas ellas.

Sin embargo, dependiendo de nuestro karma y de lo que hemos hecho, una guṇa predomina sobre las demás. Si vives una vida pura y simple, sattva domina porque eres limpio, eres santo. Cuando tu vida está llena de actividad —como es el caso en nuestra sociedad, donde toda la gente sigue, sigue y sigue, y siempre quiere más, más y más— rajas domina. Nunca hay tiempo para sentarse, para estar quieto, para contemplar la Verdad, para contemplar a Dios. Solo está el empuje. Y luego está tamas, por cuya causa no quieres hacer nada. Estás totalmente distendido.

Creo que la gente en India necesita adquirir un poquito del movimiento y actividad —el aspecto de rajas— de Occidente. Y en Occidente, la gente necesita aprender a ser un poquito más distendida y relajada, no para convertirse en *tāmasika*, sino para tener más de ese aspecto de tamas.

Empleas sattva para elevarte por encima de todo esto. Según las escrituras, en la medida en que haces sādhanā, quedas más y más establecido en sattva, en la pureza.

Finalmente, llegas a la etapa en la que también te elevas por encima de sattva. Te liberas de las tres guṇas. Entonces, para ti no hay ni bueno ni malo. Ninguna de estas cualidades existe para ti. Lo que es simplemente es.

Cuando Gandhi recibió un disparo, podría haber maldecido a la persona. Podría haber dicho lo que hubiera querido. Sin embargo, de su boca salió "¡*Hē Rām*!". U "¡Oh Dios!".

Por supuesto, no es fácil ver la pureza, la divinidad, en una persona que está haciendo algo mal. Es más fácil mirar al mundo y preguntar: "¿Por qué están sucediendo todas estas cosas malas? ¿Dónde está Dios?".

Por otra parte, el mundo siempre ha sido así. Si lees la historia ves que el hombre siempre ha luchado, el hombre siempre ha querido más. Nunca ha sido su deseo sentarse tranquilamente y disfrutar de lo que es.

A veces es posible corregir a una persona que está haciendo el mal diciéndoselo o indicándole una mejor manera. No hay nada erróneo en hacerlo. No es que debas alejarte y decir: "Olvídalo. No es para tanto. Ya aprenderá la lección algún día". Si estás allí por casualidad, tienes la oportunidad de ayudar.

Aquí hay un ejemplo sencillo. Yo estaba solo y alguien venía entrando por la puerta. Así que la mantuve abierta. Cuando esa persona entró, me lanzó una mirada que decía: "¿Algo anda mal con usted? ¿Por qué mantiene la puerta abierta para mí?". No dije nada. Solo sonreí. Pero me di cuenta, por la expresión en su rostro, que no podía creer que alguien pudiera ser tan amable.

Este tipo de acciones importa porque deja una huella en la gente. Cada vez que alguien hace algo amable por ti, lo recuerdas. Y, a tu vez, le devolverás esa amabilidad a alguien más.

Por esta razón, siempre digo que lo que quieras que te hagan, hazlo primero a los demás. La gente aprenderá de tu ejemplo.

Si eres malvado y perverso, eso es lo que obtendrás a cambio. Si eres amoroso y dulce, a pesar de todas las otras emociones

que surgen, ese amor y el sentimiento de bondad prevalecerán.
Con eso puedes expulsar el mal.

MANTENTE ENFOCADO

Pregunta: Para una persona que desea alcanzar el bien mayor, ¿cuál sería el uso más eficiente de su tiempo cerca del Guru?

Gurudev: Tengo que pensarlo. Por un lado, diría que mantenerse enfocado en por qué has venido a estar con el Guru. Y construir sobre esa base.

Cuando tienes muchos amigos y estás con la gente que conoces, a veces la mente se distrae con lo que los demás sugieren que deberías hacer con tu tiempo.

Tienes que mirar en tu interior. Escucha lo que está sucediendo en satsaṅg y luego pondera: "¿Qué es lo que quiero hacer para poder obtener el máximo bien de mi tiempo en satsaṅg?".

Baba decía que la mente tiene que estar clara en sí, acerca de la razón por la que está aquí. Y yo pienso, que mediante la claridad y el enfoque, obtenemos aquello que deseamos alcanzar.

Pregunta: Mis adicciones son razonablemente benignas, pero el chai es una de ellas. Sé que necesitamos regresar al Ser, pero los objetos son muy seductores. Esta es la fase en la que estoy atorado.

Gurudev: Por eso es que no te mandamos por esa taza de chai. Entre este punto y el chai hay muchos obstáculos.

Creo que es verdad para todos que hasta que llegas al Ser, te encuentras con todos estos obstáculos.

Es como ir manejando por la carretera. Cada tantos kilómetros, hay una salida. Si el conductor no se pone alerta, tomará cada una de las salidas a lo largo del recorrido. Jamás logrará llegar de Adelaide a Melbourne. Eso sucede también en la vida.

A veces oigo: "Oh, fulanito de tal no ha venido desde hace tiempo".

Después le preguntas a esa persona, "¿Dónde has estado?".

"Oh, ocupado con la vida".

Todos y cada uno de los individuos es atraído hacia los objetos que le provocan placer.

En la *Kaṭha upaniṣad*, el dios Yama le dice a Nāciketa: "Hay dos opciones frente a cada individuo: la que es placentera y la que le otorga el bien supremo".

Qué es lo placentero, eso lo determina el individuo. Tan pronto como el chai llega a tu lengua, dices: "¡Ahh!". Pero una vez que refinas tu lengua, no todos los chais son "Ahh". Algunos chais son "Pffff". Tu lengua se ha refinado y ahora comprende la diferencia entre una taza de buen chai y una taza de chai amargo y todo lo que hay en medio.

Yo encuentro que la mayoría de la gente no ha refinado su sentido del gusto, ni su sentido del olfato, su sentido de la vista, su sentido del oído. Pienso que, como buscador, aunque no te hayas liberado del objeto todavía, puedes al menos refinar tus sentidos para saber cuáles objetos son los mejores.

Por ejemplo, esta mañana el chai no me resultó placentero, así que bebí solo un poquito. Normalmente tomo una taza y media, pero tomé solamente media taza. Ahora bien, la pregunta es: ¿era la leche?, ¿eran las hojas de té? Si lo cueces demasiado, se amarga. Hay muchos factores que una lengua refinada considera cuando se trata de determinar qué es placentero.

En la sociedad de hoy, queremos atajos. Nuestras madres y abuelas hacían *chutney* sobre una piedra. Ese chutney hecho sobre una piedra y el chutney hecho en un microondas, no se comparan. Pero si solamente has probado el chutney hecho en microondas, y nunca has comido chutney molido sobre piedra, no notarás la diferencia.

Anoche me trajeron una bandeja entera llena de postres. Alguien estaba mirándolos y decía: "Ese no me atrae. Y ese tampoco me atrae". Solamente tomó uno.

Dije: "¿Por qué no tomaste aquel?".

Dijo: "Con tan solo verlo, supe que no lo quería".

Dije: "Eso es maravilloso. Al menos en tu propia mente ya has decidido lo que es placentero".

De otra manera, es como una historia que Baba solía relatar. El Mulá Nasruddin llega a Nueva Delhi desde Turquía y compra un kilo de cosas lindas de color rojo. Se sienta cerca de un árbol para comerlas. Luego de que ha masticado unas cuantas, se da cuenta de que son bastante picosas. Pero sigue comiendo. Una persona de la localidad pasa por ahí y lo ve con el kilo de producto y dice: "Esos son chiles. Le pone un poco a sus verduras o en el *dal*, o en lo que esté cocinando. No se comen solos".

Nasruddin dice: "Me doy cuenta de que esto no es algo que deba comerse solo, pero como lo compré, pues ahora me lo como".

Baba reía y decía: "Esto es lo que todos nosotros hacemos". Has adquirido un objeto, pero ahora ese objeto ya no te da placer. Solamente te hace que te arda la boca. Te lloran los ojos. Te moquea la nariz. Sientes un dolor terrible. Pero como ya lo has adquirido, vas a asegurarte de obtener placer de él.

La persona sabia se da cuenta: "No me está dando el placer que imaginé que me daría".

El discernimiento es necesario para soltar algo cuando te das cuenta de que no te está provocando placer. Y si tu mente se siente atraída una vez más hacia ese objeto, recuérdale cuando tuviste aquella revelación. Revive mentalmente la experiencia y recuérdala constantemente.

De esta manera, aprenderás que es solamente un juego con tu propia mente. No es un juego con nadie más.

A veces cuando vamos de compras y no compramos nada, digo: "Oh, volvimos ricos a casa".

Alguien pregunta: "¿Por qué?".

Yo dije: "Porque no gastamos ningún dinero".

Yo disfruto de los placeres sensoriales. Los sabios no nos dicen que no sintamos placer. Dicen que sientas placer, pero no te apegues a él.

Por ejemplo, le digo a la gente que se sienta libre de tomar una taza de chai en la mañana. O de tomar jugo de naranja o cualquier cosa que le guste. Tómalo si se te antoja y cuando se te antoje. No debe ser que tan pronto como saltes de la cama, tu mente piense: "¡Necesito chai o me va a dar dolor de cabeza!".

O "¡Dame un cigarrillo o no podré ir al inodoro!". O "Necesito café, porque de lo contrario…". Si es así, entonces ya no estás disfrutando de tu placer, él te está disfrutando a ti.

Pregunta: Escucho que tengo que enfocarme. ¿En qué se supone que me enfoque?

Gurudev: Ayer me dijeron que iba a haber un juego entre México y Brasil. La persona me preguntó: "¿Adivine quién ganó?". La respuesta era: Brasil.

Ahora bien, tú podrías preguntar por qué un equipo gana y otro pierde. Cada jugador tiene que hacer una cosa: permanecer concentrado en el balón. No puede escuchar el aplauso de la multitud. No puede perderse en nada más. Tiene que pensar en una cosa: el balón. En el momento en que piensa en algo más, aunque el balón venga directamente hacia él, no lo verá porque su concentración no está ahí.

La primera práctica que enseñamos es sentarse. Si uno no puede ni siquiera sentarse sin moverse, ¿cómo puede uno enfocarse?

Cuando te sientas para meditar, retraes todos tus sentidos. Eso es *pratyāhāra*. En lugar de seguir todos los pensamientos que están corriendo hacia afuera, llevas tu enfoque hacia adentro. Lleva tiempo aprender esto.

LA CENTÉSIMA OVEJA

Pregunta: Nos encanta pintar, y somos muy dedicados al hacer nuestro trabajo. Pero por más duro que trabajemos, cada vez resulta más difícil conseguir empleo. ¿Podría decirme, por favor, qué estamos haciendo mal?

Gurudev: A veces parece que el destino no nos favorece. Mucha gente se altera por eso.

Ayer alguien me comentó: "A veces pienso que me gustaría simplemente estarme en un lugar, estudiar y leer y no ir a ninguna parte".

Dije: "Sí, el mundo puede ser bastante egoísta".

Cada uno quiere tener lo mejor para sí, pero también lo más barato. No puedes tener ambas cosas. No puedes tener lo mejor y lo más barato. Cuando tienes lo mejor, cuesta. Cuando tienes lo más barato, es lo que es.

Hoy en día, encuentro que la gente buena no siempre es apreciada ni bienvenida. Mucha gente no distingue qué es lo bueno. Solo quieren ir adonde van las masas.

A menudo cuando viajo y estoy en aeropuertos, veo dos pares de escaleras eléctricas. Un grupo grande de gente se dirige a unas escaleras, y las otras están vacías. Tal vez se suben dos o tres personas. Todos ven esto, pero piensan que si la muchedumbre está yendo a las otras escaleras, entonces ahí es adonde deben ir. Lo mismo pasa con los oficiales de inmigración y en el mostrador para documentar el equipaje.

Yo hago lo opuesto. Veo dónde está vacío, a donde nadie se dirige. Por supuesto, primero leo el letrero para asegurarme de que está OK ir ahí.

Diría que es una mentalidad de oveja. Una oveja va para un lado, dos ovejas van para ese lado, cinco ovejas van para ese lado —entonces la centésima oveja también va para ese lado—. Solo una oveja se aventura al otro lado y es fiel a sí misma y se pregunta por qué nadie más la acompaña.

Mi creencia es que constantemente debemos hacer un esfuerzo para crear lo mejor de nosotros mismos. Al menos alguna persona de entre la muchedumbre apreciará y valorará aquello que es bueno.

Por ejemplo, podemos cocinar los porotos o frijoles de dos maneras. Puedes remojarlos de veinticuatro a treinta y seis horas, y luego cocinarlos. Yo le pido a nuestro cocinero que cambie el agua cada seis horas porque el oxígeno se agota. O puedes comprar una lata de frijoles, ponerlos en el microondas y ya está. Tal vez les pones sal y pimienta en la mesa y dices: "Agregar al gusto". Quien no conoce la diferencia va a decir: "¡Wow!". Entonces pienso que ustedes deben seguir haciendo un buen trabajo. En su momento, su trabajo dará frutos.

Al irte a dormir cada noche, dile a Dios: "Estoy haciendo lo mejor que puedo". Piensa: "Sé que he sido bueno". Lo más importante es que pases una buena noche, que descanses, sin la preocupación de que pudiste haber hecho algo mal. Creo que esto vale mucho.

Pregunta: ¿Piensa usted que la religión católica o la islámica van a superar alguna vez el nivel de intolerancia que tienen hacia aquellos que son diferentes?

Gurudev: No creo que la animosidad tenga que ver tanto con la religión como con la gente.

La gente que en verdad practica las enseñanzas que ha recibido no tiene nada por qué pelear. Sin embargo, la gente pelea en nombre de la religión. Siempre ha sido así.

Hace unos cinco años, me encontraba en un pequeño pueblo en India. Luego de terminar nuestro satsaṅg, me dijeron: "Si nos vamos ahora, llegaremos a tiempo para el āratī de la tarde".

Al ir llegando, me detuve en un punto alto desde el que se podían ver el templo y el patio. Vi cuánta gente se había reunido para el āratī. Quienes vestían ropa limpia se encontraban cerca de donde el sacerdote realizaba el servicio. Otros estaban parados afuera del templo. Y algunos estaban sentados bajo el árbol en el patio. Tanta gente de esa aldea había venido solo para esos escasos momentos. Todos se habían reunido en el nombre de Dios.

De pie allí, me di cuenta de que estos lugares se crearon para reunir a la gente.

Si estudias las enseñanzas de las diferentes religiones, encontrarás que todas las enseñanzas son básicamente las mismas. Ninguna religión le enseña a la gente a pelear. Nos enseñan a estar en paz los unos con los otros.

LIBERTAD INTERIOR

Pregunta: Para mí, la libertad ha sido expresarme, ser la persona que quiero ser, ir adonde quiero ir, hacer las cosas que quiero hacer. Quisiera saber cuál es su experiencia de la libertad.

Gurudev: Pienso que liberarnos de todo el proceso de nuestro pensamiento y de tratar de satisfacer a la mente es el primer paso hacia la libertad interior. No sentirnos manejados por una taza de café o por cualquier objeto, ni por un deseo o por una necesidad, es una gran libertad.

A menudo uso el ejemplo de la gente que fuma. Pueden comenzar por tomar conciencia: "No estoy disfrutando fumar; el fumar me está disfrutando a mí".

El yoga nos enseña a no ser esclavos de la mente. En vez de eso, deja que la mente sea tu esclava.

A menudo en la vida actuamos como si, como dicen, el césped estuviera más verde al otro lado de la cerca. Pensamos: "Si tan solo *esa* fuera mi vida". O "si solo…" lo que sea que imaginamos que queremos. La mayor parte de nuestras vidas se desperdicia en esa búsqueda, y nunca disfrutamos de aquello que está justo frente a nosotros. La mente está siempre mirando por encima de la cerca.

El yoga enseña la libertad interior. Te vuelve consciente de que debes liberarte de los grilletes, muros y cercas que has construido en tu interior.

Mencionaste la libertad de expresarte. La *Bhagavad Gītā* dice: "El habla debe ser verdadera, beneficiosa y agradable".

Eso significa que cuando cada uno de nosotros habla, debe ser con la verdad. Esto no significa que no te importe lo que la otra persona sienta porque, después de todo, estás hablando con la verdad. Kṛṣṇa dice: "No, tiene que ser beneficioso". Cuando la otra persona escucha lo que estás diciendo, lo cual es verdad, no debería sentirse perturbada por ello. Debería sentir: "Lo que he escuchado me beneficiará".

También deberá ser agradable al oído. Deberá hacer que esa persona sonría y piense: "Sí, eso es correcto".

A menudo la gente que sigue el sendero de la llamada justa

verdad piensa que no importa cómo sienta o piense, o cómo reacciona la otra persona. Piensa: "Soy libre de expresarme, así que le voy a decir la verdad". Eso no es realmente libertad. Solamente le está trasladando su dolor o su sufrimiento o su tortura al otro.

Digas lo que digas —aun en nombre de la libertad— tienes que considerar a la otra persona y asegurarte de que es beneficioso, edificante y agradable para ella.

Esto no solo se aplica al discurso, sino también a las actividades que realizas.

Cuando te acercas a un gran sabio y te sientas en su presencia, tienes darśan y escuchas sus conocimientos, tal vez te preguntes: "¿Qué es lo que experimento? ¿Qué es lo que siento?". Si lo piensas, lo que pasa es que te sientes elevado ante esa presencia. En su estado de libertad, el sabio es consciente de que cada individuo debe ser elevado, debe sentirse bien.

Entonces, creo que todos nosotros, al tiempo que perseguimos nuestra experiencia de libertad, debemos asegurarnos de que quienes estén cerca de nosotros sean elevados también. Habiendo dicho esto, voy a agregar que no es fácil. Pero es posible.

Pregunta: En estos días, el tiempo se está acelerando. Somos esclavos del tiempo. Tengo curiosidad por saber cómo podemos liberarnos del tiempo y de los horarios y de las cosas que nos atan.

Gurudev: Creo que el tiempo siempre ha sido el mismo —antes y ahora—. Simplemente lo tratamos de manera distinta.

Por ejemplo, antes, si alguien vivía en Mount Barker, la persona se sentía sencillamente feliz de vivir en esa pequeña ciudad. Hoy, si nos encontramos con una persona de setenta años y que siempre ha vivido en Mount Barker, decimos: "Durante toda su vida esta persona solo vivió allí, y solo conoce esto". Damos por sentado que no ha disfrutado de la vida. Pero si le preguntas a ese individuo, va a decirte que es totalmente feliz de haber vivido en Mount Barker toda su vida y de no haber tenido que preocuparse por lo que está pasando en Adelaide.

Alguna gente se preocupa por todo el mundo —desde el momento en que se despierta hasta que se va a dormir—. Y durante todo el tiempo que duerme. Por lo tanto, no encuentra el momento de ayudar a cuidar del mundo. Sus *vṛttis*, o modificaciones del pensamiento, no son sólo acerca de sí misma y de aquello que se encuentra en sus inmediaciones, sino sobre el mundo entero. Entonces, siente que no tiene tiempo.

Incluso si esta gente quiere sentarse y estar en calma en su patio delantero o frente a su chimenea, no puede hacerlo. Porque los vṛttis en ella son: "¡Tengo tanto que hacer!".

Si esto te ocurre, devuélvete la pregunta: "¿Quién dice 'Tengo tanto que hacer'?".

Tú creas tus propios horarios. Tu calendario te recuerda que tienes mucho que hacer. De modo que tú eres quien decide con qué quieres llenar tu calendario.

Alguna gente ama llenar su horario hasta el último minuto. No se permite ni siquiera un poquito de libertad dentro de su itinerario.

Por ejemplo, vamos a pasar una semana en Ganeshpuri a fines de este mes, la primera semana de octubre. Cuando el viaje comenzó a organizarse, la pregunta de todo el mundo era: "¿Qué vamos a hacer en esa semana?".

Dije: "Nada".

Respondieron: "No, necesitamos un plan. Si voy a ir, necesito saber qué voy a hacer".

Dije: "Bueno, vas al templo a las 4:00 a.m., que es cuando abre. Tienes las plegarias de la mañana, que son hasta las 6:00 o 6:30. Tal vez cantemos la *Guru gītā*, eso es hasta las 7:30. Desayuna. Da un paseo por la ciudad. Encuéntrate con alguien que conozcas. Ve a echarle un vistazo a los diferentes lugares donde vivió Bhagavān. Regresa al templo a las 11:00 a.m., y asiste al canto y al ārātī del mediodía. Ve a almorzar. Haz una breve siesta, porque habrás estado despierto desde las 3:00 a.m. Tómate un chai. Da un paseo. Regresa al templo por ahí de las

7:00 p.m., y asiste al āratī de la noche. Camina un rato por ahí. Luego ve al āratī de las 9:30 p.m. Para entonces, estarás listo para irte a dormir a las 10 de la noche". Dije: "Es un día completo".

Alguna gente todavía quiere saber: "¿Haré algo más entre estas actividades? ¿Qué pasará entre el desayuno y el canto de las 11:00?".

Algunas personas van de vacaciones por una semana. Durante todo el tiempo en que están de vacaciones, piensan que deben mantenerse ocupadas. Como Nasruddin y sus chiles, se quieren comer su dinero. Cuando vuelven a casa de sus vacaciones, sienten que deben descansar porque están cansadas de sus vacaciones.

Esto es lo que la mente humana se hace a sí misma. Tenemos que recordarnos constantemente: "¡Relájate!".

Comparto una historia. Un sādhu se sienta en el pasillo de un templo. Permanece allí sentado durante un mes.

El administrador del templo lo ve allí todos los días. Entonces se acerca y le pregunta: "¿Qué estás haciendo mientras te encuentras sentado allí?".

El sādhu dice: "Siéntate. Te lo diré".

Pasan tres o cuatro minutos. El administrador dice: "Vamos, dímelo".

El sādhu dice: "Espérate. Ya te lo diré".

Luego de un par de minutos más, el administrador dice: "Escucha, si no me lo vas a decir, tengo que irme".

El sādhu dice: "He estado en este lugar por más de un mes. Estoy aquí todo el día. Tú ni siquiera puedes sentarte por cinco minutos".

Espero que entiendan el punto. O sea, ¿qué es lo que hace el sādhu? Está.

Baba decía: "¿Piensas que es un chiste contemplar a Dios, o la Verdad, o repetir el mantra todo el día? ¿Piensas que es fácil sentarse, mantener enfocada tu mente, mantener consciente tu mente?".

Puedes pensar que solamente quieres sentarte, pero eso no

siempre es fácil. Al ir viviendo tu vida, tal vez quieras incluir en tus horarios tiempo para estar. Por supuesto, entonces te preguntarás: "¿Qué haré cuando esté? ¿Tomaré una taza de chai con mi amigo? ¿Pensaré en lo que aprendí en clase?". La contemplación está ocurriendo constantemente. Pero a veces ocurre a un nivel más profundo. Es por eso que sentarte te permite preguntarte y concientizarte.

Cuando estás sentado solo, no tienes música ni televisión ni teléfono. Hazlo al menos durante treinta o hasta sesenta minutos. Permanece quieto. Escucha el viento, la lluvia. Observa las nubes, el sol. Ve cómo se siente. Pregúntate: "¿Soy feliz conmigo mismo? ¿Me siento bien con respecto a mí mismo?".

Dondequiera que vayas, considera también el efecto que ejerces en los demás.

En la *Bhagavad Gītā*, el dios Kṛṣṇa habla acerca de las cualidades de un devoto. Dice: "No debes sentirte perturbado por otros. Otros no deben sentirse perturbados por ti".

Todos me dicen: "Entiendo 'No debes ser perturbado por otros', pero '¿Otros no deben ser perturbados por mí?' Eso no está bajo mi control. ¿Cómo puedo controlar a los demás?".

Cuando llegas a entender este verso, te das cuenta de que ambos te incumben. Vuélvete una persona cuya naturaleza, cuya calidad, cuyo temperamento sea tal que nadie se perturbe dondequiera que vayas. Al mismo tiempo, sin importar qué tipo de persona se te acerque, no te perturbas porque estás establecido en el Ser, en la Verdad, en este entendimiento. Eso es lo que quieres.

Cuando vamos a ver a un Guru o vamos a la capilla de samādhi de un Guru, no vamos a ver al individuo, vamos a ver lo que irradian —la energía, la presencia, las experimentamos allí—.

Todo esto, para mí, tiene que ver con la libertad, con cómo queremos vivir.

LA VOZ DEL CORAZÓN

Pregunta: ¿Cuál es el mejor modo de conectarse con el conocimiento del corazón, a diferencia del conocimiento de la mente?

Gurudev: De hecho, estamos tan absortos en la mente que, aun cuando el corazón nos habla, no nos conectamos con ese espacio.

Nos identificamos con la mente. La mente es avasalladora. Sus pensamientos son constantes. La voz del corazón, del Ser, es más serena, más suave.

El Ser parece hablar de manera aleatoria. Eso pasa porque tenemos tantos pensamientos que la voz del Ser a menudo no tiene oportunidad de traspasarlos. Y cuando lo logra, se encuentra en medio de tantos pensamientos que no la notamos.

Lo que debes hacer es entrenarte para escuchar al Ser, para oír esa voz cuando te habla.

Mucha gente pregunta: "¿Cómo sé cuándo es la mente y cuándo es el corazón o el Ser?".

Hay una claridad que llega cuando el corazón o el Ser hablan. Ocurre cuando estás quieto interiormente y no estás distraído con pensamientos. Ocurre, sencillamente. Con ella viene un sentimiento que ninguna otra cosa en el mundo puede ofrecer. Somos conscientes de que el Ser interior ha hablado.

Pero a veces lo que el Ser dice es tan opuesto a lo que queremos oír que decimos: "No, no; no puede ser. No es lo que debería ser. No es lo que quiero, en realidad". Y por eso no lo seguimos.

Debes hablar con tu Ser. Entender: "La voz me ha hablado, y por lo tanto, voy a hacer lo que me dijo". Cuando puedes hacer eso, da frutos.

Lleva tiempo. Requiere esfuerzo. Requiere consistencia de tu parte. No da frutos inmediatamente, sino que los da a largo plazo.

El propósito de la meditación es poder estar quietos y aprender lentamente a filtrar nuestros pensamientos. Si hay menos parloteo en la mente, cuando el Ser te habla puedes escucharlo.

Pregunta: Tengo el deseo de sentir esa unicidad, pero todavía hay mucho en mi cabeza. No sé cómo hacer la transición del conocimiento mental a la experiencia interior.

Gurudev: Un día llegas a ella. Piensa en cuando un masajista sostiene tu cabeza y dice: "Relájate, relájate". Piensas que te has relajado. El terapeuta dice: "Un poquito más". Pasa un tiempo, algo hace clic y simplemente te dejas llevar. Te das cuenta: "¡Ahh, esto es estar relajado!". Lo mismo pasa con esta experiencia. Ahora la entiendes con tu mente, pero un día la aplicación práctica aparecerá. Hasta entonces, solo eres consciente de que eso debe ocurrir.

En cuanto a por qué ocurre cuando ocurre, un astrólogo podría decir que es el día planetario apropiado. Otra persona podría decir otra cosa. Yo pienso que, en algún lugar en tu interior, ese día, simplemente aceptaste esa experiencia. Aceptaste la enseñanza y te permitiste ir al lugar de la unicidad, de la unidad.

Llegado el momento, tal vez aún tengas una pregunta. Aún tengas una duda. Quizá ni siquiera estés consciente de que esa pregunta o duda mantiene una delgada pared de separación. Es como tener una cortina fina. Puede que no sea una cortina gruesa, pero sigue siendo una cortina.

Kabīr dice: "Baja el velo y entonces experimentarás lo divino".

Comenzamos con un velo muy grueso, y al paso tiempo a medida que estudiamos, que entendemos, que percibimos se vuelve más y más delgado.

Es como pelar una cebolla. Quitamos capas. Y llega un día en que no hay más capas que quitar. Ese día termina la historia. Pero a veces me pregunto si realmente queremos que la historia termine.

Pregunta: Cada mañana me despierto y debo encontrarme a mí mismo otra vez. ¿Cómo permanecer en la presencia?

Gurudev: En el ashram estamos rodeados de ella. Así que no tenemos alternativa. Eso es lo que debes hacer también. Rodéate de música, velas, incienso y flores, y mantén tu lugar limpio. Hay muchos modos y maneras y métodos para estar conectado todo el tiempo.

Pregunta: Hago todas esas cosas y aun así me pierdo a mí mismo.

Gurudev: Te vuelves mejor y mejor a medida que lo haces. Algunos días tienes lapsos de memoria. Pero diría que entre el noventa y cinco y el noventa y ocho por ciento del tiempo es cuestión de hacer el esfuerzo.

ÁMATE A TI MISMO

Pregunta: Tengo una relación excelente con mi marido, pero cuando estoy sola me siento muy insegura. ¿Puede decirme cómo puedo, de vez en cuando, disfrutar estar sola?

Gurudev: Creo que eso se relaciona con el amor a uno mismo. Tu marido tiene que permitirte amarte a ti misma. Cada uno de nosotros debe encontrar un lugar de confort en nuestra propia compañía.

Empiezas poco a poco. Tú y tu marido pueden determinar cuán poco es ese "poco". Por ejemplo, puede ser que él vaya y regrese de la tienda.

Es maravilloso que sientan el amor que se tienen. Solo deben permitir que ese amor se haga más grande. Saber que el mismo sentimiento que experimentas cuando él está sigue allí aun cuando él no está físicamente.

Podemos decir que hay un pequeño interruptor dentro de la mente. Cuando descubres cómo activarlo, tienes un sentido de seguridad en tu interior. Sabes que todo va a estar bien. No debes preocuparte ni pensar: "¿Qué pasará si él no está aquí?".

Pregunta: Siento que puedo amar a todos, solo que no sé cómo amarme a mí misma. ¿Podría por favor decirme cómo amarme a mí misma?

Gurudev: Baba diría que el primer error que la gente comete es no amarse y respetarse a sí misma.

Aquí decimos: "Con gran respeto y amor te doy la bienvenida". Baba diría: "Tenemos que recordar amarnos y respetarnos a nosotros mismos primero".

Nuestras plegarias dicen: "Que todos los seres estén contentos". Debes recordar que cuando dices "todos", no quiere decir que todos menos tú. El "todos" te incluye. Del mismo modo, cuando dices: "Amo a todos", recuerda que tú también eres parte de esos todos. No te excluyas.

Puede surgir la pregunta: "¿Por qué debería sentir amor por mí misma? ¿Por qué debo sentirme bien conmigo misma?".

Si no te sientes bien contigo misma y no sientes amor por ti misma, no puedes realmente dar amor ni compartir desde un lugar de la Verdad. En alguna parte en tu interior hay un sentido de carencia.

Puedes comenzar haciendo un ejercicio. Toma un papel y haz dos columnas: una para todas las cosas buenas de ti misma, y otra para las que crees que son cosas malas. Luego revisa tu lista. Puedes agregar y quitar a medida que la haces. Vas a encontrar que escribiste más cosas buenas de las que pensabas que escribirías. Te das cuenta: "Hago muchas cosas buenas, es solo que no estoy consciente de ellas".

Un propósito al tomarse el tiempo para sentarse solo y tranquilo es cobrar conciencia de la bondad que anida en el interior.

Con frecuencia, cuando una persona que no sabe mucho de yoga viene por primera vez a satsaṅg, comienza a llorar. No entiende por qué está llorando, pero puede que diga: "Estas no son lágrimas de tristeza ni de dolor. Estoy feliz".

Si le preguntaras: "¿Por qué estás feliz?", la persona podría no ser capaz de explicarlo. Pero en algún lugar en su interior, fue capaz de adentrarse más allá de todas esas capas que se han acumulado y tocar la Verdad, o bondad, que existe en su interior.

Por supuesto, al pasar unos cuantos días, las capas regresan. A veces, incluso veinte o treinta años después, la gente dice: "Quiero vivir la experiencia que tuve el primer día".

Podríamos decir que hubo inocencia en ese primer día. Hubo un sentido de pureza. No sabías con qué te habías conectado. Ahora lo quieres de nuevo. Para eso haces sādhanā.

El hecho de que hagas esta pregunta significa que en algún lugar dentro de ti existe la conciencia de que quieres amarte.

En otro ejercicio que doy interviene un espejo. Mientras te alistas por la mañana, háblale al espejo. Sonríele a tu imagen. Dile: "Te ves hermosa. Eres maravillosa".

Somos gente extraña. Tenemos la capacidad de hablarle a un espejo. Pero dudamos en decirnos las mismas cosas a nosotros mismos. La imagen del espejo no es diferente de nosotros. Así que, recuérdate: "Estoy aquí. Y soy maravillosa". De la misma manera que les dices a otros: "Te amo", repítete a ti misma: "Me amo". Descubre cómo te hace sentir eso.

Empiezas por hablarle a un espejo, y con el tiempo, ese reflejo puede aparecer en tu vida.

SIMPLIFICA TU VIDA

Pregunta: ¿Cómo podemos ser buscadores y yoguis y hacer todas las prácticas, y también llevar adelante nuestras vidas mundanas y profesionales con máxima plenitud? ¿Cómo podemos reconciliar las dos?

Gurudev: Baba diría que si eliges hacer ambas, entonces debes tener la actitud de que tus tareas mundanas también son sevā, o servicio. Ves tu vida mundana como una continuación de tu sādhanā. No se trata de solo decir: "OK, esta es mi realidad mundana en la que tengo que llevar a cabo actividades para ganar dinero para alimentar a mi esposa y a mis niños y a mi familia". Debes tener la actitud de que tu experiencia espiritual incorpora y engloba todo eso.

Baba hablaba de llevar una japa *mālā*, o rosario de cuentas. Cuando la mente se pone tensa, colocas tu mano en tu bolsillo y en lugar de encontrar un paquete de cigarrillos, encuentras las cuentas de la japa y piensas: "Puedo repetir el mantra y mi mente se calmará".

O lleva contigo una foto para que te recuerde la presencia de Dios, la presencia del Guru. Aun ahora, siempre tenemos una foto de Baba o de Bhagavān en nuestros automóviles o donde quiera que vayamos. No importa cuán atrapada esté la mente en lo que está ocurriendo, tú la puedes llevar al recuerdo.

Las prácticas no son más que herramientas o técnicas útiles. Si no tienes ninguna herramienta, esto se vuelve difícil. La mente sale a hacer cosas que después tienes que deshacer.

Cuando estés en tu cubículo o en tu oficina, todo lo que tienes que hacer es detenerte, respirar profundamente y reconectarte con tu Ser. Entonces eres capaz de dejar ir cualquier enojo, cualquier frustración que se haya desarrollado. El cuerpo puede seguir temblando, pero la mente se encuentra un tanto más tranquila. A medida que continúas haciendo esto, llegas al punto en el que puedes mantener la mente enfocada, en su engranaje.

En India tenemos los cuatro *āśramas*, o etapas de vida. Al principio, uno es estudiante, célibe. Luego uno se casa. Lentamente uno se mueve hacia la vida en el bosque, una vida sencilla. Finalmente, uno se transforma en monje. En esta última etapa, la vida se dedica por completo a cantar, meditar y buscar a Dios.

A medida que haces tu trabajo en el mundo puedes moverte hacia una vida más sencilla. Como Kabīr nos recuerda, las cosas del mundo nunca se terminarán. De modo que eres tú quien tiene que tomar la decisión y decir: "Ahora voy a tomar tiempo y practicar, hacer mi sādhanā".

Para que esto ocurra, debes empezar a simplificar ahora. Si esperas para empezar a hacerlo, va a ser mucho más difícil. Dondequiera que estés o cualquiera que sea la situación en la que te encuentres, aprende a adaptarte.

Pregunta: Hace muchos años, aprendí que la clave del yoga es enfocarse en un punto. En estos días, con todos los aparatos disponibles, la gente cree que puede hacer muchas cosas simultáneamente, pero tengo entendido que solo el dos por ciento de la gente es capaz de realizar varias tareas a la vez. Me gustaría conocer su perspectiva con respecto a realizar varias tareas al mismo tiempo.

Gurudev: Creo que ya tienes la respuesta. Todos están haciendo mucho. Pero si les preguntas si están satisfechos dirán que no.

Si vives en un lugar toda tu vida, entre tu hogar y tu trabajo y tu jardín y todas las cosas que haces, pienso que es probable que estés satisfecho. Sabes que tienes todo bajo control.

En definitiva, todos nosotros debemos volver a un lugar en el interior y decidir: "¿Cuál es mi grado de satisfacción?".

La filosofía del yoga diría que tienes que integrarte contigo mismo, no dispersarte.

Por ejemplo, cuando es hora de comer, apaga todos los aparatos. Disfruta del sabor de la comida. De igual modo, cuando estés hablando con alguien, apaga todo para poder escuchar la conversación.

Ves a dos personas —marido y mujer, o dos amigos— caminando juntos. Ambos están atentos a sus teléfonos celulares. Eso significa que ninguno se encuentra realmente disfrutando de la compañía del otro.

Pregúntate: "¿Qué estoy haciendo en realidad? Me di tiempo para estar con esta persona. ¿De verdad estoy disfrutando de su compañía?".

Alguien me decía que programó el mensaje de su teléfono celular para que diga: "No tengo señal". Si no quiere responder, está fuera de cobertura.

Podemos decidir estar fuera de cobertura. La otra persona no sabe si realmente lo estamos o no. Pero ellos también han tenido la experiencia de estar fuera de cobertura, así que entienden.

Depende de nosotros. Tenemos que decidir qué queremos realmente.

Pregunta: Parece que estos días tenemos una embestida tecnológica. ¿Cómo hace uno para manejar esa embestida desde un punto de vista espiritual?

Gurudev: Creo que tenemos pocas opciones porque todos usamos la tecnología. Le permitimos ser parte de nuestras vidas.

Por ejemplo, en India las compañías de teléfonos celulares necesitan un espacio para sus torres. Una persona pobre que posee un pequeño terreno y quiere hacer dinero puede rentar ese terreno. Entonces tiene que vivir bajo esa torre. Por supuesto, la gente habla de la radioactividad que emanan esas torres, e incluso de cada teléfono celular.

Cuando ando de viaje, a menudo le pregunto a la gente por qué no usa una línea de teléfono fija para hacer sus llamadas.

Dicen: "Los números están en mi celular. No los recuerdo, pero todo lo que tengo que hacer es presionar un nombre y el teléfono lo marca".

Digo: "Es bueno para el cerebro tener que recordar el número".

Sin embargo, la tecnología ha hecho que la gente no necesite de una línea fija. Muchos hogares que visito alrededor del mundo ni siquiera tienen una.

Pero en caso de emergencia, necesitas una línea fija. Tuvimos una situación en el ashram en Walden, luego de hacer el cambio al sistema de telefonía digital. Un día, los teléfonos dejaron de funcionar. El técnico dijo: "Cuando hay corte de luz, no hay teléfono".

Creo que es una época difícil. El mundo cambia muy rápidamente. ¿Quién puede detenerlo?

Cada uno de nosotros tiene que decidir cómo quiere vivir. Podemos tener una vida más sencilla, una vida más fácil. Pero debemos encontrar el modo de lograrlo.

El otro día caminaba por la playa. La persona que estaba conmigo dijo: "Esto es tan hermoso. Está como a una hora de Melbourne. ¿Por qué la gente no querría vivir aquí?".

Dije: "Mi experiencia en el mundo entero es que todos quieren vivir en, o cerca de una ciudad. ¿Por qué? Ya sea por el dinero, o para tener acceso a cosas, o por otro motivo, esa es la elección que hacen".

Cuando la gente viene al ashram en Magod o en Walden, con frecuencia su primera pregunta es: "¿Qué tan cerca está el supermercado?".

En Walden, les decimos que está a unos veinte minutos a pie. En Magod, les decimos que son diez o quince minutos para conseguir un transporte hasta el pueblo.

Preguntan: "¿Puede uno conseguir todo allí?".

Está claro a qué están acostumbrados. Es fácil para los citadinos ir a donde quieran y conseguir lo que sea que quieran. Cuando vives en el campo, debes planear con anticipación, hacer un esfuerzo mayor.

La gente en todo el mundo ha elegido vivir una vida acelerada. Y las corporaciones la provee de más aceleración. Eso no lo puede cambiar la decisión de una sola persona.

ALONDRAS Y BÚHOS

Pregunta: Solo puedo pronunciar unas cinco palabras de la *Guru gītā*. ¿Tiene el mismo efecto si simplemente la escucho, frente a ser capaz de pronunciarla??

Gurudev: Definitivamente. Los mantras son sonidos. El sonido —o el canto— puede usarse para purificar la mente. Ya sea que estemos caminando o moviendo cosas, todos hacemos ruido. En definitiva, no queremos crear sonidos inútiles. Lo que queremos es crear sonidos divinos. La idea es refinarnos a través del canto para que nuestra mente tenga solo sonidos buenos y útiles.

Los *Vedas* dicen: "Oh, mente mía, ten pensamientos nobles". Al escuchar el canto, úsalo para depurar y purificar tu mente y también tu cuerpo.

La *Guru gītā* parece difícil de pronunciar, pero solo es cuestión de aprender a mover tu lengua. Estoy seguro de que mucha de la gente sentada acá pensó lo mismo cuando por primera vez comenzó a cantar a principios de los setenta o a fines de los setenta o a mediados de los ochenta.

Incluso el sencillo verso: *gurur-brahmā gurur-viṣṇur-gurur-devo maheśvaraḥ* parece mucho para poder manejar la lengua. Lo oyes y dices "¡¿Qué?!". Pero a medida que continúas repitiéndolo, con el tiempo encuentras que se vuelve más fácil.

Escucha a Baba Muktānanda cantando la *Guru gītā*. Hemos animado a la gente de todo el mundo a no despertarse con una alarma o con algún ruido, sino con el canto de Baba.

Recientemente leía que hay alondras y búhos —dos clases de aves—. Del mismo modo, hay dos clases de personas. Algunas, como las alondras, se levantan y están listas para el día. A otras, como los búhos, les gustaría que el día empezara en la noche. Si eres de aquellos que se parecen a los búhos, creo que escuchar la *Guru gītā* es un modo fantástico para ayudarte a despertar inspirado.

LA COMPAÑÍA DE LA VERDAD

Pregunta: He disfrutado del satsang y los cantos durante varios años ya. Disfruto la paz durante y después del satsang. ¿En qué difiere eso de la meditación?

Gurudev: Swami Chinmāyānanda dice: "Siéntate solo y disfruta de tu propia compañía. Si no puedes disfrutar de tu propia compañía, ¿por qué imponerla a los demás?". Amo esta cita. La meditación te enseña a disfrutar de tu propia compañía. La buena compañía comienza con uno mismo. Yo soy mi primer compañero. Mi mente está conmigo en todo momento. Por eso, mi mente siempre tiene que ser buena.

Satsang significa la compañía de la Verdad. Cuando los sabios nos aconsejan ir a satsang, ese satsang no ocurre solo en el exterior, también ocurre en el interior. Debes generar en tu interior, en todo momento, todos los sentimientos positivos que piensas que vienen del exterior. Entonces, dondequiera que vayas, todo será sencillamente maravilloso.

Somos afortunados de que, cuando viajamos, encontramos gente fantástica que ha decidido que todo lo que quiere hacer es estar en paz, ser dichosa, estar satisfecha. Han decidido que todo lo demás que tienen en la vida no les ha dado lo que buscan. Entonces, vienen al yoga. Y el yoga les da la enseñanza: "Aquello que buscas se encuentra en tu interior, contigo, siempre".

A menudo aclaro que estar solo contigo mismo significa sin iPod. A veces la gente enciende su iPod y piensa: "Estoy solo". No, eso también es una distracción. Sin teléfono, sin televisión, sin libros —nada—. Solo tú. Cierras los ojos. Te sientas y contemplas: "¿Qué es el Ser? ¿Qué es la Verdad? ¿Qué es la divinidad que habita en el interior?".

Nos encontramos todos en satsang y hacemos todas las diversas prácticas para poder llegar a un lugar de silencio y quietud.

Ese silencio no es tan obvio en nuestro mundo de hoy. Mientras estuvimos sentados acá esta mañana durante unos veinticinco minutos, había algún tipo de máquina. Cada vez que bajaba de velocidad, yo pensaba: "OK, va a parar". Pero luego comenzaba de nuevo.

No sé si ocurre en Australia, pero en India y ahora a veces en los Estados Unidos, hay cortes de luz. Cuando eso pasa, hay silencio total, quietud total. Ni siquiera el zumbido del refrigerador. Nos olvidamos de que incluso el refrigerador produce un sonido.

Una de las primeras cosas de las que una persona se da cuenta cuando se queda en silencio es "Tengo pensamientos". Durante mucho tiempo, ni siquiera te diste cuenta de que tenías pensamientos. Lo siguiente que surge es "¿Qué hago con esos pensamientos?".

Al principio tienes, diría, tal vez, unos cuantos miles de pensamientos. Lentamente, a medida que te aquietas y te vuelves más consciente, piensas: "Debo reducir el número de pensamientos". Con el tiempo, a través de las muchas prácticas que haces, reduces el número de pensamientos hasta que llegas a un lugar de silencio y quietud.

Los *Yoga sūtras* hablan de *savikalpa samādhi*, y luego de nirvikalpa samādhi. El sabio se da cuenta de que una persona va a tener pensamientos durante mucho tiempo. En el savikalpa samādhi, los pensamientos están ahí. Pero no te distraen ni molestan. Dices: "OK, tengo pensamientos. No puedo acabar con todos de inmediato así que al menos puedo tener buenos pensamientos". Lentamente eliminas aquellos que no son nobles, que no son buenos, que no te elevan. Y los pensamientos que vayan quedando, los conviertes en pensamientos excelentes.

El sabio nos dice: "Que oiga yo solo sonidos auspiciosos. Que vea solo vistas auspiciosas".

En este mundo, no es posible ver solo vistas auspiciosas, oír solo sonidos auspiciosos. Pero puedes entrenar a tu mente para que no registre aquello que no es útil, que no es enaltecedor, que no es auspicioso. Entonces la mente deja caer esas cosas, las suelta en ese mismo momento.

En la actualidad todos tienen una cámara digital, por eso todos sacan fotos. Sacan dos o tres fotos y después eliminan las que no les gustan. Por supuesto, alguna gente las guarda todas por si acaso. Pero cuando te vuelves sabio, te das cuenta de que la tarjeta de memoria viene con un espacio determinado y tienes que borrar lo que no quieres.

Aprendemos lo mismo en la vida —a eliminar instantáneamente aquello que no queremos, lo que no necesitamos—. Todo esto viene de la meditación.

De acuerdo con el *Kaṭha upaniṣad*, caminar por el sendero que el sabio nos ha dicho que transitemos, es como caminar sobre el filo de una espada. Es difícil caminar sobre algo tan agudo como el filo de una espada. Entonces, ¿cómo te preparas para caminar por este sendero?

La única manera es sentarse todos los días. Baba diría que te sientes durante un mínimo de quince minutos. O un máximo de una hora, si puedes encontrar el tiempo cada día. Si no puedes encontrar un lapso único que sea lo suficientemente largo, entonces al menos siéntate una vez en la mañana y otra vez por la tarde durante tanto tiempo como puedas.

Dejas todo de lado y comienzas por echar un vistazo a tu día. ¿Cómo has estado? Observa si estás viviendo, como el Señor Kṛṣṇa dice, de modo tal que no te sientas perturbado por otros, ni otros se sientan perturbados por ti.

Al sentarte a meditar cada día, eliminas los pensamientos innecesarios. Te preguntas: "¿Quién soy?". Gradualmente te va quedando más claro cómo puedes ser una persona mejor, de modo que dondequiera que vayas pueda la gente disfrutarte y a la vez tú disfrutar de los demás.

A menudo le pregunto a la gente: "Si tienes la opción de ir a una obra de teatro que es alegre y que te eleva, o a una que es triste, ¿cuál elegirías?".

Alguna gente se vuelve sabia y dice "¿Por qué iría a ver una obra que no me eleva?".

Digo: "La elección natural para cada uno de nosotros es ser elevados, es ser dichosos". Eso es lo que naturalmente viene a nosotros.

Los *Upaniṣads* nos dicen: "Nacemos de la dicha. Vivimos en la dicha. Estamos sustentados en la dicha. Al final, cuando nos fundimos, nos fundimos de nuevo en la dicha".

Voy a compartir una historia. Tal vez les ayude a comprender. Una pareja se sienta todos los días a la mesa del comedor y desayuna.

A la misma hora, todos los días una vecina cuelga la ropa recién lavada.

Todos los días, la esposa, sentada a la mesa del desayuno, se queja con su marido de que la vecina no lava la ropa muy bien. Después de unas tres semanas de repetirse esto, un día que están desayunando, la esposa dice: "Oh, finalmente ha lavado bien la ropa".

El marido mira a su esposa y le dice: "Limpié las ventanas ayer. No es que su ropa estuviera sucia durante esas tres semanas; es que nuestras ventanas necesitaban limpieza".

La meditación hace lo mismo. Refina nuestra percepción. Baba Muktānanda decía a menudo: "El mundo está bien como está. Lo que necesitas corregir es la graduación de tus anteojos para que puedas ver el mundo como es".

Ādi Śaṅkarācārya dice: "Llena tus ojos de sabiduría, y entonces verás que el mundo no es nada más que Consciencia".

La meditación es algo que sucede. No es algo que tengas que hacer. Sin embargo, al sentarte todos los días, hay tres cosas a tener en mente.

Primero, aprende a estar sentado.

Incluso después de muchos años de sentarse a meditar, mucha gente todavía no ha logrado lo que Patañjali quiere decir cuando señala: "Tu postura debe quedar inmóvil". La gente dice que quiere meditar, pero ni siquiera se puede sentar. Tiene que moverse.

El cuerpo tiene que aprender a quedarse inmóvil. Tiene que estar cómodo. No solo cómodo físicamente, sino también cómodo en su interior. Si estás en una silla, coloca los pies en el piso. Coloca tus manos en tus rodillas o en tu falda. Y simplemente está.

Haz esto tu práctica de cada día. Logra la estabilidad, logra la quietud. Deja que tu cuerpo se transforme en una buena ancla. Llega al punto donde puedas permanecer sentado sin moverte durante quince minutos, luego treinta minutos.

En segundo lugar, cuando estés sentado, enfócate en el *prāṇāyāma*, la respiración.

Los *Yoga sūtras* hablan de muchos prāṇāyāmas diferentes, pero tú puedes simplemente enfocarte en llevar tu respiración hacia abajo, hasta el abdomen. Al inhalar por las fosas nasales, deja que el abdomen y el estómago, y luego tu pecho, se expandan. Al exhalar, deja que el aliento salga nuevamente del abdomen, del estómago, del pecho y exhala completamente.

Mientras estés sentado sin moverte, usa la respiración para tranquilizar y serenar la mente. La respiración y la mente están relacionadas. Cuando hagas prāṇāyāma, verás que te quedas más calmado, más quieto.

En tercer lugar, cuando estés en este espacio de quietud, usa tu mantra. Mientras tengas pensamientos, usa el mantra. Cuando no tengas más pensamientos, el mantra se detendrá. Permanece en esa quietud.

En esa quietud, disfruta de tu propia compañía. Disfruta la quietud.

Si un pensamiento viene, simplemente atestigua, simplemente observa, simplemente mira. El pensamiento se irá. Entonces solo quédate en esa quietud. Todo esto vendrá después de sentarte con regularidad.

La gente pregunta: "¿Cuánto tiempo debo meditar?". Algunos ponen un cronómetro y dicen: "Voy a meditar por treinta minutos". O "Voy a meditar durante determinada cantidad de minutos".

No creo que tengas que hacer eso. Solo di: "Quiero sentarme". Al volverse eso tu hábito natural, tu cuerpo sabrá automáticamente qué hacer. La naturaleza va a determinar durante cuánto tiempo quieres estar sentado. Vas a encontrarte con que, algunos días, puedes sentarte con facilidad y disfrutarlo. Otros días, no puedes sentarte.

La gente pregunta: "¿Qué debo hacer entonces?".

Cuando sientas que no puedes sentarte, canta. Repite el mantra. Pase lo que pase, siéntate. No te levantes y digas: "Como

no puedo aquietarme, voy a atarearme. Voy a hacer otra cosa".
No.

He descubierto que el cuerpo es una herramienta maravillosa. Se transforma en lo que lo entrenamos para ser. Y eso depende de nosotros.

PERDONA Y OLVIDA

Pregunta: ¿Podría hablarnos del perdón? Cuando realmente perdonamos, ¿nos afecta a nosotros y a la conciencia que nos rodea?

Gurudev: Cuando realmente perdonas, te sientes en paz. No hay más agitación. Hasta ese momento estás simplemente atravesando por el acto de perdonar. Pero cuando llegas al lugar del perdón, hay paz.

El mayor obstáculo para el perdón es el ego. Cada uno de nosotros ha nutrido el ego durante muchas vidas. Cuando perdonamos, el ego se rinde. Nos volvemos humildes. Aceptamos que lo que hicimos fue un error. Decimos: "OK, lo acepto".

El perdón llega mediante un proceso de contemplación. Puede llevarse unas cuantas semanas, unos cuantos meses, o unos cuantos años.

Ya sea que estés intentando perdonarte a ti mismo o perdonar a otros, recuérdatelo constantemente. Es difícil porque uno puede pensar: "He perdonado" y, sin embargo, el dolor sigue allí. Pero cuando realmente hayas perdonado, el dolor desaparecerá. Nada en la vida podrá perturbarte.

En cualquier situación que atravieses en la vida, fíjate si te perturba. Pregúntate: "¿Por qué esto me perturba?". Y profundiza hasta que llegues a la raíz de la causa de la perturbación. Puede no ser esa situación en particular, sino otra. Encuentra cuál es, y entonces perdona.

Pregunta: Hay un dicho: "Perdona, pero no olvides". ¿Funciona esto con el recuerdo, o nos mantiene atados?

Gurudev: Creo que, en la vida, uno nunca olvida en realidad. La naturaleza, Dios, nos ha hecho para recordar siempre.

Lo que necesitas hacer es no recordar todo en el primer plano de tu mente. A lo largo del tiempo, estoy seguro de que algunas cosas pueden disminuir.

Es por eso que digo que cada vez que algo pasa en la vida, puedes fijarte en cuál es la causa. Pregunta: "¿Por qué está pasando esto?". Y luego déjalo ir.

Pregunta: ¿Le enseñaría también a los niños a dejar ir? Hay mucha política en los parques infantiles.

Gurudev: Muchos padres, hoy en día, olvidan que los niños que están jugando también a veces pelean. Pero luego vuelven al juego.

Son los padres quienes quedan atrapados en "mi hijo, tu hijo; mi hijo, tu hijo".

Yo digo, míralos a todos ellos como a niños. Quita el "mi" y el "tu".

Cuando estábamos creciendo —como probablemente ha sido el caso en las sociedades de todo el mundo— cualquiera de nuestros vecinos que fuera como una madre o como un padre podía corregirnos. Si íbamos a casa y decíamos: "La tía fulana de tal me gritó", mi madre decía: "Bien". No pensaba que hubiera nada de malo en eso.

A veces, cuando el hijo de esa tía venía a casa, queríamos que nuestra madre le gritara. Tratábamos de recordarle: "¿Te acuerdas de hace algunas semanas, cuando ella me gritó?". Donde las dan, las toman.

Pero nuestra madre decía: "¿Por qué tendría que gritarle? No ha hecho nada malo".

Muchos padres en la actualidad olvidan que necesitan pensar en grande, no en pequeño. En lugar de quedarse atrapados en la idea de que "mi hijo hizo algo malo" o "tu hijo hizo esto", en ese momento, vuélvete grande. Date cuenta de que todos los niños están jugando y divirtiéndose entre ellos.

Los niños pueden pelear, por supuesto, y correr hacia sus padres para que les den un poco de amor o confort. Pero un padre no debería quedarse demasiado tiempo atorado en eso. El niño, de manera natural, en pocos minutos regresará para seguir jugando.

Creo que los padres tienen que aprender a perdonar y olvidar. Los niños lo hacen porque es su naturaleza. Juegan, pelean, perdonan y luego juegan nuevamente. Los adultos tienen que aprender de esto.

La gente siempre piensa: "¿Cómo voy a desquitarme de esa persona?". Pero ¿por qué? Si tiene que suceder algo, la naturaleza se ocupará.

PILARES DE PAZ

Pregunta: Cuando somos testigos del sufrimiento o del dolor de otros, ¿cuál es la mejor práctica para manejarlo?

Gurudev: Pienso que puedes ser amoroso con la persona que ha sufrido o que está sufriendo. No puedes someter a personas así a más penas ni dolores. Ya están experimentando suficiente sufrimiento y dolor. En lugar de eso, tienes que abrumarlos de amor.

Al viajar y hablar con la gente acerca de sus momentos difíciles, me cuenta que lo que más recuerda son las cosas buenas que la gente hizo por ella en esos momentos.

Hace muchos años, una mujer que estaba preparándose para dar una charla en el ashram soñó con Baba. En su sueño, él se le aproximaba y le decía: "Di estas cosas".

Ella dijo: "Pero mi charla está lista".

Él dijo: "No. La gente ya conoce el sufrimiento. Ya sabe acerca del dolor. Quiere oír acerca de cosas buenas, positivas. Quiere saber acerca del amor".

En estos días todos hablan de terrorismo y de todas las locuras que están pasando en nuestra sociedad. Yo digo: "Aquellos de nosotros que amamos la paz —o que por lo menos decimos que amamos la paz— somos holgazanes".

La gente ríe y dice: "¿Holgazanes?".

Digo: "La gente que causa terror está trabajando constantemente para causar terror. Tenemos que preguntarnos: '¿Qué estoy haciendo yo para generar paz?'. '¿Cuánto esfuerzo le estoy dedicando a la paz?'".

Leemos el periódico y decimos: "Oh Dios mío, el mundo se está poniendo terrible". Pero somos parte de ese mismo mundo.

Depende de nosotros traer *dharma* al mundo. Cada uno de nosotros —nosotros, nuestros hijos, nuestra familia, nuestros amigos— podemos convertirnos en pilares de la paz, pilares del amor, pilares de la dicha.

A menudo me pregunto por qué vemos tanto dolor y sufrimiento en el mundo en estos días.

Mi respuesta es: por la falta de amor. He llegado a la conclusión, después de haber pasado los últimos treinta años haciendo este trabajo, de que no importa quiénes seamos, no importa en qué parte del mundo vivamos, cada uno de nosotros quiere amor. Doy el ejemplo de un perro. Cualquiera que haya tenido un perro sabe que puedes gritarle, puedes enojarte con él o simplemente puedes llamarlo. Hagas lo que hagas, el perro viene a ti de inmediato. Te pasa la lengua y quiere estar encima de ti. Olvida que acabas de gritarle o de estar enojado con él. Todo lo que quiere es que lo ames.

Lo mismo pasa con los humanos.

A menudo la gente que venía a conocer a Baba Muktānanda no tenía idea de su espiritualidad, su yoga o su meditación. Lo único que siguen recordando años después es que de él recibieron amor.

Antes de tomar samādhi en 1982, Baba tenía un chaleco anaranjado. Por supuesto, él era varias tallas menor que yo. Yo tenía el nombre del sastre que había confeccionado ese chaleco en Los Angeles. Así que cuando estuvimos allí dos años y medio después, le llevé el chaleco y le dije: "Quiero uno como este".

Lo miró y dijo: "Ah, hombre de India. Bola dulce".

Me di cuenta de que Baba debió de haberle dado un *laddu*, un dulce en forma de bola. Él era un sastre chino en el centro de Los Angeles, y le había tomado a Baba las medidas para coserle un chaleco. Dos años y medio después, todavía recordaba el laddu. Lo que realmente recordaba era el sentimiento que experimentó. Pero nosotros, como humanos, a veces tenemos miedo de expresar amor. Así que solamente recordamos la bola dulce.

Creo que cada uno de nosotros tiene una cualidad especial. Debemos encontrar una manera de darla a los demás. Adondequiera que vayamos en la sociedad —ya sea con la familia o amigos, o a cualquier otra parte— tenemos que llevar esa cualidad que tenemos y ofrecerla.

En los Estados Unidos, tienen algo que llaman potluck. Todos traen comida que prepararon en casa: una ensalada, galletas, pasta, arroz. A la gente le gusta porque ofrece una gran variedad de alimentos. Puedes probar un poquito de cada uno. Puedes ver la calidad del amor de cada uno. Alguna gente es generosa y trae mucha comida. Otra es mezquina y trae poca. Dicen: "Oh Dios mío, ellos trajeron tanto. Yo traje tan poco. ¿Habrá suficiente?". Hay un miedo que alguna gente tiene. Siempre les digo que no importa. Que se va a solucionar.

Cada uno de nosotros debe aprender a ser amoroso, a ser amable, a perdonar, a tener todas la cualidades que queremos ver en la sociedad. El dolor y el sufrimiento están allí. Lo que queremos es amor.

Piensa para ti mismo: "¿Qué es lo que puedo hacer?". Cualquiera que sea tu cualidad o especialidad, tráela contigo y compártela. Y la gente la disfrutará.

BABA NOS DIO
UN ESTILO DE VIDA

Pregunta: Para poder ganarme la vida necesito trabajar el doble de lo que he estado trabajando, y además hacer sādhanā y meditar. ¿Qué hago para establecer la disciplina necesaria para que mi cabeza dura entienda?

Gurudev: Podrías quitarte la cabeza dura.

Creo que todos tenemos naturalezas diferentes; eso es lo que mantiene la vida emocionante. Con el tiempo, nos damos cuenta de nuestras limitaciones y también de ciertas cosas que son como son. Y consideramos: "OK, ¿qué cosas puedo cambiar?".

Pienso que en su mayor parte todo puede cambiarse. Pero hay algunas cosas por las que estamos dispuestos a hacer un esfuerzo para cambiar. Y cuando se trata de otras cosas, somos tercos. A veces no somos conscientes de nuestra necedad interior, que no quiere cambiar.

Vivir en sociedad, especialmente cuando hay peleas entre nosotros, nos fuerza a decidir qué queremos hacer. ¿Realmente quiero cambiar? ¿Quiero mejorar la convivencia con los demás o quiero quedarme como estoy?

Al conducir por la costa, nos detuvimos en San Simeon, donde vimos a los elefantes marinos. Pasan diez meses en el mar rara vez tocando tierra, y dos meses en tierra. Se pueden ver echados en la playa, uno encima del otro. Algunos pesan más de dos mil kilos. Te preguntas: "¿Podrían los humanos llevarse bien durante dos meses, juntos, en un lugar tan reducido?".

Ayer hablábamos sobre la sociedad actual y las muchas cosas que están pasando. La pregunta que surge en muchas mentes es ¿por qué? ¿Qué provoca que una persona —como vimos hace dos semanas— entre a un cine y mate gente? Hace unos cuantos días, encontraron a otra persona con un arma y municiones. No se sabe qué iba a hacer, pero ¿qué es lo que hace estallar a la gente?

Todos buscamos amor. Pienso que lo que pasa en la sociedad moderna es que hemos recortado el amor. Ahora damos amor en forma moderada. Decimos: "Puedes visitarme de tal a tal hora.

Y seré cordial y amoroso contigo en ese momento". Entonces miramos el reloj y decimos: "Creo que se acabó mi tiempo para darte amor. Tu tiempo para estar acá recibiendo mi amor se terminó. ¡Adiós!". Pero ¿qué pasa si la persona que está dando amor o quien lo recibía no ha terminado? Entonces desarrollamos esas cabezas duras. Tú no eres el único. Todos hemos desarrollado diferentes formas a lo largo del camino para protegernos de la sociedad y salvaguardarnos para no ser lastimados. A menudo oigo a la gente decir: "No quiero salir lastimado". Por eso uso a los elefantes marinos como ejemplo. Se hostigan uno al otro. Lo vimos. Juegan entre sí y también pelean entre sí. Sin embargo, hay un sentido de confianza.

Baba nos dio la disciplina. Lo que pienso que realmente nos dio fue un estilo de vida. Nada es más maravilloso que poder incorporar ese estilo de vida en tu rutina diaria. Fíjate si puedes encontrar, en tu manera de ser un cabeza dura, qué cosas puedes hacer que funcionen para ti. Luego, poco a poco, las mejoras.

Los *Upaniṣads* dicen: "No seas perezoso".

Desde tiempos ancestrales, los humanos han sido perezosos. Por eso, el Guru siempre recomendaba a sus discípulos que no lo fueran. Esa tendencia continúa incluso más en nuestros días. Debemos encontrar maneras de no ser perezosos, de ser productivos para nosotros mismos y para los demás.

Pregunta: Quiero, por favor, pedirle que me dé un nombre espiritual y que me bendiga, para que así, cada vez que me pierda, yo lo repita y pueda volver a este momento, a este amor y a su presencia.

Gurudev: ¡Me pones en un aprieto!

Este tema de los nombres espirituales es una saga que estuvimos debatiendo hace algunos días. La verdad, no existe eso que llamas un nombre espiritual.

En India, los padres y los sacerdotes averiguan la letra para el nombre de un niño basándose en el momento del nacimiento de esa criatura. En algunos lugares, se le dan tres nombres. También se les da un cuarto, pero este se mantiene en privado y solo se usa para pūjās y ceremonias. Usualmente, dentro de la familia se usa un nombre, y otro en la sociedad.

Mi teoría es que cuando la gente llegó a Baba por primera vez, de Occidente, en los setenta, era difícil para un hombre de sesenta y dos años que no hablaba inglés pronunciar sus nombres occidentales. Tenían nombres como Margaret, Elizabeth, Russell, Terry. Era más fácil para él decir: "Tu nombre es Gopi. Tu nombre es Damayanti. Tu nombre es Gopal. Tu nombre es Rām".

La gente pensó: "¡Maravilloso! Mi Guru me ha dado este nombre. Tengo una nueva identidad". Pero era una cuestión práctica.

Por supuesto, al llegar más occidentales, tenían crisis de identidad. Pensaban: "Si él es Rām, y él es Gopal, y ella es Damayanti, y ella es Līla; ¿entonces quién soy yo?".

Al principio había veinticinco, treinta, setenta personas. Pero para el momento del tercer tour mundial en 1978, teníamos mil personas cada noche. Y de los mil, algún porcentaje —no recuerdo cuál— pedía nombres.

Entonces Baba les daba un nombre.

Después preguntaban: "¿Qué significa este nombre? ¿Cómo aplico este significado en mi vida?".

Entonces Baba tenía a su lado dos tarjeteros, y las tarjetas contenían nombres. Cuando una persona pedía su nombre en darśan, quienquiera que estuviera trabajando con él tomaba una tarjeta. La tarjeta tenía el nombre en sánscrito y en inglés, y el significado al reverso.

Hace algunos años, hicimos algo más simple. Creamos un formulario y le dijimos a la gente: "Para que podamos responder a tu solicitud, por favor envía un email y escribe en el asunto: 'Solicitud de nombre espiritual'. Por favor adjunta tu foto en el email". Por supuesto, a alguna gente no le gustó esto.

Una mujer me dijo: "Necesito un nombre".

Esto fue afuera, luego de que terminamos el programa. Le dije: "Bien. Hay un formulario que puedes usar". Ella dijo: "Entonces, no lo quiero". Hemos intentado dar una solución sabia. Durante un tiempo, solo dábamos nombres a bebés recién nacidos. Mientras la gente esté involucrada en el camino espiritual, se asocia con el nombre que se le ha dado. Pero el día que da la espalda al sendero, la culpa siempre recae en el Guru. Dicen: "Me quitó gran parte de mi vida. Me quitó mi nombre y me dio otro. Me dio una identidad diferente". El Guru no tuvo nada que ver con eso. Esta persona simplemente quedó atrapada en māyā. Para simplificar su propia vida, Baba ideó las tarjetas. Nosotros creamos un email. Aun así nos metemos en problemas.

Hablando con la verdad, vienes a este sendero para quedarte sin nombre.

El Vedānta dice que las dos cosas que nos atan son la forma y el nombre. ¿Cuándo obtienes un nombre? Cuando tienes forma. Y esa forma es lo que obtienes cuando naces: el cuerpo. Entonces, tus padres y parientes quieren llamar a esa forma de alguna manera.

En India, a veces lleva tres o cuatro años obtener un nombre. Entretanto, mientras esperamos que los sacerdotes y los mayores de la familia presenten el nombre, el bebé es llamado Nino o Nina o Nini, o algo así.

En lo personal, creo que en algún punto, el asunto del nombre espiritual debe abolirse. Porque el hecho es que la gente lo convierte en un juego de poder. Por supuesto, quienes lo hacen es un pequeño porcentaje de personas. La mayoría de la gente es directa, solo quieren hacer las prácticas y tener una experiencia espiritual.

Si vas al pueblo donde Bhagavān Nityānanda pasó los últimos treinta y tantos años de su vida, encontrarás tres o cuatro lugares principales donde vivió. El libro que narra su vida nos cuenta que cada vez que alguien en un lugar se apoderaba del control, él se mudaba.

Su método era muy sencillo. O se acostaba en una piedra, o se sentaba en una silla con extensiones sobre las cuales podía poner las piernas. O caminaba. Esas eran las posturas en que lo encontrabas si lo ibas a visitar. Hay enseñanzas que supuestamente fueron impartidas por él. Supongo que las dio durante los primeros años de su vida. Para cuando vino a Ganeshpuri, se había quedado en silencio. Probablemente se dio cuenta de que no tenía sentido decir nada. La gente solo escucha lo que quiere oír. Aun si una enseñanza está por escrito, solamente la lee en el modo en que quiere leerla. Para ellos, no tiene nada que ver con la Verdad. No tiene nada que ver con Dios. La visión de todos es coloreada. Vemos todo en la vida a través del color de los anteojos que usamos.

Se dice que Bhagavān Nityānanda dio una charla de cuarenta y cinco minutos en el día de Guru Pūrṇimā, aproximadamente doce días antes de tomar mahāsamādhi. Puedes encontrarla en YouTube. Como nunca lo escuché hablar, no puedo garantizar que sea realmente su voz.

En los primeros tiempos, el Guru se sentaba con unos cuantos discípulos. El Guru enunciaba la enseñanza y los discípulos la repetían. El Guru decía la enseñanza otra vez, y los discípulos la repetían cuatro o cinco veces. Así es como los sacerdotes aprendían sus mantras. Hoy en día, tienen libros, pero en los primeros tiempos no tenían libros. Tenían que escuchar y recordar.

Algunas de las escrituras se llaman *śruti*. Śruti significa aquello que es escuchado. Los *Vedas* son śruti porque fueron revelados por los sabios. Otro tipo de escritura se llama *smṛti*. Smṛti significa aquello que es recordado.

Al *El juego de la Consciencia*, de Baba, deberíamos llamarlo una escritura smṛti. Baba tuvo muchas experiencias durante sus nueve años de sādhanā. En un lapso de veintiún días dictó el relato de sus experiencias, y luego su traductor escribió el libro. Baba se apasionó con la escritura de ese libro. No veía la hora de levantarse para trabajar en él. Pienso que el traductor probablemente llegó a cansarse, porque no había computadora.

Todo se hacía con una pluma fuente y papel.

Pasé cinco días en compañía de Baba durante ese período. Eran nuestras vacaciones escolares, en el mes de mayo. Todos en la casa tenían que guardar silencio porque cualquier ruido era una distracción. En la tarde, el traductor nos leía, a los pocos que estábamos allí, lo que había escrito ese día.

En 1979 estuvimos en el ashram de Oakland. Una de las sevās que tuve era traducir para el secretario de Baba. El secretario traía las cartas de Baba a las 3:00 p.m. cada tarde. Baba se levantaba de su siesta a las 2:30. Su día entero era como un mecanismo de reloj. La hora a la que se levantaba, la hora a la que desayunaba, la hora a la que se duchaba, la hora a la que hacía pūjā —todo estaba establecido—.

Si eras uno de los asistentes de Baba, debías estar listo de antemano con la entrega de lo que Baba fuera a necesitar. Por ejemplo, tomaba su jugo a las 10 a.m. A las 9:59, debías estar junto a él con su jugo. Porque las 10:01 era tarde. Tal era su disciplina, y eso fue lo que nos impartió.

Un día a las 3:00 p.m., fui a su cuarto para la sevā de traducción. Baba estaba ocupado leyendo. Entré a la habitación. Estuve de pie por lo que creo fueron minutos —pero probablemente fueron apenas segundos— y esperé a que levantara la vista. Yo, por supuesto, le tuve mucho miedo hasta el fin de su vida.

Nunca levantó la vista.

Salí del cuarto. Le dije a su asistente: "No levanta la vista".

Él dijo: "Haz un ruido en la alfombra".

Regresé y rasqué la alfombra.

Seguía sin mirar.

Regresé con el asistente. Me dijo: "Ve al baño y vuelve, y haz ruido todo el tiempo".

Así que hice eso.

Cuando yo iba saliendo, Baba miró. Dijo: "Hmmm". Luego, volvió a su libro.

Le dije al asistente: "Me voy. Si quiere que regrese, estaré abajo. Puedes llamarme".

En ese entonces yo tenía dieciséis años, más o menos, y

pensé: "¡Wow! Puedes estar tan inmerso en lo que estás haciendo que no importa lo qué esté pasando afuera, nada te puede distraer". Aprendí el poder de la concentración. Nos distraemos con tanta facilidad. La gente tiene un poquito de conocimiento, y piensa: "Sé tanto". Hace un poquito de práctica y dice: "He hecho tanto". Pero cuando miras su vida, encuentras que casi no ha hecho nada. Habiendo vivido con Baba, al menos, parece tan poco. Es solo el ego el que piensa: "He hecho tanto". A veces la gente dice: "¡Hay tanta śakti!".

Aquellos de nosotros que vivimos con Baba sabemos cuánto es mucha śakti. No digo esto desde el ego, sino desde un lugar de gran fortuna.

En los Estados Unidos, cuando vas a una heladería, preguntas: ¿Puedo probar?". La persona a cargo toma una cucharita, coloca una pequeña cantidad de helado y te la da. Alguna gente come unas cuantas cucharaditas de helado y se siente feliz. Ya no quiere la bola completa porque siente que ya comió su helado. Pero no llega a la experiencia de saturación.

A veces alguna gente que solo ha tenido una pequeña degustación, o vistazo, de la śakti dice: "¡Wow, la śakti!".

Yo pienso: "Si tan solo pudiera saber qué es la śakti". Yo ruego porque aprenda a seguir avanzando, para que pueda ir más allá, para que pueda saturarse con la experiencia.

Hoy en día, mucha gente ha tenido un pequeño atisbo. Gracias al Internet, de la noche a la mañana estos discípulos se convierten en gurus. Es como si nunca hubieran probado el helado —o la śakti— y se les diera una cucharadita, y exclaman: "¡Wow!". Entonces escriben un blog. Y otro individuo, ingenuo, lee ese blog y aporta en él. Y antes de lo que piensas...

Me viene a la mente una historia. Se llama *El club de los cortadores de narices*.

Tonalli es gobernado por un rey. Una mujer llega a Tonalli y anuncia: "Tengo la habilidad de darte la experiencia de Dios. Así de fácil, ¡tendrás un atisbo!".

Se requiere de una condición: la persona nunca debe haber

pecado ni haber actuado de manera incorrecta. Si ha pecado, no tendrá un atisbo. Más aún, si una persona no experimenta a Dios, se le cortará la nariz.

Por supuesto, todos están muy entusiasmados. El rey, especialmente, se siente tentado. Pero piensa: "Sé que he hecho algunas cosas no tan perfectas".

Entonces, envía a su primer ministro a ver a la mujer. El primer ministro es conducido a la habitación. La cortina se cierra. Poco después, sale bailando. "¡He tenido un atisbo! ¡He tenido un atisbo! ¡He tenido un atisbo!".

El rey no está seguro de que su ministro esté diciendo la verdad. Por eso envía a su siguiente ministro. De hecho, envía a sus doce ministros más cercanos.

Cada uno de ellos regresa diciendo: "¡Sí! ¡Sí!".

El rey todavía no confía, entonces manda a su esposa, la reina. Sabe que ella le dirá la verdad.

Ella también sale diciendo: "¡Wow! ¡Qué atisbo! ¡Qué atisbo!".

El rey piensa: "OK, los ministros, mi reina —todos están teniendo un atisbo—. Yo también puedo tenerlo". Así que va. Sale. Él también dice: "¡Wow! ¡Wow! ¡Wow!".

Esa noche, la reina y él están solos, acostados en la cama. Él le dice: "Ahora dime la verdad. ¿Qué pasó realmente en ese cuarto?".

Ella dice: "Tú eres el rey. Tú dime primero".

Él dice: "Bueno, no pasó nada. No vi nada".

Ella dice: "A mí me pasó lo mismo. Pero ¿por qué dijiste lo que dijiste?".

El rey dice: "Tú y los ministros y todos los demás dijeron que habían tenido la experiencia. Entonces pensé: '¿Por qué tendría yo que ser el único que se quede afuera?'".

A la mañana siguiente, al rey se le hace tarde para que sus doce ministros le cuenten sus historias. Por supuesto, él cuenta su historia antes.

Entonces todos dicen: "Oh, rey, eso es exactamente lo que nos pasó a nosotros".

Él pregunta: "¿Pero por qué? ¿Por qué hicieron eso?".
Ellos dicen: "No queríamos que nos cortaran la nariz. Y no queríamos que el mundo pensara que hemos pecado o actuado incorrectamente. Tal como tú querías protegerte, nosotros queríamos protegernos".

Entonces el rey arresta a la mujer y le dice que nunca vuelva a hacer una cosa así.

Esta es la manera en que el mundo funciona hoy. Por supuesto, esto no está pasando solamente en la actualidad. Baba y sus predecesores contaron esta historia, así que esta clase de cosas debe haber ocurrido siempre. Sin embargo, los medios de comunicación modernos han hecho posible que gente como esta aparezca más rápidamente.

Baba solía citar a Kabīr, quien decía: "Del mismo modo en que filtras tu agua antes de beberla, pon a prueba a un Guru antes de aceptarlo".

El *Kulārṇava tantra* nos dice las cualidades que tiene un Guru y, al mismo tiempo, las cualidades que tiene un discípulo.

Un maestro nos da un modo de vivir la vida, un modo a través del cual podemos integrar las enseñanzas y hacerlas parte de nosotros. La especialidad de Baba era ofrecer una experiencia directa. Eso es lo que la gente recibía en su presencia. No era simplemente un milagro ni magia. Nos mostraba cómo practicar y vivir las enseñanzas que dio.

A través de los años, he llegado a creer que cualquier maestro verdadero que dio a sus discípulos esa experiencia durante su vida continúa ahora, incluso años después de que su forma física se ha ido, compartiendo su experiencia.

Debes llevar esa experiencia contigo como una profundamente arraigada parte de ti. En realidad no necesitas nada que te recuerde esa experiencia. Simplemente eres capaz de ir a ese lugar en tu interior y sentir que la experiencia está viva.

Cuando viajo, la gente a menudo me pide: "Cuéntenos lo mejor acerca de vivir con Baba". O la mejor historia. O la mejor experiencia.

Siempre digo que no hay una sola cosa que pueda decir que

fue la mejor. Si digo que una única cosa fue la mejor, ¿entonces qué hay del resto? Me siento afortunado de haber tenido los veinte años que pasé con Baba.

Pienso que tener la compañía del Guru por un período no solo es cuestión de buen karma. He advertido que alguna gente que conoció a Baba sigue indagando, todavía sigue buscando algo. Cuando miro en mi interior, encuentro contentamiento. A través de la gracia de Baba, ese contentamiento se ha vuelto parte de mi vida.

De modo que crea un estilo de vida que haga posible que la gracia siempre sea parte de tu vida.

SÉ DOBLEMENTE BUENO

Pregunta: Cuando intento detenerme, mi mente queda atrapada en un nudo: "Oh, no se supone que piense eso". Todo esto comienza a suceder dentro de mi cabeza. ¿Qué piensa al respecto?

Gurudev: Primeramente, hazte conciente del tipo de pensamientos que tienes. Luego, lentamente, con el paso del tiempo, puedes aprender a cambiar la calidad de esos pensamientos. Gradualmente, llegas al punto en el que la mente solo tiene buenos pensamientos.

Entonces, primero, la cantidad de pensamientos; luego, la calidad de los pensamientos.

A veces me pregunto: "¿Es posible que uno sea siempre, siempre bueno?".

Veo gente así por todo el mundo. No son necesariamente sabios o santos; es gente normal que vive en el mundo. Mediante la práctica que han realizado, se han entrenado para ser siempre buenos. Incluso cuando ven que alguien no está siendo bueno, encuentran una manera de hacer que esa persona lo parezca.

La Plegaria Universal dice: "Que el malvado se convierta en bueno. Que el bueno se convierta en noble. Que el noble vaya hacia la paz. Que el pacífico sea libre". Los sabios piensan que esto es posible.

La gente que viene a satsang no es malvada. Ya es, al menos, buena gente, gente noble. Ahora quiere volverse pacífica. Quiere estar constantemente en paz.

Todos los pensamientos que tienen —todo lo que leen, todas sus conversaciones, todas sus interacciones con otras personas— deben ser pacíficas. Eso requiere un esfuerzo.

Si alguien te agita, debes recordarte permanecer en paz. La tendencia de corregir a esa persona o de decirle algo está allí. Debes decirte: "Eso no es necesario". Eso es *viveka*, discernimiento.

El discernimiento debe entrar en acción al instante, antes de que sobrevenga tu reacción. La cualidad del discernimiento tiene que estar ahí, del mismo modo en que una póliza de seguro se activa en cuanto tienes un accidente.

Lentamente, esto se transforma en un proceso en tu interior. No tienes que pensar para tus adentros: "No quiero ser malo. Quiero ser bueno". Esa pelea se terminó porque ahora estás en paz.

Estoy seguro de que si miras retrospectivamente al año y piensas en qué has andado, encontrarás que ahora eres una mejor persona. No es que fueras malo antes, sino que mejoraste a lo largo del camino.

En todas las diversas situaciones que surgen en la vida, es muy fácil hacer aquello que nos tienta. En ese momento, debes pensar: "No, voy a hacer el bien. Voy a ser sabio, voy a ser edificante".

Para esto, cada uno de nosotros —como humanos, como maestros, como padres, como amigos— necesita estímulo. Necesitamos amor mutuo. Necesitamos retroalimentación positiva. Cuando alguien te dice qué es lo bueno, y refuerza lo bueno que haces, te sientes más dispuesto a continuar haciendo cosas buenas.

Agregaría que para animar a otros ayuda decirles: "Ven por aquí. Muévete para acá. Ven aquí". No digas: "*No vayas allí*". En cuanto dices: "No vayas allí", la persona piensa: "¿Adónde es que no debería ir?".

Cuando una persona está en la calle y viene un automóvil, no le decimos que se quite del paso del auto. Le decimos: "Súbete a la acera", y la persona se quita automáticamente. Es solo cuando el automóvil pasa que la persona se da cuenta: "Oh, Dios mío, ¡gracias! Me salvaste".

Pregunta: En la escuela, en la oficina, en las corporaciones, encontramos gente que miente. ¿Intentamos cambiarla, combatir la injusticia? ¿O la ignoramos, nos quedamos callados y tratamos de ver lo bueno en ella?

Gurudev: Creo que muchos negocios enseñan a la gente a mentir.

Estaba mirando un clip de YouTube con un swami que hablaba de una propaganda. En ella, una mujer está tomando una ducha y cantando. Su marido viene con una barra de jabón Zest y se la da. Él está cantando también. Entonces, la mujer sale de la ducha. Su niño está allí, listo y esperando.

El swami pregunta: "¿Qué tiene que ver la barra de jabón con que la esposa sea feliz? ¿O con el canto del marido? ¿O con que el niño esté listo?".

No hay relación alguna en esto —salvo que la esposa esté feliz, el marido esté feliz y la esposa espere que cada vez que usa jabón Zest el niño se aprestará—. Cuando vi el video, pensé exactamente en lo que estás preguntando. Así es como las corporaciones juegan con nuestras mentes. Y somos crédulos porque compramos lo que están intentando vendernos.

Alguien me estaba contado que cuando su niño come cereal, tiene que tener la caja a su lado. Hay un juego en la caja. Si el juego no está, el niño no come el cereal.

Nosotros, como consumidores, caemos en estas trampas.

A veces, cuando los padres vienen al ashram para un retiro, traen una caja de cereal y dicen: "Esto es lo que desayunará mi hijo".

Los administradores del ashram se confunden. Han creado un menú, así que les dicen a los padres que quieren que el hijo coma lo que el ashram sirve.

Los padres dicen: "No, mi hijo necesita esto". Prolongan la mentira que la corporación ha creado al decir: "Esto es lo que mi hijo va a comer".

Cuando piensas en luchar contra la injusticia, no creo que sea tan fácil como decir: "Sé que está mintiendo. Le voy a dar una lección". Porque él también sabe que está mintiendo. Como dije antes, nosotros, como humanos, debemos pensar y preguntarnos muchas cosas.

Alguien me estaba contando que aspira a un ascenso en el trabajo. Dijo: "Es solo una cuestión de tiempo para que una de mis compañeras de trabajo se retire. Yo soy el siguiente en la lista de ascensos". Pero entonces agregó: "Esa compañera no ha estado viniendo a trabajar y se niega a retirarse. Y no quiero renunciar porque no sé adónde más iría yo". Me pidió: "Por favor, rece por mí".

Me reí. Le pregunté: "¿Quieres que rece para que ella se retire?".

En definitiva, no puedes mirar para todos lados para ver cómo están los demás. Solo puedes mirarte a ti mismo. Puedes preguntarte: "¿Cómo puedo ser diferente?". Al volverte mejor tú, puedes invocar esas cualidades en la gente que te rodea. Si piensas: "Quiero que él sea bueno", tú tienes que ser doblemente bueno para que él se vuelva bueno.

La conclusión a la que he llegado es que nunca funciona decirle a alguien: "Quiero que seas bueno". Eso hace que la persona se ponga a la defensiva. Y después, no importa qué le digas, no te escuchará.

Entonces, sé bueno tú. Sé humilde tú. Haz lo correcto. Si ves que algo está mal, trata de enderezarlo o cambiarlo o corregirlo. Si no puedes hacer eso, simplemente aléjate de esa situación.

Una pregunta similar que surge es por qué, en la *Bhagavad gītā*, Kṛṣṇa le dijo a Arjuna que peleara. Cada persona tiene un lugar en la sociedad. Cada uno tiene un trabajo que necesita realizar. Arjuna era un guerrero. Si pensamos en los guerreros en nuestra sociedad actual, podríamos pensar en un agente de policía. El trabajo del agente de policía es detener a una persona que está haciendo algo malo, llevarlo a la corte y ponerlo en prisión. En la antigüedad, el trabajo de un *kṣatriya*, un miembro de la casta guerrera, consistía en corregir injusticias para que la acción correcta prevaleciera.

Tal vez pienses que ya no existe el sistema de castas o clases. Todavía existe. Solo que los nombres han cambiado. Aún hay quienes son los guardianes de la sabiduría. Hay gente que se encarga de la ley. Hay gente que hace negocios. Y hay gente que conduce los camiones de basura, que limpia lo que ensuciaron otros y que hace trabajos serviles. La sociedad siempre tiene gente que realiza estas diferentes clases de trabajos necesarios.

No puedes decir: "Él no puede hacer ese trabajo" o "Ella no debería hacerlo". De acuerdo con nuestro destino o crianza o mentalidad, cada uno de nosotros realiza el trabajo que hacemos.

Los sabios nos enseñan: "Cualquiera que sea tu trabajo, hazlo de la mejor manera posible". Entonces, lo que estés haciendo, hazlo al máximo de tu capacidad.

Pregunta: En el proceso de hacer el bien, ¿habrá un reacomodo? ¿Llegará el momento en que sea automático?

Gurudev: Correcto. Por ejemplo, mientras crecimos junto a Baba, todo estaba siempre limpio. Él pensaba que si las circunstancias externas estaban limpias, entonces lo que estaba en el interior quedaría automáticamente limpio. Por eso nos decía que nos aseguráramos de que todo estuviera limpio: lo que vestíamos, cómo nos veíamos, lo que estaba a nuestro alrededor.

Todavía hacemos eso en el ashram hoy en día. Limpiamos los viernes antes de que todos lleguen. Limpiamos los lunes luego de que todos se van. Y limpiamos en el interín para mantener la pureza y la limpieza.

Hace dos años, una mujer nos visitó cuando estábamos limpiando el sótano. Dijo: "Ustedes son iguales a mi madre".

Dijimos: "¿Por qué?".

Ella dijo: "Mi madre nos hace limpiar antes de que llegue la señora que limpia". Y agregó: "Mi madre dice que la señora que limpia, nunca limpia del modo que queremos que quede. Por eso, limpiamos y preparamos y ponemos lindo el lugar, y luego la señora que limpia solo tiene que asear".

A menos que hayas experimentado esa clase de limpieza, nunca entenderás lo que limpio significa en realidad.

En algunos templos en el sur de India, una práctica —o penitencia— que los devotos realizan es no usar platos desechables hechos con hojas de árbol. Su comida se les sirve directamente en el piso de mármol. Quieren sentir unicidad con Dios. Si todo es Dios, ¿por qué necesitarían usar un plato?

Nunca hicimos eso en el ashram con Baba. Sin embargo, él solía decir: "El piso de mi cocina está tan limpio que podríamos servir la comida en él".

Una de las primeras sevās que se le asignaba a la gente que venía a Baba en los años sesenta y setenta era limpiar los inodoros. Recibían un cepillo de dientes y se daban gusto limpiando. Un muchacho compartió que había limpiado un inodoro y luego tomó distancia para mirar, y estaba disfrutando lo bien que había hecho su trabajo. Justo en ese momento, alguien entró y lo usó. El muchacho dijo: "OK, eso significa que ahora tengo que limpiarlo otra vez".

Hacer sādhanā nos enseña a ver dónde está la suciedad. Entonces limpias esa suciedad. Se limpia y luego se vuelve a ensuciar. Limpio y sucio, limpio y sucio. Llegas al punto en el que ya no se ensucia más.

Llega el momento en que descubres que ya no te maneja la mente. Te conviertes en el señor de tu propia mente.

El Shaivismo de Cachemira habla de esto. ¿Qué es la mente, en realidad? La mente no es otra cosa que Consciencia. Justo ahora no parece ser Consciencia porque está atrapada en māyā. Por eso, quieres purificarla para saber que es Consciencia y para poder experimentarla como tal.

A TRAVÉS DEL AMOR, LA DISCIPLINA

Pregunta: Como padre, ¿se supone que tome el rol y moldee a mis hijos? ¿O serán moldeados de todas formas con la gracia de Dios, y yo sólo debo quedarme atrás?

Gurudev: ¿Hay algunos padres buenos aquí? Yo le cuento a la gente que ahora tenemos setenta y seis niños en el ashram en Magod. Y es un desafío constante. Tenemos ocho maestros, un par de maestras y algunos administradores del ashram. He observado a todos y cómo desempeñan sus roles.

Estoy un poco alejado, sin embargo me permito jugar un rol también. He encontrado que el amor es el mejor medio. Esto es también lo que Baba hacía.

A través del amor, disciplinas. No pienses que el amor significa que no tienes que disciplinar. Puedes seguir siendo severo. Puedes seguir siendo claro.

Por supuesto, un niño siempre va a tratar de ponerte a prueba. Le dices: "Siéntate ahí por cinco minutos".

A los tres minutos, empieza: "¿Ya pasaron cinco minutos?".

Debes ser claro: "No". Él sabe que no han pasado los cinco minutos. Si a los cuatro minutos dices: "OK, ya pasaron cinco minutos", perdiste la batalla. Él ganó y sabe que la próxima vez puede ganar de nuevo.

El discernimiento, viveka, es saber no enojarse.

En Magod, digo a menudo: "Si uno no hace travesuras cuando es niño, ¿cuándo va uno a hacer de las suyas?". Si un adulto hace travesuras a los cincuenta y siete años es porque sus padres no le permitieron hacerlas cuando era pequeño. Debemos recordar: "Un día, yo mismo estuve ahí. Hice cosas similares". Cada uno debe pasar por el proceso de aprendizaje, de crecimiento.

Por supuesto, hay niños buenos, niños que están OK, niños malos. Tienes que intentar moldearlos a todos ellos para que sean buenos niños. Yo no diría que no intentes moldearlos.

Por ejemplo, tenemos un estudiante que ha estado con nosotros durante diez años. Cuando llegó con nosotros, había reprobado el décimo grado. En India, cuando repruebas, debes esperar un año antes de volver a intentarlo. El plan original era que él se quedara en el ashram por unos cuantos meses. Pero comenzó a trabajar duro con nosotros en el octavo grado. Y desde entonces ha seguido subiendo rumbo a la cima.

Ha sido uno de los estudiantes que han dedicado un gran esfuerzo. Habla un excelente inglés. Pero estoy seguro, como a veces bromeo con él, de que muchas veces quiso escapar. Yo a cada niño le digo: "No intentes escapar. Dinos cuál es el problema. Hablémoslo. Resolvámoslo".

Recientemente se me ocurrió que, ya que este estudiante ha tenido tan buen rendimiento, deberíamos encontrar un modo de inspirarlo aún más, y usarlo para inspirar a aquellos que lo sucederán. La idea es llevarlo a los Estados Unidos y que realice estudios de maestría y doctorado. Por supuesto, no va a ser fácil. Seguimos buscando una universidad que lo respalde.

Cuando miro mi propia vida, pienso: "Cuando era niño, pude haber tomado muchos caminos diferentes en la vida". Pero gracias a Baba, a mis padres y a algunos de los mayores —y gracias también al miedo que les teníamos a nuestros mayores— fui moldeado de la manera correcta.

La gente carece de ese miedo en la sociedad actual. Ya sean adultos o niños, no temen a sus mayores. Piensan: "Puedo hacer lo que yo quiera". Por eso es que vemos algunas de las locuras que ocurren hoy en día.

El miedo de un niño no siempre tiene que ser negativo. El miedo puede surgir también del amor, del respeto. Depende del adulto.

El desafío para cada padre —y para cada uno de nosotros al relacionarnos con cualquier persona, ya sea niño o adulto— es evitar ser demasiado rígidos en nuestras exigencias. Allí es donde entra en juego el discernimiento. Eres suave. Eres claro. Eres firme. Luego, nuevamente eres suave.

Un niño siempre trata de no tener que hacer lo que tú quieres. Tengo un niño que no quiere estudiar. Ya le dejé claro que va a tener que estudiar hasta el duodécimo año escolar. Le dije: "Cuando tengas mi edad, lo apreciarás. Si alguien te pregunta:

'¿Cuánto estudiaste?', vas a poder decir: 'Estudié hasta el duodécimo año escolar'".

Él dijo: "Pero no me gusta estudiar".

Dijé: "Lo entiendo. Me puedo identificar con eso. Pero tenemos que ver a largo plazo".

Cada dos o tres meses, le preguntaba: "¿Vas a estudiar hasta el duodécimo?".

Ahora le dice a todos: "Voy a estudiar hasta el duodécimo". Ese se ha vuelto su mantra. Pero me dijo: "Una vez que haya terminado el duodécimo, voy a tocar el tambor, voy a cocinar. No más sánscrito. No más estudio".

Le dije: "Está bien".

Mi meta es que el guardia de seguridad del ashram, el chofer del ashram, todos en el ashram hablen sánscrito. Tendremos un grupo de gente educada. Por supuesto que no ocurrirá de la noche a la mañana.

Cuando trates con tu niño, debes recordarle constantemente que estás contemplando el panorama general, el resultado a largo plazo.

El otro día le pregunté a un niño de once años: "¿Qué vas a hacer cuando seas grande?".

Simplemente se encogió de hombros.

Alguien podría decir: "Es demasiado joven". Pero yo pienso que a los once no se es demasiado joven para tener ideas. No es demasiado pronto para que los adultos pasen tiempo con él y alienten sus ideas. Cuando yo tenía once o doce, ya sabía qué quería hacer en la vida. No lo estoy haciendo ahora. Pero eso no importa.

Incluso como adultos, necesitamos moldearnos. A veces la gente quiere tomar un revólver y entrar en un cine. Por supuesto, ese es el extremo. Aun así, debería tener el mentor correcto, un consejero o un amigo a quien pueda llamar y decirle: "Siento que quiero hacer esto". Necesitan a alguien con quien hablar y que los disuada de lo que sea que quieran hacer, alguien que pueda conversar con ellos acerca del por qué no deben hacerlo.

Baba siempre hablaba de estar en buena compañía. La gente

se moldea unas a otras por medio de la compañía de la que se rodea.

Cuando veníamos hacia acá, pasamos por una Iglesia Universalista. Un par de monjes budistas salían del programa que ofrecen en ese lugar. Es maravilloso saber que, a cada tantas cuadras, la gente se reúne para hacer satsaṅg y meditación. Están aprendiendo acerca de lo que deben hacer y de lo que no deben hacer.

Creo que se necesita que esto ocurra más. Todos nosotros debemos encontrar el modo de desarrollar nuestras buenas cualidades. Es un desafío para todos y cada uno de nosotros. Los padres pueden asegurarse de que al menos el fin de semana, o un día a la semana, su hijo o hija vaya a satsaṅg o a alguna parte donde esté expuesto a la sabiduría, a la cultura, al lenguaje.

Primero, necesitas claridad en tus propios pensamientos. "¿Qué es lo que quiero, exactamente?". Un niño capta de inmediato cuando no estás siendo claro. Segundo, necesitas ser capaz de expresarlo. Si al expresar algo te das cuenta de que no estás siendo claro, di: "Espera un minuto. Necesito tener claro esto".

Por ejemplo, en India, cuando preguntas: "¿A qué hora nos encontramos?", la gente dice: "Entre las 3:00 y las 3:30... tal vez a las 4:00".

No queremos eso. Queremos decir: "O es a las 3:00, o es a las 3:30, o es a las 4:00".

Puede haber ajustes y cambios constantes en lo que entiendes. No tienes por qué ponerte tenso. No es una cuestión de "Esto es así. Esto es lo que dije el año pasado. Esto es lo que estoy diciendo ahora. Esto es lo que voy a decir el año que viene". No. A medida que creces, tu entendimiento crece. Tu entendimiento cambia. Te vuelves una persona mejor, mejor y mejor.

Cuando estás criando niños, lo más importante es amarlos. Incluso tu enojo debe estar nublado de amor. No uses solamente el enojo para disciplinarlos. A veces, puedes jugar con ellos. O únete a un grupo y juega con ellos. Mientras están todos juntos, pueden conversar. Sin importar de qué se trate la conversación, ellos no se van a reprimir. Explicarán lo que piensan: "¡No, no, no es así! ¡Es de este otro modo!".

Por ejemplo, me gusta llevar a un niño a dar un paseo por el ashram. Durante ese paseo, averiguo muchas cosas. A veces, aún cuando quiero saber algo acerca de un adulto, voy a los niños. Van a contarme exactamente qué pasó entre dos adultos. Con claridad, sin filtros. Si uno de los adultos está presente, sin duda intentará hacer valer su punto de vista. Pero sabes que el niño ha visto lo que pasó y te lo explicará correctamente.

En nuestra relación con los niños, debemos recordar que los más pequeños no tienen un interés personal. Para ellos, es lo que es. Solo al hacernos mayores en que pensamos que somos muy listos.

LO MÁS ASOMBROSO

Pregunta: ¿Por qué tenemos tanto miedo a morir si todo lo que vamos a hacer es cambiar de cuerpo? Digo, ¿por qué tanto lío?

Gurudev: Hasta recientemente —y todavía un poco hoy en día— en India, ves la muerte. Cuando alguien muere, ves que se llevan el cuerpo. Ves que el cuerpo va al crematorio. Las familias se reúnen durante doce o trece días. La gente visita a la familia en el lugar donde se produjo la muerte. Entonces, la muerte está constantemente allí. Hay motivos para estar consciente de "Yo me voy a morir".

Pero en la sociedad moderna —por ejemplo, acá en Norteamérica— nunca te enterarías de que alguien ha muerto, a menos de que sea un vecino o un miembro de la familia. Por eso nunca reflexionas sobre la muerte. Nunca te preocupas por la muerte. Piensas que vas a vivir para siempre. De hecho, los comerciales prometen que puedes vivir para siempre. En tanto te hagan un estiramiento de rostro, siempre te verás joven.

Hace cuatro años, una mujer que conocemos murió de cáncer. Su esposo quería que la hija, el hijo, yo y la persona que me condujo hasta allá viéramos el cuerpo mientras lo metían en el horno.

El encargado de la funeraria dijo: "Les ofrezco una disculpa porque esto no se ve muy bien. Normalmente estamos solo nosotros. Sacamos el ataúd de la habitación del frente, donde todo se ve hermoso, y lo traemos a la parte trasera y lo metemos en el horno". Agregó: "Hasta ahora, ningún pariente había pedido ver el horno donde se coloca el ataúd".

Yo estaba asombrado porque cuando mi madre y mi padre fueron cremados en India, los cuerpos se colocaron sobre una pira. Mi hermano menor encendió el fuego, y todos nosotros nos quedamos de pie allí por un rato y observamos cómo se quemaba el cuerpo. Alguna gente esperó durante dos o tres horas.

Todos los arreglos cosméticos que hemos hecho se han llevado a la muerte adonde no podamos verla. Como resultado, nunca pensamos en la muerte.

De hecho, esto no es un problema exclusivo de hoy. Incluso en el *Mahābhārata*, a Yudhiṣṭhira y a todos los discípulos se les pregunta: "¿Qué es lo más asombroso de este mundo?". Yudhiṣṭhira responde: "El hecho de que alguien muera todos los días, y aun así todos actúen como si fueran inmortales". Pensamos: "Voy a seguir aquí". Entonces, estamos constantemente coleccionando cosas, constantemente juntando cosas, constantemente acumulando cosas.

Un swami comparte una historia. En ella, un hombre se acerca al Guru y dice: "He acumulado suficiente riqueza para seis generaciones. Ahora estoy preocupado por la séptima". Es viejo y no tiene tiempo de acumular riqueza para la séptima. Ni siquiera va a estar para ver a la próxima generación disfrutar lo que él ha acumulado. ¿Y qué hay de las otras cinco? Sin embargo, así es como vive la gente.

Anoche vino un muchacho que tiene cáncer terminal. Se aproximó y dijo: "Entiendo todos estos conceptos. Soy consciente de qué es la muerte y todo eso. Pero realmente sentirla y experimentarla y vivirla…". Es joven, menor de veinticinco.

Tenemos que comprender la muerte desde nuestro interior. Ocultándola, realmente no llegamos a verla ni a experimentarla.

Por supuesto, ahora hay clases sobre la muerte y el morir. Se dictan conferencias sobre la muerte y el morir. Pero la aplicación práctica que vimos en India, al menos mientras crecíamos, ya no se ve más. Ves un poco acá y allá, pero incluso en India ahora a menudo el cuerpo se lleva en una carroza fúnebre.

NECESITAMOS HACER MÁS

Pregunta: Se habla mucho por ahí sobre la Era de Acuario, la Consciencia más elevada y ese tipo de cosas. ¿Podría tocar ese tema?

Gurudev: De acuerdo con la filosofía de India, aún tienen que transcurrir —años más, años menos— unos 420,000 antes de regresar a la Época Dorada. Así que las cosas todavía no están tan mal como se van a poner.

Le digo a la gente que pregunta sobre esto que en realidad no hay nada de qué preocuparse.

La gente se pone tan intranquila pensando en el día de la destrucción final, que hace locuras. Por supuesto, para ellos, es una buena manera de hacer dinero porque pueden capitalizar el miedo de la gente. Dicen: "¡Esto va a ocurrir!". Y la gente lo cree.

En la actualidad, todo el mundo se ha transformado en un maestro. Todos se convirtieron en conocedores de la Verdad. En lugar de que unos cuantos individuos poco comunes enseñen la Verdad, todos quieren hacerlo. Creo que no hay nada de malo en ello. Pero ambos, el estudiante y el maestro, tienen que saber que lo que el maestro está enseñando —y lo que el estudiante tiene la capacidad para comprender— es solo una pequeña fracción de la Verdad real.

Por ejemplo, a veces la gente me dice que ha escrito un libro. Si el texto original acera del que escribieron está en sánscrito, pregunto: "¿Cuánto sánscrito sabes?".

Dicen: "Nada".

"¿Cómo puedes escribir un libro cuando el original estaba en sánscrito?".

"Bueno, tomé algunos libros que otra gente escribió, y conformé mi propio entendimiento sobre lo que escribieron".

"¿Cómo sabes que lo que escribieron es cierto, es correcto?".

"No sé".

O la gente lee algo sobre lo que no había escuchado hablar antes y piensa: "¡Wow!". Como se enamoraron de ello, van y le cuentan a cinco amigos. Esa gente tampoco lo había escuchado antes, y dice: "¡Wow!". Creen y confían en la primera persona, y entonces lo toman como la Verdad absoluta. Y así sucesivamente. Hoy, con YouTube y Twitter y Google, solo tienes que subir algo allí y, si se viraliza, se convierte en la verdad.

Pregunta: He notado un cambio. Ahora hay más gente que es consciente de la energía, que está haciendo yoga, siendo más positiva. Esa gente debe tener un efecto tremendo en el mundo. ¿No le parece?

Gurudev: Yo no encuentro eso. Lo lamento.

He estado haciendo este trabajo durante cincuenta años ya. Treinta de manera consciente, y alrededor de veinte antes de eso, cuando era un niño. Leemos más sobre yoga en los medios de comunicación, pero no creo que necesariamente eso signifique gran cosa. Más gente en la periferia puede estar disfrutando del yoga, pero eso no significa que hoy lo esté haciendo más gente de la que había antes.

Ve a un centro comercial y mira cuánta gente está comprando; y compara eso con cuánta gente está en un satsaṅg o en un programa espiritual. Es un porcentaje pequeño, comparado con la población del mundo.

Puedo equivocarme, pero pienso que esta es la manera realista de mirarlo.

Cuando viajábamos con Baba, a veces venían cinco mil personas a un programa. Yo solía pensar: "Cinco mil personas vinieron a ver a mi maestro. ¡Esto es emocionante!".

Como dije anoche, pensamos en Bhagavān Nityānanda, asentado en la pequeña aldea de Ganeshpuri, meditando, haciendo su práctica. Parecería no estar haciendo nada, pero está irradiando energía. Un sabio o sādhu tiene efecto sobre cincuenta personas, quinientas personas, cinco mil personas —incluso sin estar con ellas—. Sin embargo, compara eso con la población del mundo entero.

Hace un par de años conocimos a Krishna Das. Nos dijo que fue a Brasil, y doscientas mil personas se presentaron a un kirtan.

La pregunta es: "¿Qué pasó después del kirtan?". Si fueron cinco mil, o cincuenta, o cien ó doscientos mil, ¿cuántos perciben, tienen conciencia y realmente practican yoga? Yo diría que un porcentaje muy pequeño.

Estando ahí, es fácil pensar: "Estoy viviendo en un mundo pacífico, amoroso, dichoso". Al mismo tiempo, hay tantas cosas más que existen en este mundo.

Cuando vine a los Estados Unidos por primera vez en 1978, me enteré de que no tenías que cerrar las puertas con llave. Podías dejar cosas y volver veinticuatro horas después y todavía encontrar tus cosas en su lugar. Ayer, alguien me decía que ahora tiene que cerrar con llave su automóvil y cerrar con llave su casa. Este país ha cambiado. Por supuesto, la gente siempre dice: "No digas cosas negativas". Pero así es.

¿Cómo erradicamos o eliminamos estas cosas negativas? Creo que somos perezosos. No hacemos lo suficiente para convertir a este mundo en un lugar más positivo.

¿Cómo podemos todos nosotros los que hemos sido despertados hacer más, irradiar más?

Baba dejó su cuerpo en 1982. Este año se cumplen treinta años. A veces pienso en todo lo que hizo en solo doce años, antes de irse. Pienso: "¿Qué estamos haciendo realmente, en comparación con lo que él hizo?".

Hay tanto que muchos de nosotros podríamos hacer. Podrían quedarnos diez, veinte, treinta años de vida. ¿Qué más podemos hacer con lo que resta de nuestras vidas?

GURU Y DISCÍPULO

Pregunta: ¿Hablaría del rol del Guru físico?

Gurudev: Baba siempre decía que todo en la vida lo aprendes de alguien. Entonces, en el sendero espiritual, también aprendes de alguien. Pienso que tienes que entender esa relación del modo correcto. Baba la llamaba la relación perfecta. Primero, ten en claro quién eres tú como discípulo. Segundo, ten en claro quién es el Guru. Si sientes que quieres un Guru o que necesitas un Guru, ¿cuáles son la cualidades que estás buscando? Creo que este tipo de entendimiento genera una relación sana. No seas fanático. Solo sé claro, como lo eres en todas las relaciones.

Pregunta: ¿El Guru elige al discípulo o el discípulo elige al Guru?

Gurudev: Creo que nadie elige a nadie. En mi experiencia, es el resultado de conexiones a lo largo de vidas. Viene de un vínculo que tenemos con un linaje o con una tradición o con un sendero.

En el capítulo sexto de la *Bhagavad gītā*, Kṛṣṇa explica que cuando estás haciendo yoga y mueres, entonces renaces en una familia que hace yoga. Y eso te guía al Guru.

Las escrituras también dan el ejemplo de una abeja que va de flor en flor, de flor en flor, de flor en flor. Cuando la abeja encuentra una flor con el néctar correcto, allí se instala. Del mismo modo, un buscador va de acá para allá. Pero cuando el buscador encuentra al Guru correcto, y el sendero correcto con las prácticas correctas, allí se instala.

Pregunta: ¿Qué lo hizo convertirse en swami? ¿Fue un estado de conciencia que alcanzó? ¿O algo que usted sabía, una elección que hizo?

Gurudev: Bueno, primero, diría que no tuve alternativa. Creo que todo lo que ha pasado es el resultado de saṁskāras, de karmas de otras vidas que vienen con uno al nacer.

Cuando era joven, no sabía nada sobre el Guru y discípulo, sobre lo que es esa relación. No había disertaciones al respecto. No íbamos al ashram a escuchar a Baba dar charlas. Mi madre simplemente nos dijo: "Él es Dios. Deben hacer lo que él diga".

Eso es todo lo que sabíamos.

De modo que crecimos sintiendo un nexo con Baba. Al mismo tiempo, le teníamos terror. También le teníamos miedo a nuestra madre y a nuestro padre, pero menos. A pesar de todo eso, había una experiencia que podrías llamar dicha o amor o gozo. Era una experiencia que no puede describirse con palabras.

Cuando Baba se llevó a mi hermana Malti a estar con él, en agosto de 1973, yo tenía diez años y algunos meses. Me armé de valor para pedirle a mi madre que le hiciera saber que yo también quería unirme a él.

No sé qué dijo mi madre exactamente porque no estuve presente. Pero volvió y dijo: "Baba dijo que los muchachos tienen que vivir sus propias vidas".

Por supuesto, yo estaba devastado. Sin embargo, me dije: "Puedo hacerlo".

Algunos meses después, una mañana desperté de un sueño. No sé cómo todavía recuerdo esto, pero lo recuerdo. En el sueño, yo tenía unos treinta y cinco años. Estaba sentado en los escalones de un templo en India. Estaba vestido de anaranjado, y estaba haciendo japa con mi mālā.

Me desperté realmente sorprendido. No creo haberle contado nunca a nadie sobre ese sueño. Probablemente me habrían dicho que estaba loco.

Después de eso, solo seguí adelante con mi vida. Planeaba ser ingeniero mecánico, porque en eso estaba mi interés.

En marzo de 1977, terminé mis exámenes del décimo grado. Baba se estaba quedando en Mumbai. Recién había sufrido un ataque cardíaco y se estaba recuperando. Yo iba todos los días a servirlo. Estaba allí desde temprano por la mañana, hasta la noche.

Un día, entré en su dormitorio después de darśan. Iba a guardar algunas cosas.

Baba estaba sentado en su cama. Dijo: "¡Oye!".

Nunca me llamó por mi nombre. Pero en ese momento supe que me estaba llamando a mí. Al principio, seguí caminando porque no quería hablar con él. Eso habría sido riesgoso. Pero cuando dijo "oye" de nuevo, supe que no podría llegar a la puerta lo suficientemente rápido —era un largo camino desde allí hasta la puerta—. Entonces, me di la vuelta.

Dijo: "¿Qué vas a hacer?".

Lo miré y dije: "Ir afuera".

Pero sabía, por supuesto, exactamente lo que él quería saber. Entonces tuvimos una larga conversación y le conté cuáles eran mis planes.

Dijo: "Muy bien".

Hablamos entre cuarenta y cinco minutos y una hora. Y luego me fui.

Un año después, el 24 de abril, a eso de las 8:00 p.m., fui al ashram a dejar a Malti. Al día siguiente presentaría mis exámenes en la institución conocida como IIP.

Malti dijo: "Ven y dile adiós a Baba".

Le dije: "Ya lo vi esta mañana. No necesito molestarlo ahora". No sabía cuál sería el punto de la conversación.

Ella dijo: "No, que te dé sus bendiciones".

Le dije: "Ya me bendijo".

Ella insistió y por eso entré.

Baba preguntó: "¿Adónde vas?".

Le respondí: "A presentar mis exámenes para la Facultad de Ingeniería".

Dijo: "Si quieres vivir conmigo, por qué quieres graduarte de ingeniero?".

Yo estaba completamente atónito. Solo un año y pocos meses antes habíamos tenido una profunda conversación. Yo había sido claro con respecto a mis planes y él había dado su bendición.

Ahora decía: "Si quieres vivir conmigo, deberías estudiar filosofía".

En mi mente, recordé aquello que mi madre siempre decía: "Nunca cuestiones a Baba". Lo único que se nos enseñó a decir fue: "*Ji*, Baba. Sí, Baba". De modo que dije: "Iré a Bombay mañana por la mañana".

Al día siguiente fui a la Facultad donde tenía que inscribirme para estudiar filosofía.

La persona dijo: "Vuelva en agosto".

Entonces me dirigí a los profesores que me habían estado ayudando a prepararme para mi examen de ingeniería. Les dije: "No voy a presentar este examen". Y les pedí que no preguntaran por qué, porque sabía que no podría explicárselos.

Volví al ashram y le dije a Baba: "No tengo nada que hacer hasta agosto".

Él dijo: "Quédate aquí conmigo".

Y sigo quedándome aquí con él. Treinta y cinco años después. Y, por supuesto, han ocurrido muchas cosas. Pero esa tarde, el 24 de abril, fue cuando se dio el cambio.

Tuvimos algunas conversaciones a lo largo del camino desde esa fecha hasta 1982. Baba era muy abstracto en sus conversaciones —muy exacto, pero también abstracto—. Cuando estabas frente a él, sentías su energía, su presencia poderosa y dinámica. Nunca lo miré como miraría a alguien en una conversación normal. Solo miraba hacia abajo. No sé cómo comenzar a poner en palabras cómo era una conversación así. ¿Qué palabras podrían expresar las sutiles transmisiones eléctricas que se daban?

Por ejemplo, una vez dijo: "En tres días vas a tomar sannyāsa". En esa situación, le pregunto: "¿Qué quiere usted decir?". ¿O solo le digo: "OK"? Nuestra mente moderna diría: "Dialoga con él. Pregúntale. Háblale".

Pero en mi experiencia de crecer con Baba, ese tipo de diálogo no existía. Además, en algún lugar muy profundo tenía la convicción y el entendimiento de que no había necesidad de dialogar. Habiéndome dado cuenta de que todo lo que estaba teniendo lugar es Consciencia —y de que en esa Consciencia, está teniendo lugar este juego— yo simplemente tenía que dejarme llevar.

El problema surge cuando quieres arreglar el juego. Quieres afinar detalles, ajustarlo. A menudo la gente pregunta: "¿Cómo pasó esto? ¿Por qué pasó?". Piensan: "Lo voy a mejorar". Estás perdiendo tu tiempo al tratar de descifrar cómo ocurrió o por qué. Ocurrió sin más. Y tú te dejas llevar, sin más. Despiertas cada mañana y participas del juego. Es divertido. Aprendes. Es por eso que no me exalto, ni porque algo vaya a resultar bien, ni porque vaya a resultar mediocre. Es lo que es. Con Baba aprendimos a mantenerlo dinámico. Lo mantienes en movimiento. Lo mantienes emocionante. Lo mantienes divertido. Los cambios ocurren constantemente en tu interior. La capacidad de ver es lo importante. Ves las cosas sutiles que tienen lugar —aquello que el ojo no ve, que la mente no entiende—. Eso es lo más emocionante.

Celebramos el centésimo cumpleaños de Baba en el ashram en India. Tras algunos días de haberse iniciado la celebración, estaba yo sentado en mi columpio. Todos andaban caminando por ahí. Eran las 9:00 p.m. Percibí que Baba también andaba caminando por ahí. Fue una experiencia fuerte.

Me detuve por un momento y me pregunté: "¿Estás imaginando esto? ¿Está en tu mente?". Pero entonces, por supuesto, me di cuenta de que sí, que estábamos celebrando su cumpleaños, y por eso él estaba allí, celebrando con nosotros.

Pensamos para nosotros: "¿Qué es el Guru? ¿Qué es la Consciencia? ¿Qué es Dios?". A menudo quedamos atrapados en las palabras. Al llegar a cierto punto, debemos elevarnos por encima de eso.

Por ejemplo, a Baba le preguntaban: "¿Ves a Dios en ese árbol?".

Baba decía: "Veo a Dios como el árbol".

Estamos intentando buscar lo divino, pero lo divino siempre está ahí.

Pregunta: ¿Qué rol juega el Guru en el sentido físico?

Gurudev: Acabo de compartir algo de eso. Ante todo, tiene que haber un cien por ciento de confianza entre el Guru y el discípulo. En sánscrito hay una palabra, *śraddhā*. En español, la traduzco como "fe sin duda alguna". Esa fe puede existir en una pareja. Existe entre un padre y su niño. Uno no tiene dudas acerca del otro. Del mismo modo, esa fe tiene que darse en la relación Guru-discípulo.

Baba me dijo: "No estudies ingeniería. Estudia filosofía". En ese momento había tantas preguntas que podría haber hecho. Había pasado tres años y medio, cuatro, preparándome para ser ingeniero. Hice tres años de escuela técnica, un año de ciencia. Y también estaba la colegiatura que había pagado para prepararme para el examen. Sin embargo, Baba me estaba diciendo: "Ve y cambia todo eso".

Tu fe no puede estar solo en un papel. Tu ser entero tiene que saber que, pase lo que pase, estará bien. A eso quieres llegar.

En cuanto seguí la orden de Baba, encontré que el programa de filosofía no estaba disponible hasta agosto. Era el 25 de abril. ¿Qué hacer entonces? Mayo, junio, julio: tenía tres meses y medio. Entonces Baba dijo: "Quédate acá conmigo".

Poco tiempo después, un día estaba agachándome para levantar una cesta de fruta. Baba se volvió hacia la persona que estaba junto a él y dijo: "Consíguele su pasaporte. Va a viajar conmigo". Eso fue en junio.

Yo tenía quince años y unos cuantos meses de edad. No sabía en realidad qué significaría viajar con Baba. Vi que no iba a ir a la universidad. No iba a estudiar. Iba solo a estar con Baba. ¿Pero qué iba yo a hacer con él? Las únicas cosas útiles que podía hacer eran recoger las canastas de fruta, barrer, trapear —lo cual me encantaba— y tocar los tambores.

No hice amigos en el ashram, salvo por unos cuantos. Estaba claro para mí que no estaba allí para ser sociable. Mi relación y vínculo eran con Baba. Él también dejó claro, a su manera, que yo iba a estar allí por él.

En tu interior, como discípulo, debes llegar al entendimiento de que tienes una relación perfecta con el Guru. El Guru ya abandonó todos los sentimientos, pensamientos y experiencias individuales. Por lo tanto, el Guru está listo para abarcar a todo y a todos.

Aquellos que se vincularon con Baba de este modo han encontrado que su guía y su gracia todavía están con ellos. No es que eso solo sucediera cuando estaba vivo, y ahora tengan que preguntarse: "¿Qué hago hoy?".

En 1986, estaba quedándome con mis padres. Después de unos meses de no saber qué hacer, fui al santuario de samādhi de Bhagavān, en Ganeshpuri. Me senté allí y canté *Āratī karūṅ* en mi cabeza. Dije: "Por favor, necesito guía. Necesito ayuda. Necesito saber adónde está yendo mi vida. ¿Qué voy a hacer?"

Lloré mucho. No lloraba de tristeza o sufrimiento, ni dolor —simplemente era un llanto como una liberación de algo—. Luego, volví a Bombay y le dije a mi madre: "El 6 de octubre, mi cumpleaños, tendremos satsaṅg".

Me preguntó una y otra vez durante los días siguientes: "¿Estás seguro de que tendrás satsaṅg?". Porque durante los meses anteriores le había dicho muy claramente: "No quiero tener nada que ver con el yoga. Solo voy a vivir la vida".

Una vez que estuvo segura de que estaba yo diciendo la verdad, organizó un satsaṅg en mi cumpleaños. Y eso, que comenzó el 6 de octubre de 1986, lo continuamos hoy.

La claridad tiene que venir de nuestro interior. No está limitada a una comunicación del Guru físico. Es una energía que existe. Lo que conocemos como el Guru viene a través de una encarnación en particular, en diferentes momentos.

Cada uno de nosotros, en nuestra vida, puede conectarse con un ser así en algún punto.

Ha habido muchos, muchos, muchos maestros. Pero pienso que Gurus así —a quienes puedes llamar cables cargados, que pueden dar tanto y tener semejante intensidad— son excepcionales. Tan solo con pensar en ellos, y qué decir de estar en su presencia, pasan cosas que difícilmente puedes imaginar. Todas estas cosas que lees y escuchas son ciertas. Pero, repito, tienes que estar listo en ese momento para percibirlo. Tienes que estar dispuesto a abrirte a ello.

Swami Rām Tīrth canta un poema: "Oh, Señor, ¿qué es lo que no he recibido de ti? ¿Qué es aquello que no puedo pedirte? Es solo que mi bolsa es pequeña y no puedo guardar en ella todo lo que estás dispuesto a darme".

Esto es lo que pasa. Te aproximas a un Guru así y le dices: "Quiero A. Quiero B. Quiero C. Quiero D. Quiero E".

Él dice: "OK. Yo quiero darte F, G, H, I, J, K, L, M, N, O, P, Q, R".

Tú dices: "Espere, no, no. Solo quiero de A a E".

Entonces recibes de la A a la E. Después lees en un libro que puedes recibir de la A a la Z y dices: "¡Pero solo recibí de la A a la E!".

Olvidas que eres tú quien negoció de la A a la E, y quien decidió esperar para recibir de la F a la Z. Comparas tus apuntes con otra persona: "¿Recibiste de la A a la Z? ¿Cómo es que yo recibí solamente de la A a la E?". Bueno, eso es lo que regateaste cuando hablaste con él.

Siempre digo: "Cuando reces, solo reza". No hagas un trato. No digas: "Quiero esto o quiero aquello". Solo reza, y aquello que es tuyo vendrá a ti.

Han pasado treinta años desde que Baba tomó samādhi. He viajado por el mundo, mucho, en estos treinta años. He conocido a muchos tipos de personas. Hay gente maravillosa, realmente estupenda, gente excelente, ya sean swamis de la tradición de India o maestros de otras tradiciones. Pero no me he encontrado con un ser como Baba. Esos, que pueden constantemente pulsar con la Verdad, son excepcionales.

Todo lo que soy es por causa suya. Yo no estaría acá haciendo esto hoy. Probablemente estaría trabajando en el piso de una fábrica o en un tablero de diseño, dibujando algo. O desempleado, ¿quién sabe? Todo lo que ha pasado se debe a aquel momento en su habitación, cuando mi vida se transformó.

Sin embargo si pensamos, ¿qué fue ese momento? No fue ese único momento, sino que fue un momento que desencadenó otros tantos momentos.

HAZ DE LA MENTE TU SIRVIENTE

Pregunta: ¿La mente misma progresa en el sendero? ¿O sigue la mente dando tantos problemas aun cuando uno avanza en el sendero?

Gurudev: Podemos comenzar con lo que dicen los *Upaniṣads*: "Somos lo que comemos". Comenzamos con la comida porque eso es lo que, en el nivel más denso, puede afectar a la mente. Si te concientizas de lo que ingieres para tu cuerpo, verás que eso en sí mismo puede crear un cambio.

Por ejemplo, cuando viajo, la gente me pregunta por qué no como cebolla ni ajo.

Les digo: "En 1990, tomé una iniciación que prohíbe la cebolla y el ajo". Antes de eso, en los ashrams de Baba, la mayoría de las recetas tenían cebolla y ajo, por eso comíamos un montón de cebolla y ajo. Tal vez ocho o diez años después de la iniciación, me di cuenta de que había tenido lugar un cambio. Por supuesto, si fue el resto de la práctica que hago o la eliminación de la cebolla y el ajo lo que causó el cambio es difícil de saber.

Muchas tradiciones, al menos en India, eliminan la cebolla y el ajo como parte de su práctica espiritual. No sé qué dicen los científicos, pero los practicantes espirituales están de acuerdo en que las cebollas pueden causar excitación en la mente y en el cuerpo.

Como buscador, si te das cuenta de que tu mente te está molestando, puedes atravesar por un proceso de identificación y eliminación de los alimentos que son la causa. Con el tiempo, tu conciencia se torna lo suficientemente sutil como para saber qué te está afectando. Y desarrollas disciplina y control sobre lo que comes.

Por ejemplo, me encanta el chocolate, pero no puedo comer demasiado porque sé lo que me hace. Llegado a un punto, tengo que decirme: "Detente". Sé que no quiero comer la barra entera.

Segundo, la compañía que mantienes.

Tal vez pienses: "Todo es Consciencia. Todos son Dios.

Todos son buenos". Sí. Pero también todos vibran a un nivel diferente. Cuando te das cuenta de que una amistad, relación, o discusión en particular no está yendo a ninguna parte, tienes que ser listo. Puede que sea difícil, pero aprendes cuándo es tiempo de simplemente decir: "Adiós".

Hazte libre de las cosas que lees que no sean enaltecedoras. Hazte libre de las cosas que escuchas que no sean enaltecedoras. Hazte libre de los shows de la televisión que no sean buenos. Hazte libre de las películas que no sean buenas. Cada una de estas cosas deja una huella en la mente.

Cuando estás atravesando por el proceso de eliminación, encuentras: "OK, todavía hay algunas cosas que son buenas, que me funcionan". Te apoyas en esas cosas y dependes de ellas. Y luego lentamente te haces libre incluso de esas cosas. En lugar de depender de ellas, están allí solo para que las disfrutes cuando quieras.

Respondiendo a tu pregunta, a medida que progresas, tu mente progresa también. Aprendes a ver a tu mente como tu servidora.

Justo ahora, puede que seas el sirviente de tu mente. Tu mente dice: "Levántate". Y te levantas. Tu mente dice: "No te levantes". Y no te levantas. ¿Verdad?

Si sientes que quieres irte de un determinado espacio, deberías tener la fuerza en tu interior para decir: "OK, me voy a ir ahora".

La mente puede dar todos sus argumentos y contra argumentos sobre por qué o por qué no deberías hacer algo. Pero tú ten claro en tu mente qué es lo que quieres.

Baba solía decir: "Eres lo que piensas".

De modo que la calidad de tus pensamientos debe cambiar.

¿Por qué la gente hace cosas tontas? Porque su mente le hace hacer cosas tontas. Cuando la gente no hace cosas tontas, no significa necesariamente que no tenga pensamientos tontos. Sino que esa gente ha logrado el control sobre sí misma. Dice: "Esa es una idea tonta. No lo haré". Al final, llega a un punto donde ya no tiene esos pensamientos.

Pregunta: Si acabamos de empezar en este sendero, ¿qué sugiere que leamos?

Gurudev: Hay un libro en la librería que se llama *Conversaciones con Swami Muktananda*. Queda solo un ejemplar, porque el otro día me llevé el otro que quedaba. Son preguntas y respuestas con Baba en los 1960s. Las respuestas son muy francas porque Baba comparte sus pensamientos libremente.

A medida que avances, encontrarás muchos libros. Sin embargo, ten cuidado y sé consciente de no quedar atrapado en demasiados libros y en demasiadas palabras. Puedes perderte en las palabras.

A lo largo de los años he encontrado que el mejor modo es leer y luego intentar practicar esas enseñanzas. Si no las entiendes, léelas de nuevo. No hay nada de malo en eso. Intenta de nuevo. Ve un poco más allá. Detente. No es una novela que lees de un tirón. Bueno, sí podrías hacer eso porque hay mucha energía y exaltación. Pero digerir y empaparse realmente de las charlas de Baba es un proceso lento.

Pienso en el yoga como un proceso de cocimiento a fuego lento. Para que puedas permanecer en esto a largo plazo, tienes que ir despacio. No puedes apresurarte y pensar que lo has logrado todo de la noche a la mañana.

Alguna gente dice que se despertó una mañana y lo entendió todo. Esa es la mentira más grande que jamás he escuchado.

Tenemos una mente. Tenemos un cerebro. Tenemos un intelecto. Estas facultades deben entender qué está pasando.

Los sabios que se sientan y meditan y contemplan no son tontos. Atraviesan el proceso entero. Solo entonces comparten su proceso y su entendimiento con nosotros.

De modo que ve lentamente. Haz tu práctica regularmente, cada día. Y las iluminaciones que han de suceder sucederán.

Pregunta: ¿Es necesario leer el comentario sobre un sūtra? A veces hay veinte páginas de comentario, y encuentro que eso me confunde.

Gurudev: Si entiendes el sūtra, entonces no necesitas el comentario. Si no entiendes el sūtra, entonces necesitas el comentario.

INTENSIDAD DE LA PRÁCTICA

Pregunta: Cuando medito, parece que no voy más allá de cierto nivel. ¿Sigo haciendo lo que estoy haciendo, o hay algo más que pueda hacer?

Gurudev: Debes mejorar lo que estás haciendo. Pregúntate: "¿Lo estoy haciendo realmente lo mejor que puedo? ¿Están mis esfuerzos al cien por ciento?". Como leemos en *Reflejos del Ser* de Baba, no te aletargues. A menudo decimos: "Hago japa". Pero lo que pasa es que tomas una mālā y llevas la cuenta, y luego te preguntas: "¿Fui consciente de todas las 108 veces que hice japa?". ¿Cuántas veces te fuiste tras un pensamiento, te perdiste, y luego regresaste?

Este tipo de análisis solo lo puedes hacer tú.

O cuando te sientas a meditar, ¿cuántos minutos de la hora que te sentaste estuvieron en auténtica quietud, silencio y vacío? ¿Cuántos minutos estuvieron en pensamientos, ensueños, dormir?

De igual modo, cuando cantas. Por ejemplo, la *Guru gītā* tiene 182 versos. Pregúntate: "¿Cuántos de los 182 versos realmente canté? ¿Durante cuántos versos me fui a México o a India o a una conversación?".

Kabīr dice que es nuestra intensidad la que está haciendo el trabajo. En su poema, habla sobre ser un "esclavo de la intensidad".

Cuando ahora pienso en la vida con Baba, la mejor parte —aunque no lo entendíamos en ese momento— era su intensidad. Para todos nosotros que llegamos a alguna parte en aquellos días, fue intenso. Pero esa intensidad es lo que ha dado frutos.

Mira a la gente que ha llegado a ser algo en la vida. Es toda gente intensa. Su intensidad la ha llevado adonde está.

Si piensas que no puedes llegar al siguiente nivel en la meditación, significa que tu intensidad debe aumentar. Nadie puede aumentar esa intensidad excepto tú. Esa intensidad es interior, no está afuera.

Siempre pensamos: "Estoy haciendo mucho". Pero entonces

vemos a alguien que está haciendo más. Recientemente, le mencioné a alguien que siento que no estoy haciendo mucho. Ella dijo: "¿Cómo puede decir eso?". Yo dije: "Bueno, me comparo con Baba". Él era físicamente mucho mayor que yo ahora, por eso considero cuánto hizo a esa edad.

No me voy a poner intenso ahora. ¡Esa es la parte buena! Pero tus prácticas deben volverse intensas.

LA RESPIRACIÓN

Pregunta: A veces no puedo meditar, sin importar cuánto lo intente. ¿Hay algo que yo pueda hacer para ayudarme a focalizar y concentrarme?

Gurudev: Pienso que puedes hacer dos cosas: una es prāṇāyāma y la otra es japa. Estas son las mejores maneras de aquietar una mente agitada. Pero lo más importante, diría que debes hacerte consciente de por qué tu mente se pone así.

Por supuesto, todas las mentes van a esos lugares de los que hablas. Cuando la gente es joven, tiende a preocuparse mucho. Con suerte, a medida que te haces mayor y más sabio, no sigues permitiendo que la mente permanezca tensa o agitada. Entiendes que preocuparse no te lleva a ninguna parte.

A veces le sugiero a la gente escuchar el mantra *Oṁ namaḥ Śivāya* en la computadora o en algún otro tipo de reproductor de sonido. De ese modo, puede tener un volumen más alto que tus pensamientos. Porque el volumen de tus pensamientos es tan alto, que tienes que forzar físicamente al mantra para que los penetre.

A veces es una guerra. La mente dice: "Ya no quiero escuchar más".

Entonces tienes que detener el mantra por un momento. Entender que es solo energía que está en tu interior y necesita una salida. Y encontrar diferentes modos de darle salida a esa energía.

Tal vez hacer algo de hatha yoga. O salir a caminar. Mirar los árboles. Mirar el cielo. No hay nada como la naturaleza. Te permite conectarte con tu interior.

Puedes practicar diferentes variedades de prāṇāyāma. No intentes hacer tres o cuatro modos al mismo tiempo. Debes elegir. Por supuesto, el más básico, la respiración yóguica profunda, es algo que hacemos en todo momento.

El *bhastrikā* es bueno porque es enérgico. Te lleva a un lugar donde experimentas la retención de la respiración, kumbhaka. Cuando el kumbhaka ocurre, experimentas silencio o quietud mental.

No diría que necesariamente llegarás a un estado cien por ciento libre de pensamientos. Los pensamientos aún estarán allí. Es como sacudir un tapete. Cuando sacudes un tapete, todo el polvo vuela alrededor. Debes quitar el tapete de allí antes de que el polvo vuelva a posarse sobre él.

Del mismo modo, puedes pensar en el prāṇāyāma como un modo de sacudir los pensamientos. Es aflojar, dejar ir a los pensamientos habituales. De otra manera, al estar continuamente en compañía de tus pensamientos, estos te devoran.

A medida que te vuelves más sabio, ya no eliges la cercanía con esos pensamientos. Aprendes a alejarte de ellos. De manera que encuentra la técnica que mejor funcione para ti, ya sea prāṇāyāma, japa, escuchar el mantra, u alguna otra cosa.

Un buen hábito es leer un buen libro, digamos que uno con historias acerca de grandes seres. Sin embargo, cuando tu mente está agitada, puede rechazar esto. Puede decirte: "No, no quiero leer eso".

En ese caso, tienes que forzarte a leer. Dile a tu mente: "¡Sí! Aquí es donde quiero estar".

Es como tallar una olla de bronce. Poco a poco, ciertamente comienza a brillar. Ha estado opaca durante algún tiempo, por eso necesitas seguir frotando. La mente es igual. Está opacada, o agitada, con sus propios pensamientos. Cualquiera que sea el método de sacarle lustre que te funcione eso es lo que tienes que hacer. Y persevera en ello.

Pregunta: ¿Cuáles son los diversos prāṇāyāmas? ¿Qué enseña usted sobre ellos?

Gurudev: Hay muchos tipos diferentes de prāṇāyāma. Puedes hacerlos antes de la meditación.

Bhastrikā es la respiración tipo fuelle, inhalar y exhalar rápidamente. El *ujjāyī* consiste en una exhalación forzada, con una inhalación natural. Y tenemos el prāṇāyāma simple, en el que mantienes un orificio nasal cerrado mientras inhalas.

Luego cambias al otro lado y exhalas por el otro orificio. Hay normas y reglamentos para el prāṇāyāma. Por ejemplo, no puedes hacerlo sino hasta después de dos horas de haber comido. No puedes comer sino hasta después de una hora de haber hecho prāṇāyāma.

Cuando haces prāṇāyāma sabiamente y bien, este afecta al cuerpo entero, no solo a los pulmones o al diafragma o al abdomen. La idea es que lo hagas tan bien que la energía fluya y se mueva a través del cuerpo.

Para obtener el mejor efecto, debes aprenderlo de un buen maestro. Practícalo bien, y entonces dará frutos.

LLENADO CON LUZ

Pregunta: El otro día usted dijo que es muy fácil ver la luz. Pero también es muy fácil ver la oscuridad. ¿Cómo las distingue?

Gurudev: Se nos enseña sobre la importancia de la compañía. Dependiendo de la compañía que mantengas, experimentarás luz u oscuridad. Por eso se nos enseña a mantener buena compañía.

Gente distinta ha dicho que el indicio del toque de la mano de Dios es que aquello que era irreal en su vida comienza a caerse. Durante años, estuvo bien con esas cosas en su vida. Pero luego al llenarse de luz y dicha, solo quiso rodearse de eso.

Al llenarte de luz y dicha, automáticamente atraes eso hacia ti. La oscuridad también vendrá. Del mismo modo que una llanta desinflada o un bache o un congestionamiento de tránsito son inevitables, la oscuridad va a aparecer.

En ese momento, tienes dos opciones. Por un lado, si eres lo suficientemente capaz y fuerte, comparte la luz con otros. Por otro lado, si te sientes incapaz de compartir la luz o si la otra persona es reticente —cosa que a veces ocurre— simplemente tienes que dejar ir.

No tiene sentido oscurecerte tú en un intento por llevar luz a otra persona. Entonces habrás perdido tu propósito. Solo si te mantienes iluminado puedes seguir compartiendo tu luz con otra persona. Incluso si la persona no ve la luz en ese momento, si continúas caminando, en algún punto él o ella te va a alcanzar y decir: "Ahora entiendo lo que dijiste entonces".

Nada nos aparece claro cuando no estamos saturados de luz. Tomas fotos con una cámara. Si recuerdas cuando empezaste a hacerlo, siempre necesitabas un medidor para saber cuánta luz había. Ahora, después de años de experiencia, tienes una idea general de cuánto es. El medidor solo corrobora lo que piensas.

Del mismo modo, en la vida, al principio no reconocemos realmente qué es luz y qué es oscuridad. Pero luego de haberle invertido el tiempo y hecho la práctica, podemos entrar en cualquier parte e inmediatamente saber qué está ocurriendo en ese espacio.

Parte del trabajo de un sacerdote es llevar luz adondequiera que va. A cambio, recibe regalos y dinero. Pero la gente también da su oscuridad o su dolor a través de esos regalos. La transferencia que tiene lugar no es física. Sin embargo, el sacerdote tiene que saber cómo limpiarse por medio de mantras y otras prácticas al llegar a casa.

Tal vez pienses que no es fácil ver la luz. Pero ese es solo un resultado de vivir en la oscuridad. Cuando llegas a la luz, te das cuenta de que la oscuridad no es tan placentera o gratificante como lo es la luz.

Según viajamos por el mundo, todo tipo de gente viene a nuestros programas. Alguna viene y llora. Usualmente el llanto es causado por la dicha. Pero también puede ser el desahogo de la oscuridad, el dolor y el sufrimiento por los que ha estado atravesando. Se da cuenta: "Mi vida puede estar llena de luz y dicha. No hay necesidad de estar en la oscuridad".

Eso es lo que deseo e invoco que sea el resultado de cada programa.

Si vas a las capillas de los grandes santos, encontrarás que la vibración en ese lugar sigue siendo fuerte hoy, aun siglos después de que ellos vivieron allí.

El año pasado, fuimos a un lugar desierto en España. La persona que nos llevó nos contó que en ese lugar se erigió un monasterio hace algunos cientos de años, y un santo vivía allí. Una pequeña capilla sigue todavía en pie. Está cerrada con llave, pero a veces la gente va allí a rezar. A unos cientos de metros abajo, vimos agua que fluía. Y pájaros que volaban a través del bosque. Pudimos sentir cómo debió ser hace años cuando el santo y sus discípulos vivieron allí. Si pudimos sentir eso ahora, solo piensa cómo debió ser cuando estaban realmente haciendo lo que estaban haciendo.

Es por eso que digo que cada uno de nosotros debe crear un estilo de vida que esté lleno de luz y dicha. Entonces cuando la gente venga a nuestra casa o a nuestro espacio de trabajo, eso es lo que sentirá y experimentará.

Alguna gente me dice que debería ir a su casa cada año. Les pregunto por qué.

Dice: "Porque antes de que venga, limpiamos la casa entera". Y dice: "Al menos sabemos que una vez por año nuestra casa va a estar limpia".

A quien les gusta la comida dice: "Mi esposa y mi suegra van a cocinar buena comida".

La verdad es, a todos nosotros nos gusta la luz. Los sabios nos dicen que está en la naturaleza de cada individuo amar la luz.

Cada vez que sentimos dolor o sufrimiento, corremos adonde sabemos que vamos a conseguir amor. Ese amor es como un capullo, y allí olvidamos el dolor y el sufrimiento.

A Devayani le encantaba visitar a su abuela. Había un sofá de tres plazas, y un sillón La-Z-Boy en un costado donde su abuelo se sentaba. La abuela se sentaba en una esquina del sofá, y Devayani ocupaba las otras dos plazas mientras se recostaba en el regazo de su abuela. La abuela tenía más de ochenta años, y Devayani tenía más de treinta. El abuelo sentado en el La-Z-Boy le decía: "¡Ya eres una mujer, no un bebé!".

La edad no importa. No importa al dar, y no importa al recibir. Como humanos, tenemos que aprender a dar y a recibir. A veces tenemos problemas con ambos. No sabemos cómo dar, y no sabemos cómo recibir.

Una de las enseñanzas de Bhagavān Nityānanda fue viśala hṛdaya. Ten un corazón grande.

Imagina qué debe de haber significado grande para él. Yacía ahí en su pequeña frazada sobre una piedra. En las fotos, puedes ver los montones de fruta y flores y telas y cocos alrededor. Y él yacía allí en su propia dicha. Quien quería un coco tomaba un coco. Quien quería una flor tomaba una flor. A él, no le molestaba.

Sus mejores amigos eran los niños pequeños. Era con quienes más se divertía.

Entonces aprende a dar. Cuando algo viene, sé capaz de recibirlo también. No digas: "Solo doy". O "Solo recibo". La manera en que funciona es que lo que va viene. Si piensas: "Quiero amor", empieza por dar amor. En cuanto comienzas a dar, te vas a dar cuenta de que hay tantos montones a tu alrededor. Porque ¿qué representan los cocos, las flores, la fruta y las telas? Representan amor.

No damos. Y luego drecimos, "No recibo nada". Asi que empieza a dar. Podrías empezar ahora mismo, pero creo que todo el mundo aquí ya está saturado. Así que empieza en cuanto llegues a casa.

Hace unos meses alguien me envió un chiste. Un hombre volvió a casa después del satsaṅg. Alzó a su esposa en brazos y comenzó a bailar por toda la casa.

Ella dijo: "¿Qué dijo Swamiji en el satsaṅg hoy?".

El dijo: "Carga tus problemas con gran amor y alegría".

Pregunta: ¿El canto es igual a la meditación? El canto me llena, pero medito muy poco.

Gurudev: Creo que debemos cantar mucho. Así como el hombre del chiste llevaba cargando a su esposa, debemos llevarnos a nosotros mismos con gran amor y dicha.

Acabamos de llegar de Argentina, donde bailan el tango. Bailan el tango mientras cantan, también. El modo en que cantan es tan apasionado. Que donde sea que vayamos, pienso que podemos medir nuestro canto basados en lo que experimentamos en Argentina. En la mayoría de los lugares alrededor del mundo, encuentro que la gente es muy reservada, muy tímida.

La forma correcta de cantar es quedar inmersos en el canto. Cuando cantas bien, el resultado es la meditación natural.

Es bueno encontrar tiempo cada día para asentarse.

No es necesario que te digas: "Voy a meditar". Porque realmente no puedes decir: "Voy a meditar". La meditación es la consecuencia natural de lo que haces.

A lo largo del día, debes estar consciente de todo lo que haces. Por lo tanto, en la mañana, te sientas quietamente para prepararte para el día.

Si durante el día te sientes distraído, toma unos cuantos minutos para respirar, para estar en silencio. Luego al final del día, al acostarte para dormir, aquiétate y estate en silencio nuevamente.

Alguna gente me dice que puede tomar una taza de café y no le hace ningún efecto. Pero a menos que hayas experimentado una mente quieta, no sabes lo que es una mente quieta. Una vez que hayas experimentado una mente quieta, nunca más disfrutarás de una mente no quieta.

El proceso completo de prāṇāyāma y meditación te lleva a un lugar de quietud. Una vez que has experimentado esa quietud, ya no disfrutas, en realidad, de ninguna otra cosa.

Probablemente no te des cuenta de que estuviste sentado por casi dos horas y veinte minutos esta mañana. Dicen que el típico período de atención sostenida es de veinte minutos. Entonces haber permanecido sentado tranquilamente en un mismo lugar por el tiempo que estuviste es un logro en sí mismo. No pensaste: "Voy al baño". No pensaste en tu teléfono. No pensaste en ninguna otra cosa como lo haces naturalmente cuando "ya pasaron quince minutos".

Baba me dijo una vez: "Toda la gente es diferente. Alguna amará la meditación. Alguna amará el canto. Alguna amará la lectura. A alguna gente le gusta trabajar". Dijo que, según sus preferencias, la gente hará más de lo que le gusta.

Sigo pensando en que debes encontrar tiempo cada día para simplemente sentarte, estarte quieto, estar en silencio. No tiene por qué ser un tiempo determinado —como quince minutos, veinte minutos o una hora— sino solo un momento para evaluar qué está pasando en tu interior.

Hay una palabra sánscrita, svādhyāya. Sva significa ser. Adhyāya significa capítulo o estudio. Eso significa que cada día debemos hacer un autoestudio. Debemos preguntarnos: "¿Dónde estoy el día de hoy?".

Me gustaría dejarlos con este pensamiento. Cuando vayas a casa, diseña un horario. Intenta seguirlo cada día. De esa manera, no te perderás tu práctica diaria de svādhyāya.

Si vas a nuestro sitio web, verás que cada uno de nuestros

ashrams tiene un horario todos los días. Para nosotros, es genial. Cada día al despertarnos, sabemos qué pasará a lo largo del día. La meditación y el canto están entremezclados con otras actividades.

Si sigues un horario para svādhyāya, entonces aun si la oscuridad viene a ti, te verás forzado a ver la luz. Al cantar y al tener la compañía de otros buscadores, en algún punto te encontrarás contigo mismo.

EL CICLO DE LA REENCARNACIÓN

Pregunta: Tengo la convicción que venimos de Dios y nuestras almas son parte de esa divinidad. Si nuestras almas son parte de esa divinidad, ¿por qué debemos reencarnar para aprender en esta vida?

Gurudev: Lo divino existe en el interior de cada uno de nosotros. Aunque exista en nuestro interior, pocos de nosotros aceptamos la existencia de esa divinidad. No importa cuánto leamos y sepamos y aceptemos y entendamos, vivimos en la ignorancia de ese hecho.

Adoramos a sabios y santos porque han llegado a un punto donde pueden decir: "Soy divino". En esa experiencia, no piensan: "Estoy haciendo esto". Más bien, son conscientes de que son un instrumento a través del cual lo divino está actuando.

Cuando llegas a ese entendimiento, entonces el ciclo de reencarnación finaliza. Hasta que llega ese momento, sientes: "Estoy haciendo todo esto", y todo el proceso del karma está activo. El mundo continúa. Hay creación, sustentación, disolución.

Muchos de ustedes en México probablemente han visto piedras de molino entre las cuales se coloca algún tipo de grano que se muele hasta hacerse harina.

Según la historia, el poeta-santo Kabīr estaba mirando a una mujer moler harina. Ve que el grano entra en medio de las piedras y sale de ellas como harina. Se sienta allí llorando.

Se acerca un sabio y le pregunta: "Kabīr, ¿por qué lloras?".

Kabīr dice: "Esta piedra es como la rueda del tiempo. Todos los que pasan por ella son molidos y se convierten en harina. Por lo tanto, estoy pensando para mis adentros que yo también seré molido por la rueda del tiempo".

La mujer usa un palo para empujar el grano entre las piedras. El sabio toma este palo y le muestra a Kabīr que algunos granos todavía están pegados al palo. No han sido molidos. Entonces el sabio dice: "Aférrate a lo divino, y no serás molido".

Esto es lo que los sabios han sido capaces de hacer. La divinidad no es solo un concepto en sus mentes. Habiéndose hecho conscientes de su propia divinidad, se aferran a ella. Cuando tú también aprendas esto, no serás molido en el ciclo de la reencarnación.

Pregunta: Cuando la gente habla sobre karma, usualmente tiene una connotación negativa. ¿En qué punto uno puede comenzar a crear solo buen karma?

Gurudev: Siempre comienzo diciendo que el tema del karma es muy complejo. Si hablas sobre él en un sentido, la mente inmediatamente tiene otras preguntas.

Voy a compartir una historia que uno de los swamis de Baba solía contar. Expresa bien cómo funciona el karma.

Satsaṅgs como este solían darse mucho alrededor de Baba. La sala de meditación tenía puertas que se abrían, y luego se cerraban en el momento en que entrabas. Un día, una persona iba saliendo. Sus dedos quedaron apresados cuando quien iba delante de él soltó la puerta, y esta se cerró sobre sus dedos. Por supuesto, sus dedos se lastimaron. Comenzó a enojarse. Pensó para sus adentros: "Esa persona estuvo planeando esto durante muchos días". Y comenzó a pensar qué podía hacer para vengarse.

En las tardes luego del satsaṅg, todos íbamos a cenar. Al igual que aquí, teníamos un salón comedor. Generalmente, la cena consistía en sopa, ensalada y pan.

Cuando esta persona se dirigía a cenar, todavía estaba perdida en sus pensamientos acerca de sus dedos, en la persona que había soltado la puerta, en planear venganza. Tomó su bandeja y su tazón. Se formó en la fila y recibió sopa en su tazón. Él continuaba caminando y pensando, sin mirar qué estaba pasando delante de él. Por supuesto, la persona que estaba adelante se detuvo para servirse pan y ensalada. Entonces chocó con esa persona. Su sopa caliente voló por todos lados. Pensó: "¡Hoy es una mala tarde! ¡Mi karma es horrible!".

El swami diría: "Detente allí por un momento". Desandaría los pasos: "La sopa vuelve al tazón. La sopa vuelve a la olla. La persona vuelve al satsaṅg". El dijo: "Al final, vuelves al momento donde la puerta le pegó en los dedos".

En ese momento, decía, la persona tiene una opción. Podía simplemente mirarse los dedos y decir: "Oh, mi karma se está trabajando". Puede conseguir hielo o ungüento. No tiene que pensar que la otra persona estuvo planeando eso. No tiene que enojarse o disgustarse. No tiene que tener una reacción.

En este caso, diríamos que se está liberando del *prārabdha* karma, el karma que le ha sido asignado en esta vida. Al no reaccionar ni disgustarse ni querer venganza, no está creando más karma para el futuro. Lo que fuera que tenía que trabajarse ya está trabajado. El ciclo completo termina justo ahí, justo en ese momento.

Les diré que esto no es tan fácil. No te preocupes de que a partir de mañana, ya nunca vayas a reaccionar. Pero tendrás la sabiduría para reaccionar menos, o para superar tu reacción más rápidamente. Esa sabiduría amanecerá en tu interior.

Es por eso que digo: "Llevamos el yoga con nosotros a todas partes".

El año pasado, una mujer pasó un mes en silencio. Al final del mes, alguien le preguntó: "¿Qué aprendiste de estar en silencio?".

Ella dijo: "Aprendí que no tengo que responder de inmediato, que puedo tomarme un momento para pensar antes de contestar".

Cuando estás en silencio —a menos que lleves un papel y un bolígrafo—, ¿qué vas a decir? Y si usas un papel y un bolígrafo, en realidad no estás quedándote en silencio.

A veces en el ashram, la gente lleva un gafete: "Estoy en silencio". Creo que si estás en silencio, estás en silencio. ¿Por qué tienes que publicitar que estás en silencio? Eso significa que estás en silencio para el mundo exterior, y tú sigues ocupado como siempre en tu interior.

Usualmente cuando alguien entra en un espacio negativo, esa persona se rodea de amigos que también están en ese espacio negativo. Deliberan acerca de cuán horrible es todo. De igual modo, cuando estás de buen humor, buscas amigos que estén de buen humor. Juntos, deliberan acerca de qué bueno es el mundo. Todos están de acuerdo: "Sí, es un lugar maravilloso".

Una persona vino antes y preguntó: "¿Cómo hago para mantener constantemente la sensación que he tenido en la últimas veinticuatro horas?".

Simplemente aprendes a mantenerla. Así como te sientes ahora es como deberías sentirte siempre. ¿Por qué tendrías que sentirte diferente?

Realmente no estamos haciendo nada tan especial. Simplemente estamos en buena compañía. Estamos con gente maravillosa. Todos están felices la mayor parte del tiempo. Estamos cantando. Estamos meditando. Estamos hablando sobre las cosas buenas y maravillosas que la vida tiene para todos nosotros.

Hay una escuela de yoga en Adelaide, Australia. Una vez cada tres meses más o menos, invitan a todos los de la ciudad a kirtan. Pasan tal vez unas cinco horas en kirtan, y luego sirven sopa y pan y lo que la comunidad haya preparado. Incluso aquellos que no practican yoga van porque piensan: "Al menos se siente bien. Y al final, te dan sopa y pan".

Aun si esa persona tiene miedo del yoga, va a comer. Cuando ingiere comida que ha sido preparada mientras la gente canta, la śakti irá a su interior.

Baba siempre decía que esa es la mejor manera de llegar a una persona. Decía: "Mientas cocinas, canta". De ese modo, el mantra entra en la comida.

Los sabios encontraron maneras maravillosas de inyectarnos con śakti. No sabemos siquiera que hemos sido inyectados. Sin embargo al pensar en ello, nos damos cuenta de que nos encontramos satisfechos. Disfrutamos el haber sido inyectados.

Entonces, sugiero que nos reunamos y tengamos kirtan.

Hace alrededor de quinientos años, un santo llamado Chaitanya Mahāprabhu vivió en Bengal, India. La tradición Hare Kṛṣṇa vino de allí. Él y algunos discípulos solían caminar por las calles cantando "¡Hare Kṛṣṇa, hare Kṛṣṇa, hare Kṛṣṇa!".

Sin importar quién entraba en ese campo energético, esa persona era transformada por la śakti de ese kirtan. Se dice que iban ladrones y asaltantes y sus secuaces. Chaitanya

Mahāprabhu simplemente los abrazaba. Las prostitutas llegaban, y él las abrazaba. Tan solo el estar en ese entorno provocaba una transformación. La gente se olvidaba de quién era, de qué era. Se unían: "*¡Hare Kṛṣṇa, hare Kṛṣṇa!*".

Por esta razón, siempre estamos agradecidos al Guru por la gracia, el conocimiento y la sabiduría que nos ha dado.

Tal vez no entendamos siempre la profundidad de lo que hemos recibido. Pero una semilla ha quedado plantada en nuestro interior. A través de ciclos de existencia, da fruto. Todo lo que tenemos que hacer es disfrutar de los frutos de aquello que se nos ha dado.

Puedo garantizar que no hay en todo el mundo un sentimiento que supere cómo nos sentimos ahora. Es un sentimiento que es verdadero. Surge de nuestro interior. No depende de nada exterior.

Puedes llamarlo *ānanda*, o dicha. Puedes llamarlo paz. Puedes llamarlo Consciencia. Puedes llamarlo divino.

Kabīr dice: "Puedes darle dulce de leche a un mudo y preguntarle: '¿A qué sabe?'". Pero no tiene palabras para describirlo porque no puede hablar. Kabīr dice que la experiencia que tenemos es así. Estamos mudos porque no tenemos palabras para expresar la dicha que sentimos.

Solo permítete entrar en ese espacio. Siempre estará allí. Recuerda eso, y mantenlo vivo.

Pregunta: ¿Cómo puedo resolver mi karma en esta vida?

Gurudev: ¿Cuántos años tienes?

Pregunta: Trece.

Gurudev: Eso es bueno. Por lo menos, a los trece, te estás haciendo esa pregunta.

Nuestras escrituras nos dicen que hay tres tipos de karma. Existe aquello que has hecho antes, que se ha acumulado a lo largo de vidas. Algo de este *sañcita* karma te ha sido asignado para usarse en esta vida. A medida que pasas por esta vida, creas más karma a través de tus acciones y reacciones. Ese es el prārabdha karma, que luego se agrega al karma acumulado.

El swami que me enseñó esto cuando yo tenía dieciséis años lo explicó de manera muy simple. Dijo: "El sañcita karma es como una caja de ahorros. Realmente no la tocas. Está allí para que la uses si la necesitas. Mientras tanto, está ahí nada más ganando intereses. Prārabdha, o lo que es corriente, es como una cuenta corriente. La usas a medida que la necesitas. Y luego existe *kriyamana*, o futuro, karma, que es como el cheque que recibes como pago por tu trabajo".

Cuando entiendes el karma de este modo, ves que tienes que estar muy consciente al vivir la vida.

Cada vez que algo pasa, puede parecer natural tener una reacción. Pero el punto al que vas a procurar llegar es al de no tener esa reacción. En cuanto reaccionas, creas una reacción opuesta en la otra persona con quien el karma está teniendo lugar. En vez de eso, date cuenta de que cualquier cosa que está pasando ahora es el resultado de lo que hiciste antes.

Hay una gran historia que a menudo comparto y que ilustra qué pasaría si todos llegáramos a ese entendimiento.

Dos monjes viven juntos. Llevan una vida pacífica y maravillosa.

Un día, el monje más joven le dice al más viejo: "Deberíamos ser normales".

El monje más viejo dice: "¿Cómo es eso?".

El monje más joven dice: "Deberíamos pelear".

El monje más viejo dice: "¿Cómo pelearíamos?".

El monje más joven dice: "Aquí hay un trozo de oro. Lo pondré entre nosotros dos. Diré que es mío. Dirás que es tuyo. Diré que es mío; dirás que es tuyo. Tendremos una pelea".

El monje más viejo dice: "OK". Y dice: "Esto es mío".

El más joven dice: "No, es mío".

El más viejo dice: "No, es mío".

El más joven dice: "¡No! Es mío".

El más viejo dice: "Si es tuyo, entonces quédatelo".

Imaginen si pudiéramos vivir de este modo. Lo que venga lo aceptamos. Lo que se vaya también lo aceptamos. Lo aceptamos como parte del ciclo de la vida.

Aceptamos con gran dicha cuando nace un bebé. Todos celebramos; tenemos un gran festejo. Imagina que ese mismo niño muere a los pocos días. No tenemos un festejo. Tenemos la cara larga, los ojos enrojecidos. Nos quejamos ante Dios. Toda la dicha se ha ido.

En lugar de eso, podemos darnos cuenta y recordar que es simplemente el ciclo de la vida. Si algo ha venido, en algún punto se irá. Por lo tanto, como el monje más viejo, deberíamos decir: "Si es tuyo, tenlo".

No elijas cuándo y cómo y dónde seguirás esta enseñanza. Debe ser continua, veinticuatro horas al día, en todas las acciones, en todos los pensamientos, en todo el discurso. El sentido de desapego debe estar allí con todo lo que pasa en la vida.

Los *Upaniṣads* dicen: "Disfruta de la vida, pero sin apego".

Cuando el sentido de la autoría ya no existe, no se crea karma para el futuro. Si todos nosotros pudiéramos aprender esto, la vida sería maravillosa. El ciclo completo del karma llegaría a su fin.

Nuestras escrituras nos dicen que nuestro karma viejo y acumulado se quema en el fuego del conocimiento, de la sabiduría. Las semillas tostadas no germinan. Este es un estado de mente, de percepción, al que tenemos que llegar en nuestro interior. Cuando llegamos a ese lugar, somos libres del karma.

Pregunta: ¿Podría hablar un poco más sobre el karma y el libre albedrío?

Gurudev: Supón que alguien dice algo o hace algo que no es agradable. En ese punto, lo que la gente normalmente hace es solo devolver el puñetazo. Pero, en ese momento tienes la opción de decir: "OK, está bien. Eso fue solamente el resultado del karma de una vida pasada" y seguir tu camino. Eso es libre albedrío.

Es un tema interesante, del que puedes hablar mucho. Pero en realidad, solo puedes llegar hasta un cierto punto con todas las teorías. Llega el momento en que tienes que decir: "Que así sea".

Si te estás preguntando: "¿Qué hice en primer lugar para crear el mal karma que estoy sufriendo hoy?", deberás ir a un vidente para obtener la respuesta. Y entonces el vidente te dirá esto y aquello, y quedarás atrapado en todo esto y en todo aquello.

La gente me pregunta: "¿Qué piensas de la astrología?". Siempre recuerdo lo que me dijo un astrólogo: "Veo a la astrología como un reporte meteorológico. Miras el pronóstico y sabes si debes llevar tu impermeable y paraguas, o si debes llevar tu campera, o si va a estar soleado y va a hacer calor".

Así es como veo la astrología. Ayuda a entender lo que está pasando. No es que la vivas al pie de la letra, sino que la tomas como lo que es.

No te vuelvas loco tratando de entenderlo todo. Hasta que uno llega al estado supremo, nadie puede entenderlo todo. Siempre hay lagunas en todo. Así es el modo en que Dios lo hizo. El querer saber es lo que te mantiene al filo, lo que te hace seguir. Sientes que tienes que encontrar la respuesta para esa sola cosa y que luego todo tendrá sentido. Pero entonces cuando encuentras la respuesta a esa sola cosa, tienes otra cosa nueva más qué entender.

TRANSFÓRMATE EN GOPĪ

Pregunta: Quisiera saber más acerca del amor, y de Kṛṣṇa del amor de las *gopīs*.

Gurudev: A menudo hablo sobre esto, y es una charla de una hora. Pero no tenemos tanto tiempo ahora. Para entender el gopī *bhāva*, debes volverte como las gopīs. En ese amor, no puede haber apegos banales ni necesidades mezquinas. Tu pequeñez tiene que desaparecer. Tu amor tiene que hacerse de tal manera que no haya carencia en él. Una gopī no ve dualidad, no ve separación.

Cuando pensamos en un gran sabio y en lo que ese sabio hizo en su vida, tendríamos que decir que era como una gopī. El sabio olvidó todo a nivel personal y simplemente compartió su amor, su bondad.

Si adoramos y honramos a un sabio, en cualquier tradición, lo que realmente estamos adorando es su amor. Ese amor es lo único que todos y cada uno de nosotros necesita.

Si pones a un gato en tu regazo, el gato ronronea. No soy un gran fanático de los gatos, pero amo el sonido que hace el gato cuando lo acaricias de la manera correcta. Un perro, por supuesto, se pone patas arriba y se rinde totalmente. Sabes que está absorbiendo tu amor. Lo que hacen los humanos, no lo sé. Sin embargo, diría que cuando obtenemos esa pureza de amor, tiene lugar una experiencia.

Cuando Kṛṣṇa envió a Uddhava para enseñarles a las gopīs sobre meditación, Uddhava las encontró a todas corriendo aquí y allá, abrazando vacas, abrazando árboles, abrazándose entre ellas. Las unas en las otras y en todas las cosas, lo único que veían era a Kṛṣṇa.

Uddhava pensó: "El Señor me ha enviado a reparar a la gente correcta". Procedió a darles una charla. Les indicó que se sentaran en un lugar, cerraran los ojos, se volvieran hacia el interior y encontraran a Kṛṣṇa.

Las gopīs dijeron: "¿Por qué tendríamos que cerrar los ojos? ¿Por qué tendríamos que sentarnos en un lugar para buscar a Kṛṣṇa, cuando dondequiera que miramos y en todo y todos vemos a Kṛṣṇa?'".

Hazte esta pregunta: "¿Cómo me transporto a ese lugar donde veo a todo y a todos —buenos o malos, no importa— como divinos, como el Ser, como Consciencia?'".

Me encanta la historia de Caitanya Mahāprabhu. Se dice que todo lo que hizo fue cantar. Al principio, eran solo él y su amigo y discípulo, Nityānanda. Luego vinieron otros. En un momento, se les unieron ladrones. Se les unieron prostitutas. Se les unieron diferentes clases de gente. Él simplemente las tocaba o las abrazaba, y ellas entraban en ese espacio donde tenía lugar el canto.

Entonces, dondequiera que estés —en casa, en el trabajo o a cualquier lugar al que vayas— puedes transformarte en una gopī. Puedes transformarte en un Caitanya Mahāprabhu. Puedes transformarte en Baba. No necesariamente me refiero a la forma cómo te ves o hablas o te vistes, sino en tu actitud, tu conducta, tus tratos, tus pensamientos, tu discurso. Entonces, cuando la gente siente el espacio que has creado, dice: "¡Wow!'".

Si piensas en el tiempo que ha transcurrido desde que conociste a Baba hasta hoy, ha habido muchos momentos dorados. Todos hemos tenido muchos momentos gopī. Hemos tenido muchos momentos Caitanya Mahāprabhu.

La pregunta es: "¿Cómo haces que ese momento se mantenga para que no sea solo un momento grabado en algún punto en el tiempo?'".

No puedes solo decir: "Tuve dos años con Baba". Debes pensar cómo hacer que esa experiencia sea constante. ¿Cómo te vuelves desinteresado? ¿Cómo te vuelves amoroso en todo momento? ¿Cómo puedes ser bondadoso en todo momento? ¿Cómo puedes ser una compañía divertida en todo momento?

Estas eran cualidades que invocaba el horario diario con Baba. Nos levantábamos por la mañana, y había emoción por ir al templo. Había emoción por ir al canto. Había emoción por ir a hacer sevā, por ir a tu trabajo. Había emoción por ir a la comida. En Ganeshpuri, la comida podía no haber sido estimulante, pero aun así había emoción. Veías a Baba. Experimentabas la vida de ashram. Y había emoción otra vez por la tarde, y en la noche. Te ibas a dormir. Aunque sabías que solamente tenías cuatro o cinco horas para dormir, sentías emoción por despertarte a la mañana siguiente.

Pregúntate ahora: "¿Qué era?".

No creo que podamos decir que había una única cosa que nos estimulara. La calidad de vida en su totalidad era emocionante. Pienso que eso es lo que debes encontrar incluso ahora. Tienes que emocionarte.

Cuando piensas en querer entender a Kṛṣṇa y a las gopīs, debes sumergirte en tu interior, hasta ese lugar donde la experiencia es asombrosa, maravillosa, llena de emoción.

LA LUZ DE MUCHAS BOMBILLAS

Pregunta: ¿Cuál es el valor de cantar en grupo?

Gurudev: Sientes el apoyo de todos los demás. Cuando la gente va a beber, no bebe sola. Va a algún lugar donde todos los demás están bebiendo. Es más divertido así. De manera similar, cuando cantas, es más divertido cantar junto con otros. Por supuesto, ocasionalmente es divertido cantar tú solo. Pero la energía de mucha gente que se reúne a cantar es muy poderosa. Una bombilla sola no puede dar mucha luz en este salón. Pero dieciséis bombillas en este salón dan un montón de luz.

Pregunta: Mi manera de participar en el canto de Navrātra es justamente absorber la energía, el sonido, el ritmo, las dinámicas. ¿Es esto OK?

Gurudev: Eso es lo que hacíamos con Baba cuando nos sentábamos con los brahmines. Ellos cantaban, y nosotros seguíamos el ritmo de su canto. No teníamos libros. Pero todo su propósito era invocar esa energía dentro de nosotros.

En el Shaivismo, la *mātṛkā* śakti es el principio que describe cómo el sonido vibra dentro del cuerpo. La energía afecta muchas cosas diferentes dentro de nosotros.

Llevamos a cabo la adoración a la Devī externamente tan solo porque los rituales son visualmente hermosos y atraen a la mente. Luego hacemos lo que se llama *aṅga-nyāsa* y *kara-nyāsa*. Imaginamos que somos la deidad, y usamos cada sílaba del mantra para invocar a la deidad dentro de nuestro cuerpo. De esta manera, comenzamos con la adoración externa y lentamente la interiorizamos.

Como humanos con mentes y egos, queremos comprenderlo todo. Pero si ves la vida que has vivido durante tantos años, ¿qué tanto comprendes en realidad? Por ejemplo, ¿cómo te vas a dormir? ¿Cuál es el proceso específico que tiene lugar cuando te quedas dormido? ¿Qué es lo que hace que despiertes en la mañana?

Hemos estado durmiendo desde que éramos pequeños, y

aún no sabemos cómo dormimos. Si no comprendemos tantos asuntos relacionados con el cuerpo, ¿cómo podemos empezar a comprender lo que los sabios están tratando de decirnos? Al mismo tiempo, pienso que a medida que cantamos, y nos entregamos, el conocimiento llega por sí mismo. El conocimiento que los sabios expresaron vino desde el interior de ellos. Ese conocimiento también existe en nuestro interior.

Cuando tratas de comprender por qué, por ejemplo, la Diosa tiene una espada o un loto en la mano, puedes escuchar una explicación de una persona y otra explicación diferente dada por alguien más. Entonces te confundes y no sabes cuál es cierta. Pero cuando te interiorizas y encuentras la experiencia dentro de ti, puedes sentir lo que es verdad para ti.

En los primeros días con Baba, no se explicaba nada en realidad. Y aun así, la gente tenía experiencias profundas y poderosas. Puede no haberlas comprendido entonces, pero en algún momento, el significado quedó claro. Lo mismo pasa con la adoración. Al principio, puedes no comprenderlo todo plenamente, pero se va aclarando a medida que avanzas.

Pregunta: Mientras está cantando el *Lalitā sahasranāma*, ¿tiene en mente el significado que implica?

Gurudev: Con algunos versos, sí. Es un canto muy largo. Por el momento, solo lo cantamos por nueve días dos veces por año, durante Navrātra. Luego lo guardamos.

No trato de visualizar lo que estoy cantando. Es más una cuestión de interiorizarlo.

A veces me pregunto por qué estoy interesado en este canto. No es algo que haya aprendido de Baba. Él nunca habló de eso, excepto cuando los sacerdotes realizaban la Caṇḍī *yajña* en Ganeshpuri unas cuantas veces a lo largo de los años. Pero existía un interés natural que me llevó a la Śrī Chakra y a la adoración a la Devī. Ahora lo hemos hecho durante algún tiempo.

Cuando recién empecé, no supe por qué, solo que me sentí atraído.

En el caso de cualquier camino espiritual, tienes que sentirte atraído. Luego, según haces las prácticas, empiezas a desarrollar un interés. Al ocurrir esto, lo que ya estaba dentro de ti despierta o cobra vida. El conocimiento de tus experiencias pasadas sale a la luz e ilumina lo que tal vez no has comprendido aún.

Cuando leí por primera vez el *Lalitā sahasranāma*, algunas cosas tuvieron sentido inmediatamente, y otras tuve que leerlas cuidadosamente para comprenderlas. A veces hay cosas que no comprendo. No me molesto en tratar de entender esas cosas. Dejo el texto a un lado, sabiendo que la próxima vez que las lea podría de pronto comprenderlas.

UNA JORNADA DE UNOS CUANTOS CENTÍMETROS

Pregunta: ¿Cómo podemos salir del sentido de limitación, cuando necesitamos el cuerpo y los cinco elementos para experimentar una percepción más amplia?

Gurudev: El cuerpo y sus cinco elementos son tan importantes como lo es un auto para llevarnos de aquí a Delhi. Pero aparte de eso, el auto no tiene ningún propósito útil para nosotros. No nos hace sentir bien. No nos nutre. No nos da plenitud.

Sin embargo, cuidamos del auto. Nos aseguramos de que las llantas tengan aire. Nos aseguramos de que la carrocería esté en forma. Nos aseguramos de que tenga gasolina. Nos aseguramos de todas estas cosas porque nos damos cuenta de que el auto es importante para llevarnos de manera segura de aquí a Delhi.

Cuidamos aún más del auto cuando sabemos que vamos a realizar una jornada de seis u ocho o diez horas. Si solamente tenemos que viajar de aquí a Haridwar, y es un trayecto de cinco minutos, no nos preocupamos mayormente por las condiciones del vehículo.

De la misma manera, la única importancia que el cuerpo —dentro del cual mora el Ser— tiene para el Ser es lograr que la mente viaje del cuerpo al Ser. Y esa distancia es de solamente unos cuantos centímetros.

Los *Upaniṣads* nos preguntan: "¿Qué es lo que no puede alcanzarse con el cuerpo?".

Así pues, comprendemos que el cuerpo es bueno. Lo amamos. Nos encargamos de cuidarlo. Lo alimentamos bien. Porque sabemos que es el vehículo a través del cual vamos, de la experiencia de estar limitados, a la experiencia de lo infinito.

Pregunta: ¿Pueden la meditación y la contemplación categorizarse como austeridades?

Gurudev: Son un cierto tipo de austeridad, definitivamente. Cuando el sabio Vasiṣṭha habla de austeridad, los ejemplos que da son pararse sobre un solo pie y andar por ahí desnudo. En nuestros días, alguna gente afirma: "Yo no como cereal" o "Yo no hago esto" o "Yo no hago lo otro". Estas supuestas austeridades no demuestran logro alguno.

Después de haber estado viniendo aquí a Haridwar durante los últimos quince años, he visto sādhus que son muy versados en las escrituras. Pero en cuanto a lo que podrías llamar logro social en Occidente, ese es prácticamente cero.

Uno tiene que preguntar: "¿Qué tanto de su conocimiento han aplicado en sus vidas?". Tal vez podemos decir que el conocimiento que han leído ha quedado registrado en su mente. Y no hay más. Son como un reproductor de audio o de videocinta que graba y almacena toda la información, pero permanece inalterado por esa información.

Entonces, lo que queremos hacer mediante la contemplación es alcanzar un gran logro.

EL TRABAJO DEL GURU

Pregunta: ¿Qué es lo que estamos adorando cuando adoramos al Guru? ¿Qué es la devoción al Guru?

Gurudev: Adoptar algo de una cultura diferente sin comprender todo el contexto no ayuda. Actualmente la gente en India imita a los occidentales. No comprende plenamente la forma de ser de los occidentales. Pero piensa que la gente es feliz en Occidente, por eso piensa: "Si hago todas esas cosas, como mirar la televisión o ir a discos, seré feliz".

Yo les digo: "Debes comprender primero lo que existe en Occidente. Así comprenderás los efectos de esas cosas".

De la misma manera, el Guru ha sido una parte integral de la sociedad hindú. Básicamente, en India, a cualquiera que enseña se le llama guru. A la madre se le considera la primera guru. Los niños aprenden de ella lo más básico de la vida. Luego los niños van a la escuela y aprenden de otros maestros. Al ir creciendo, reciben enseñanzas espirituales así como las enseñanzas normales, materiales.

Estos días, sin embargo, tenemos Gurus que enseñan solamente espiritualidad.

Como entiendo las cosas en Occidente, existe una descomposición de la sociedad, de la familia. La gente quiere un lugar donde poder recibir amor, donde pueda sentirse parte de una familia. Cuando va a un ashram, esa sensación de carencia, ese anhelo, es satisfecho. Al ser satisfecho, el Guru se convierte en una parte importante, integral de su vida. Sin embargo, tal vez no use el discernimiento para elegir un ashram o un Guru.

Baba solía advertir: "No tengas fe ciega. Ten fe y confianza, pero mantente alerta. Aquilata, no lo aceptes así sin más". Él decía que la persona debería ser capaz de sentir a un Guru en su interior antes de aceptar a ese Guru como propio.

El fin de semana pasado celebramos el aniversario del mahāsamādhi de Baba, el día que dejó su cuerpo físico. Compartí que viví la mitad de mi vida con Baba. Él fue muy importante para mí. Hoy, cuando pienso en él, por supuesto que recuerdo los momentos con él, pero lo que es más importante es el sentimiento, la presencia, que él evocaba en mí.

Si alguien me preguntara: "¿Quién es Baba?", yo diría que es una presencia que siento dentro de mí. Cada vez que canto o hablo o medito, siento la presencia de la *tattva* del Guru, o el principio del Guru. El trabajo de cualquier Guru es evocar ese sentimiento, esa presencia, dentro de un individuo.

Pregunta: ¿Alguna vez siente —me refiero al papel que usted interpreta— que puede proyectar una energía hacia alguien?

Gurudev: Creo que el propósito de una persona que ocupa el sitio del Guru es compartir la gracia y otorgar las bendiciones que llegan a través de ese ser, de esa persona. En ese momento, creo, lo mejor es permitirse ser un recipiente, ser un instrumento, mediante el cual pueda pasar la gracia. En lugar de elegir a esta o a aquella persona para que reciba energía, creo que uno permite que la energía, la gracia, haga su propia elección.

Por supuesto, la gente viene y solicita oraciones y bendiciones especiales. Entonces el Guru ora en su nombre y pide que su problema o situación se alivie y que se sienta completa o feliz o lo que sea que quiera. A este respecto, el Guru debe orar por un individuo, pero en otros casos uno debe permitir que la energía fluya y orar porque todo el mundo reciba gracia y bendiciones.

Pregunta: ¿Es posible progresar a un grado más elevado sin un Guru, sin práctica diaria?

Gurudev: ¿Debo salirme de este salón?

Baba diría que cada vez que queremos aprender algo, busquemos un buen maestro. El Guru es la persona que te enseña lo que es el yoga, lo que es la espiritualidad.

Pregunta: ¿Quizás el tener un Guru crea dependencia?

Gurudev: Vemos gurus que aparecen de la nada y se llaman a sí mismos encarnaciones o avatares. Se presentan a sí mismos ante el mundo sin haber pasado en realidad por un proceso de aprendizaje con un preceptor.

Al mismo tiempo, la gente hoy día tiene tal hambre de conocimiento y desea tanto formar parte de algo, que se afilia prácticamente a cualquiera que le pase por delante. Piensa: "Esto es la mejor cosa que me ha sucedido jamás". Un hombre ciego siente mucha gratitud hacia quien lo habilita para ver otra vez.

Esto lo veo en mis viajes por el mundo. Algunas veces elijo a propósito una revista espiritual para ver quién es la figura más popular del momento, en lo que a gurus se refiere. Hay fases, o novedades pasajeras. Alguien está en la cima durante un breve tiempo, y poco después llega uno nuevo. Entonces él o ella llega a la cima, y la gente encuentra otro. Así es la cosa.

Pero el buscador debe preguntarse: "¿Por qué?".

En cierta manera, culpo al buscador, no al guru. ¿Por qué es que un guru es idolatrado? Porque sus discípulos así lo quieren.

Hay un pequeño folleto que Krishnamurti publicó. Estaba escrito en francés y lo tradujeron al inglés. Enlista las diez cosas principales que necesitas saber si quieres ser un guru. Una cosa que dice es que si no sabes la respuesta a una pregunta, debes simplemente sonreír. El discípulo pensará que aún no está preparado para escuchar la respuesta. O si no sabes el tema que un discípulo está argumentando, debes sencillamente entrar en meditación. No ahondes en el tema porque el discípulo podría saber más que tú, y podrías terminar en problemas. Quien lo escribió lo hizo en broma, pero hay una cierta cantidad de verdad en ello.

Hubo tantos diferentes tipos de personas que vivieron con Baba, estudiaron con él, pasaron tiempo con él. Después de su fallecimiento, unos cuantos de ellos alrededor del mundo dijeron: "Baba me dijo que hiciera esto. Me dijo que fuera un Guru". Ellos usan técnicas para controlar a los demás. No quiero entrar en detalles acerca de lo que hacen o de cómo tergiversan el significado de lo que el dijo, de manera de que resulte útil para ellos. Concluyo que este es el mundo, y todos los tipos de personas existen en él.

Baba decía que si compras una caja de manzanas, puede ser que haya algunas podridas. Y que esas podridas te indican que las otras no están podridas. De la misma manera, decía él, los gurus que aún no están en su punto te permiten conocer quién es un verdadero Guru.

Un verdadero Guru no hace al discípulo dependiente de él. Cada vez que alguien venía a Baba y preguntaba: "¿Qué debo hacer? ¿Debo hacer esto o aquello?", él siempre respondía: "Haz lo que consideres que es mejor".

Mucha gente quiere que el Guru le diga qué hacer. Así está feliz por no tener que pensar por ella misma y tomar decisiones difíciles. Esto es la verdad en el negocio de los gurus, y en otros negocios también.

Pero si el Guru no le dice a la gente lo que quiere oir, dirá: "Bien, ¡pues tú no eres para mí!". Y se va y encuentra a otro que sí le diga lo que tiene que hacer.

Una de las preguntas más capciosas que le hacían a Baba era: "¿Será bueno que me case?".

Él decía: "Haz lo que consideres mejor".

Al día siguiente, el individuo reaparecía acompañado de la persona de la que él o ella estaba enamorado y preguntaba: "¿Cree usted que es bueno para mi sādhanā casarme con esta persona?".

Baba decía: "Tu sādhanā es tu sādhanā. Ya sea que te cases o no, tu sādhanā seguirá adelante. Así que haz lo que creas que es mejor". Les revertía la responsabilidad de decidir.

En una ocasión alguien le preguntó a Baba: "Puede usted ver dentro de mi mente, leerla y decirme qué está pasando ahí?".

Baba respondió: "¿Por qué querría yo conocer la mugre que pasa por tu mente?".

Cuando vives en la conciencia de la Verdad, permaneces en esta conciencia y no te dejas atrapar en el juego.

Como dicen los sufíes: "Alerta con quienes apuñalarían a aquel que no tiene ego, pues no hay nadie ahí a quien apuñalar".

El ego está ahí porque uno piensa, "Yo soy quien soy". Cuando se dice algo agradable, el ego está feliz, eufórico. Y cuando se dice algo malo, está deprimido, triste. Pero a un ser que vive en la percepción de "Yo soy Consciencia", ni la alabanza ni el insulto le producen ningún efecto. Es únicamente a causa de asociarnos con "Yo soy el hacedor" que quedamos atrapados en todas estas cosas.

Yo pasé todos mis años de infancia y niñez en el ashram. Esa es probablemente la mejor época de la vida para vivir en un ashram. Primero, eres moldeado de la manera correcta. Segundo, oyes cosas que de otra manera jamás habrías oído. La gente piensa que no entiendes, así que se expresan libremente frente a ti. Frente al Guru, la persona puede mostrar amor y devoción. Pero tan pronto como el Guru se va, o la persona está en un rincón secreto, privado, comparte sus verdaderos pensamientos y sentimientos.

Una de las cosas que Baba me comentó justo antes de llevarme con él por primera vez a viajar por el mundo fue: "Recuerda: vas a ver muchas cosas. Baba lo sabe. No te involucres en nada de eso".

La tendencia normal es pensar: "Eso no es como debería ser. Debería ser así. Eso no es lo que Baba quiere. Esto es lo que él quiere". Su mensaje fue: "No te involucres".

Ya sea que mires al ashram o al mundo, todos nosotros estamos cumpliendo con nuestro karma.

USAR AL GURU COMO
UNA MULETA

Pregunta: Usted hablaba acerca de gente que usa a otra gente como muleta. ¿No puede Dios ser también una muleta?

Gurudev: Cuando digo *Dios*, no estoy hablando de Dios como si fuera alguien más o algo diferente a mí. Cuando hablo de Dios, hablo de Dios dentro de mí. Cuando hablé de usar a alguien como muleta, me refería directamente al Guru. En vez de aceptar la responsabilidad de su propio crecimiento espiritual, alguna gente usa al Guru como muleta. Por ejemplo, alguien pregunta: "¿Por qué estás haciendo esto?". Y ella dice: "No lo sé. Mi Guru me dijo que lo hiciera".

O alguien le dice: "Esto no es bueno para ti. No deberías estar haciendo esto". Y ella dice: "No lo sé. Esto es lo que la śakti quiere que yo haga".

En vez de decir: "Esto es lo que siento" o "Esto es lo que quiero hacer", la gente usa al Guru como una muleta.

Cuando la gente le preguntaba algo a Baba, le gustaba revertir la pregunta. Decía: "¿Qué crees tú que esté bien?".

La gente trataba de parafrasear su pregunta, pensando: "Tal vez seré más listo que él y me dará una respuesta". Pero él siempre le preguntaba qué pensaba. De esta manera, la persona tenía que pensar por sí misma. Tenía que descubrir qué quería, qué sentía que era lo correcto.

Por supuesto, en este proceso, puedes cometer errores. Puedes hacer cosas que son equivocadas. Sin embargo aprendes de eso. Aprendes a escuchar a Dios dentro de ti, en vez de simplemente ver a Dios en alguien más y decir: "¡Oh!, Dios está allá. Esa persona ha cobrado conciencia de Dios. Yo no he cobrado conciencia de Dios. Voy a correr hacia ella. Como ella ya ha hecho conciencia de Dios, puedo hacerle todas mis preguntas. Todos mis problemas se resolverán, y no tendré que preocuparme". Esto es a lo que me refiero cuando hablo de usar a alguien como muleta.

Cuando Muktānanda dejó su cuerpo, alguna gente estaba furiosa con él. Sentía que la había traicionado porque no le había dado la iluminación antes de morir. Ahora, se preguntaba, ¿quién lo iría a hacer por ella?

Está bien si quieres tener un Guru, y quieres venerar a ese Guru. Pero siempre debes tener en mente que tú eres, y debes ser, responsable de ti mismo. No puedes culpar a otro ni decir: "Él lo hará todo por mí". Pienso que esto es importante, especialmente en el camino espiritual.

EL ORIGEN DE LA MENTE

Pregunta: ¿Cuál es el origen de la mente?

Gurudev: El Shaivismo describe la mente como Consciencia que se ha limitado a sí misma. En sánscrito, la mente se le llama *citta* y a la Consciencia se le llama *cit*. Se dice que cit se convierte en citta; la Consciencia se limita a sí misma. Todo el proceso de la sādhanā es para revertir esto y llevarnos de regreso a ser Consciencia pura.

Patañjali describe con profundidad cómo funciona la mente. Y Vedānta habla acerca de la mente como cuatro instrumentos diferentes: la mente, el intelecto, la mente subconsciente y el ego. La mente, o *manas*, es con lo que piensas, y con lo que ves y procesas todos los pensamientos. El intelecto, o *buddhi*, es con lo que decides qué harás y qué no harás. La memoria subconsciente, o citta, dicen, es como una caja de seguridad en la que almacenas todo. Puedes no darte cuenta de que eso está sucediendo, sin embargo lo que ves, lo que oyes, lo que te dicen —todo eso se almacena—. Y finalmente, el ego, o *ahaṁkāra*. El ego es lo que te da el sentido de "Yo soy este individuo. Yo soy un... lo que sea que pienses que eres". También te da el orgullo en el que quedas atrapado.

Vedānta habla acerca de liberarnos lentamente de todas las partes de la mente.

En tanto que la mente lo procese todo, surgirán muchos problemas. No tienes claridad: ¿Debería yo? ¿No debería yo? Quizá lo haré. Quizá no. Sin embargo, a medida que la mente se aquieta, el intelecto también empieza a disolverse. Entonces todas las decisiones e impulsos surgen desde dentro, desde el Ser. No son procesados a través de la mente. El subconsciente entonces tampoco existe ya, porque el fuego del yoga lo ha quemado, o purificado. Todo lo que estaba almacenado allí no está más.

Por supuesto, lo último en irse es el ego, la individualidad. Pero una vez que eso también se ha ido, entonces citta se convierte nuevamente en cit. La mente ha vuelto a la Consciencia.

No es muy fácil de lograr, por supuesto. Se nos ha educado

para identificarnos con tantas cosas. Se nos dice: "Tú eres esto. Tú eres lo otro", y otras cosas.

Hay una historia muy buena de un niño pequeño, de unos cinco o seis años de edad, que se pierde en un supermercado. Está llorando.

Un tipo se le acerca y le dice: "¿Qué pasó?".

Él dice: "Perdí a mi mami. Perdí a mami".

El hombre dice: "OK, OK, tranquilízate. Vamos a resolver esto". El dice: "Dime, ¿cómo te llamas? Lo anunciaremos, y tu mami vendrá".

El niño dice: "Juanito".

Y el hombre dice: "¿Cuál es tu apellido? ¿Juanito qué?".

El chico piensa y piensa y piensa. No puede recordarlo.

El hombre le dice: "Sigue pensando".

Finalmente, el niño dice: "Juanito No. Mi apellido es No".

¿Por qué dijo eso el niño? Porque mami siempre le dice, "Juanito, no hagas esto. Juanito, no hagas lo otro. Juanito, no…".

Esta es una historia muy sencilla que ilustra cómo nos aferramos a las cosas. La mente subconsciente retiene todas las impresiones, los saṁskāras, de nuestras experiencias en este mundo. Esto es lo que las escrituras dicen que impulsa nuestras acciones, lo que crea nuestro karma. Y de esto es de lo que queremos quedar libres.

Yo siempre le digo a la gente que recuerde que esto es un proceso. No es como si alguien dijera "siéntate", y tu mente se aquietara instantáneamente. Tienes que hacer muchas cosas para alcanzar el estado en que tu mente esté quieta.

Sin embargo, al observar tu expansión de regreso a la Consciencia, y ver que recuperas tu completitud una vez más, las cosas empezarán a acomodarse en su lugar. Todo lo que has leído y escuchado empezará a tener sentido.

Si lo miras en partes ahora, nada tiene sentido. Si quieres que todo florezca de una vez, eso no sucederá tampoco. Cuando se abre una flor, se abre lentamente. Al final, se revela lo que está en el centro. Así es como también sucede con la vida.

Lentamente, gradualmente, te abres. Y entonces comprendes tu plenitud, tu totalidad.

Pregunta: ¿Qué técnicas puede usted sugerirle a alguien para cambiar el proceso de pensamiento de negativo a positivo?

Gurudev: Esta es una pregunta muy sencilla. ¡Dile que se explaye en lo positivo! Hablando con la verdad, eso es lo que todas las escrituras dicen que tiene uno que hacer.

Pero luego la familia y los amigos siempre refuerzan lo negativo. Como Juanito No. Dicen: "Eres malo". "Nunca comes los alimentos correctos". "No sabes qué decir". "No sabes hablar".

Por supuesto, tú vas más y más hacia lo negativo, hacia dudar de ti mismo. Piensas: "Él siempre va a decir que no puedo hacerlo. Mis hermanos mayores lo hacen, y mis hermanas menores lo hacen. Este lo hace, y aquel lo hace. Solamente yo no. Dios: ¿por qué yo no?".

Lo negativo siempre parece sobresalir. Es lo mismo cuando lees el diario. En lugar de preguntar acerca de cosas positivas, un reportero pregunta acerca de todas las cosas negativas. Por alguna razón, a los humanos les encanta eso. Les encanta la controversia. Les encanta las peleas. Aunque decimos que no nos gusta, nos encanta una historia jugosa que esté llena de todos estos chismes.

Así pues, tienes que revertir el proceso. Alejarte de los pensamientos negativos. Por el contrario, mira las cosas positivas, y refuérzalas dentro de ti.

Esto es esencialmente lo que estamos haciendo cuando meditamos, cuando cantamos, cuando repetimos el mantra. Todas estas son maneras de cambiar la manera en que pensamos de "Yo soy esta persona limitada, este individuo" a "Soy grande. Soy maravilloso. Soy Dios".

En la *Bhagavad gītā*, el Señor Kṛṣṇa dice a Arjuna: "Esta mente es como un bote de vela en aguas abiertas. El viento sopla y atrapa la vela, y no tienes manera alguna de controlarla".

Por lo tanto, dice Kṛṣṇa: "Mediante la práctica y el desapasionamiento, serás capaz de poner tu mente bajo control".

¿EXISTE DIOS?

Pregunta: Esta tarde hablamos de si Dios existe, y al final, la mayoría creía que Dios existe. ¿Cuál es su perspectiva al respecto?

Gurudev: Esto será siempre una pregunta, hasta que uno se establezca en la experiencia de Dios.

Te preguntas: ¿Por qué le pasan cosas malas a la gente buena? O ¿por qué suceden cosas malas sin más? ¿Por qué hay guerra? Si Dios es compasivo, amoroso y benigno, ¿cómo pueden suceder estas cosas terribles y negativas? Hay duda.

La idea usual es que Dios es alguien o algo con forma. Cuando dices "Dios", puedes estar pensando en Gaṇeśa, Śiva, Pārvatī o en un Guru a quien veneras. Pero tienes que ir más allá y comprender que Dios es energía, o śakti.

No vemos la electricidad que fluye a través de un cable, sin embargo tan pronto como apagamos el interruptor, sabemos que estaba allí. Cuando no hay energía fluyendo en el cable, la luz no funcionará. El foco está ahí. El cable está allí. Pero tan solo una sencilla acción —apagar el interruptor— apaga la luz.

De la misma manera, el cuerpo físico está allí, todo está allí, pero cuando esa energía que llamamos Dios —o a la que el Shaivismo llama Consciencia— no está más, el cuerpo queda inerte. Ya no funciona más. No tienes que ver ni sentir esa energía para saber que cuando no está ahí, a ese cuerpo se le llama cadáver. Este sencillo ejemplo nos permite creer que Dios existe.

No nos amamos entre nosotros a causa de nuestros cuerpos o mentes. Solamente gracias a la existencia del Ser, o *Ātman*, podemos amar, aceptar y creer los unos en los otros. Por lo tanto, descubre qué es ese Ser.

Los *Upaniṣads* dicen: "El Ser —o Dios— no es aquello que es pensado por la mente, sino por el cual la mente piensa".

Queremos comprender a Dios. Sin embargo, no podemos porque Dios es tan vasto, y nuestra mente tan pequeña, tan limitada. Por esto, también debemos ser vastos. Expandirnos. Debemos hacernos magníficos. El cambio tiene que darse dentro. Y cuando ese cambio se da, la experiencia también está ahí.

El sol sale y se oculta cada día. Las estaciones cambian. Hoy es el primer día de otoño. Si miras las estaciones y todo lo demás que está sucediendo en el universo, te preguntas quién se está encargando de las cosas. ¿Quién está haciendo todo esto? Seguro que no son los humanos. Ningún experto en computación está programando al sol para que se ponga y salga, ni a la luna para que salga y se ponga. Ningún programa está creando el otoño ahora y el invierno después. No hay manera de que los humanos puedan hacer eso. ¡Crearíamos un caos! A pesar de que creemos que estamos avanzados, en realidad no estamos tan avanzados.

Baba decía que no hay razón para buscar a Dios porque Dios ya existe dentro de nosotros. Todo lo que necesitamos hacer es percatarnos de Su existencia.

Yo no diría que Baba me convenció de la existencia de Dios. Pero la experiencia de estar con él y hacer lo que él nos enseñó me convenció. Cuando esa experiencia directa está, nadie puede llevársela ni hacerla tambalear.

Podemos debatir sobre la existencia de Dios. Podemos charlar y discutir sobre el tema. Se ha hecho durante eras. Pero es solamente cuando estamos con nosotros mismos y lo experimentamos que nos damos cuenta de que Dios existe. Existe en forma de energía que hace que todo funcione.

La ciencia ha avanzado mucho en la época moderna, sin embargo los científicos no han logrado capturar eso que hace que todo funcione. Si le pidiéramos a los científicos crear otro planeta como la Tierra, no podrían hacerlo. Pueden intentar crear vida en Marte. Pero aunque fueran capaces de hacerlo, no sería vida original; sería solo una copia.

Creo que la única manera de responder a esta pregunta es comprenderla tú mismo. Primero, escuchas los diferentes argumentos. Luego contemplas el tema y piensas acerca de todos los puntos de vista. La visión de cada persona es verdadera a su manera porque expresa la comprensión de él o de ella. Tu propia visión puede ser más estrecha o más amplia, dependiendo de tu estado.

En última instancia, es la disertación dada en silencio por el Guru lo que disuelve todas las dudas.

¿Cómo puede ofrecerse una disertación en silencio? ¿No es una paradoja? Después de todo, una disertación se ofrece haciendo uso del habla. Asi que si el Guru está en silencio y no dice nada, ¿cómo es que se está diciendo algo? Sin embargo, si el Guru se sienta en silencio y el discípulo se sienta en silencio, entonces está teniendo lugar una disertación en un nivel diferente.

Es una transmisión. El Guru está en contacto con el Ser, y de este modo, también conduce al discípulo a que entre en contacto con el Ser. En silencio, se comunican. El discípulo puede no comprender que está teniendo lugar una comunicación porque está esperando, esperando, esperando a que el Guru hable. Y el Guru está esperando, esperando, esperando a que el discípulo se escuche a sí mismo.

Recuerdo cuando el ashram de Baba era pequeño. Éramos jóvenes y teníamos nuestras diferentes relaciones con él. Mi relación con él era en su mayor parte silenciosa. No hablábamos mucho, no de otra cosa que no fuera sevā. Me imagino que le tenía miedo, así que guardaba mi distancia. Otra gente pensaba: "Baba es mi amigo, mi cuate". Así que pasaba tiempo con él y charlaban.

Había una señora estadounidense que era del tipo silencioso. Acostumbraba permanecer de pie al fondo. Un día pensó: "Baba habla con toda esta gente, y yo aquí de pie sola. Vine desde los Estados Unidos, y no me dice nada. Debe ser que no me ama. No sabe ni quién soy. No le importa". Al pensar todo eso se sentía triste. Pero permaneció callada.

Entonces Baba la llamó y le preguntó: "¿Por qué estás llorando? ¿Crees que no quiero hablar contigo, que prefiero hablar con toda esta gente?". Hizo una pausa y luego dijo: "Yo siempre hablo contigo. Tan solo escucha. Escúchame en el interior".

Ella regresó a su lugar y se dio cuenta: "Es muy cierto".

ĀRATĪ

Pregunta: No sé si me perdí esta explicación, pero ¿cuál es el significado detrás del āratī?

Gurudev: No, no te la perdiste. No lo expliqué. En la antigüedad, cuando no había electricidad, la estatua de una deidad estaba en el centro del templo. Allí estaba muy oscuro. Cuando los devotos venían a tener darśan, la única manera en que podían ver a la deidad era mediante el āratī, mediante el ondeo de una luz. Aun hoy en día los templos más ortodoxos no tienen luz eléctrica.

Cuando los sacerdotes brahmines ortodoxos hacen āratī, ondean las luces a cada parte de la deidad: el rostro, los brazos, las piernas. Ondean la lámpara desde arriba hasta abajo, y luego vuelven a elevarla. Luego te la traen a ti porque en templos que son muy ortodoxos, no puedes acercarte a la estatua de la deidad. Únicamente a los brahmines se les permite acercarse. Así que la única manera de acercarse a la deidad es venerarla mediante el contacto con la lámpara que ha estado cerca de ella.

Espiritualmente, la lámpara representa la luz de la Consciencia que mora en nuestro interior. Al ondear la luz frente a la deidad o Guru que veneramos, le mostramos la luz de la Consciencia. Luego lo interiorizamos ondeando nuestras manos por encima de la luz y tocándonos los ojos o el rostro. Esa es la esencia del āratī.

A menudo una explicación es sencilla. Pero nosotros complicamos las cosas. Así que permítete experimentarlo. Es lo que es.

EL PODER DEL MANTRA

Pregunta: ¿Qué es lo que quiere decir con que el mantra es poderoso?

Gurudev: Quiero decir que la experiencia en tu interior es poderosa.

Puedo describir mi propia primera experiencia del mantra de cuando yo tenía quince años. Había estado con Baba desde que era muy pequeño porque mis padres iban a verlo todo el tiempo. En ese día en particular, fui con Baba a un Intensivo donde iba a dar iniciación. Yo pensé: "¿Cómo puede ser que lo que Baba haga hoy sea diferente de lo que ha hecho durante los últimos quince años en mi vida? He sido tocado por él. He sido golpeado por él. He sido requerido por él". Así que pensé: "Pues bien, no va a pasar nada".

Pero cuando Baba dio el mantra, y luego se acercó y me tocó, hubo un poder que me atrajo muy profundamente hacia adentro. Solo tenía quince años, entonces no tenía idea de qué esperar. De hecho, pensaba que no pasaría nada. Pero de pronto me encontré dentro de mí, en un lugar silencioso y lleno de paz. Me daba cuenta de lo que pasaba afuera, pero sin importar qué tanto intentaba abrir los ojos para ver alrededor y mirar qué estaba pasando, no podía. Permanecí en esa experiencia durante casi una hora.

Tal es el poder del mantra. Es también la fe que el Guru tiene en el mantra, y la fe que yo tengo en el Guru. Cuando recibí el mantra, una parte de mí estaba dispuesta a recibirlo.

Por ejemplo, podemos usar la analogía de que la gracia es como la lluvia. Puede estar cayendo siempre, pero si te paras debajo de ella con un paraguas abierto, dirás: "Pero no me estoy mojando". Para sentir la lluvia, para mojarte, tienes que cerrar el paraguas.

En nosotros, el paraguas es la mente. La mente está allí, esperando a ser la juez. "¿Va a funcionar? ¿No va a funcionar? ¿Es real? ¿No es real?".

La única manera de experimentar la Verdad es permitir que la mente se detenga.

La Verdad no es algo que pueda comprenderse con la mente. Hay muchas cosas que sé que no puedo explicar. Lo único que puedo hacer es compartirlas de la mejor manera posible, y confiar en poder transmitir el sentimiento. El sentimiento es lo que es importante. Esto es para lo que tenemos satsaṅg. Cuando nos reunimos, creamos ese sentimiento. Cada persona va al mismo espacio interior y lo toca.

Cuando estás en ese espacio abierto y recibes el mantra de alguien que cree plenamente en él —y que lo ha repetido no solo unas cuantas veces, sino durante un largo tiempo— puedes tener una experiencia poderosa.

A veces la gente dice: "Nunca he vuelto a tener esa experiencia".

Yo digo: "Es una experiencia muy poderosa. Si sigues vertiendo doscientos watts a través de una bombilla de cien watts, se fundirá. Un momento está OK".

Entoces el Guru enciende el deseo por ese sentimiento dentro de nosotros. Sentimos: "Quiero esa paz, esa alegría". Entonces el Guru dice: "OK, puedes tenerla. Pero debes hacer estas prácticas para llevarte a ti mismo hasta allá".

Es una cuestión de purificar la mente, purificar el ego, limpiarte para que puedas sostener ese estado. La única razón por la que pierdes contacto con eso es que la mente y el ego entran en juego. Así que el japa y las otras prácticas te preparan para que cuando la experiencia ocurra, puedas sostenerla.

EL VALOR
DEL NACIMIENTO HUMANO

Pregunta: Baba decía que no hay forma más elevada que el ser humano. Pero me parece que el mundo va cuesta abajo. Estoy teniendo una crisis de creencia en la bondad de los seres humanos. ¿Qué tiene usted qué decir al respecto?

Gurudev: Las escrituras declaran que un humano tiene la capacidad de conocer su propio Ser. No hay otra criatura viviente en esta creación de Dios que tenga la capacidad de conocer su naturaleza verdadera.

Cada uno de nosotros, sentados aquí en este salón, en satsaṅg, tiene la capacidad de preguntarse: "¿Quién soy yo?".

Sin embargo, estoy de acuerdo, los animales parecen a menudo estar más evolucionados que los humanos. Me gusta usar el ejemplo de un perro. Sin importar cómo hayas tratado a un perro, te recibe amorosamente cuando te escucha llegar. Un perro reconoce el sonido del motor de tu auto a una cuadra de distancia. Reconoce el sonido de tus pasos cuando todavía no alcanza a verte. Nosotros como humanos ni siquiera sabemos cuando escuchamos el timbre de la puerta quién está ahí.

Creo que esta situación se debe a que nos hemos desconectado de nuestra naturaleza interior.

Durante los treinta años que llevo haciendo este trabajo, he llegado a darme cuenta de que la bondad existe en todos y cada uno de nosotros. No existe un ser humano que no tenga bondad en su interior. Pero las circunstancias o situaciones hacen que la gente actúe de manera malvada o cruel. Por eso, si consideramos que somos buenos, tenemos que hacer un esfuerzo constante para hacer el bien.

Pienso en los cientos de personas que vivieron con Baba y en los miles que fueron a verlo en los diferentes lugares a donde fue. Él era una sola persona —y no hablaba inglés, solo hablaba hindi— sin embargo fue capaz de provocar el efecto que causó en tanta gente en el mundo entero. Así pues, si hacemos el esfuerzo, pensemos en lo que cada uno de nosotros puede hacer en nuestro lugar de trabajo, nuestra familia, entre nuestras amistades.

Por supuesto, no toda la gente disfruta del satsaṅg. Pero el satsaṅg puede hacerse de muchas maneras. A menudo quedamos atrapados en pensar que el satsaṅg tiene que ser así. Tenemos que tener un armonio y un tambor, y fotos, y cintas con cantos. No, creo que puedes tener satsaṅg sin todos estos agregados. Tampoco es necesario decirle a la gente: "Te estoy invitando al satsaṅg".

Piensa en las cualidades del satsaṅg: un espacio limpio, un espacio lleno de flores bellas, que está lleno de luces hermosas, un espacio que es fragante, comida deliciosa. El mantra puede tocarse con los instrumentos como música. Si vienen veinticinco o cincuenta personas a tu espacio para celebrar el 4 de julio, o el Día de Acción de Gracias, o tu cumpleaños, puede ser satsaṅg simplemente a través de la calidad de la reunión que tengas.

Primero elige un tema para compartir. Puede ser sobre las enseñanzas de Baba, por ejemplo. Luego encuentra un amigo, tal vez alguien que conozcas del satsaṅg, que conspire contigo. Juntos, ideen cómo presentarán este tema en su reunión. Porque la gente preguntará: "¿Dónde aprendieron esto?".

Básicamente, satsaṅg significa buena compañía. Pienso que es lo que a la sociedad le hace falta hoy en día. Vas a un bar, y está a tope, no hay espacio para sentarse. La gente tiene que gritarse para poder escucharse. Se embriagan —pensando que así es como se sentirán relajados y felices, solo para descubrir a la mañana siguiente que no hicieron otra cosa más que desaparecer durante unas cuantas horas—.

En el ashram, hicimos la pregunta: "¿Cómo cambiamos la conversación?". Hablamos de lo que podemos hacer para lograr ver el mundo desde una perspectiva diferente, para que no quedemos demasiado atrapados en la vida mundana.

A menudo cuando estoy en los Estados Unidos, compro las revistas *Time* y *Newsweek* con regularidad y las leo. Pero esta vez dije: "No quiero hacer eso". Y no lo hice. Afortunadamente nadie me las dio, tampoco. Cuando lees todo eso, sientes, "Ay Dios mío, es un mundo horrible. Es un lugar cruel para gente cruel".

Cuando viajamos, conocemos a gente que es maravillosa. He encontrado en el ashram y en los hogares que visito, que la comida se prepara con ingredientes frescos y a todos les encanta comerla. Aprendimos de Baba que esta es una de las maneras a través de las cuales a la gente le das de comer amor. Si vas a la mayoría de los hogares hoy en día, la gente compra comida congelada en la tienda. Cuando llegan a casa, la echan en el microondas. Ni siquiera la ponen en un plato. Y usan cucharas de plástico. Así no tienen que lavar nada. Ni siquiera tienen que lavarse las manos.

Te preguntas: "¿Qué hemos hecho con la vida?". Hemos congelado la vida. La ¡bzzz! en el microondas cuando la queremos usar. Cuando decidimos que queremos ser amorosos o felices o amistosos o agradables, tenemos que descongelarnos. De lo contrario permanecemos congelados mientras caminamos entre la sociedad.

California es un poquito diferente, diría yo. Pero en la mayoría de los lugares, gran parte de la gente tiene lo que yo llamo el gesto agrio. No sonríe. No te mira a los ojos. No te habla. Existen muchos temores.

Cuando ves esto, preguntas: "¿Qué puedo hacer?".

Sugiero que empieces con tu familia y amigos. Si eres un maestro, puedes invitar a tus estudiantes y a sus padres. Encuentra maneras de incorporar las enseñanzas espirituales a través de un tema, como iba yo diciendo.

Estuve leyendo acerca de maestros de arte y terapeutas. Ellos observan cómo dibuja un niño, y a partir de ahí pueden comprender qué está pasando dentro del niño. Una pintura feliz y amorosa significa que el niño es feliz y bien adaptado. Una imagen enojada o perturbada puede sugerir que el niño está pidiendo ayuda.

Si lees los libros de Baba, especialmente sus preguntas y respuestas, encontrarás que a menudo citaba las escrituras: "No es fácil lograr un nacimiento humano, así que atiéndelo y úsalo sabiamente".

Las escrituras también dicen que habiendo logrado un

nacimiento humano, si no le das un buen uso, no eres diferente a un animal. Estás en el cuerpo de un humano, pero si te comportas como animal, no eres humano.

La gente que lleva a cabo el tipo de acciones a las que te refieres no ha cobrado conciencia de la cualidad humana en sí mismo. Está siendo animal, podríamos decir. Y está en compañía de otra gente animalesca, así que esa es la cualidad que más se desarrolla en el. Puede ser que pertenezca a una pandilla o a otro tipo de grupos a los que pertenece este tipo de gente.

Un día, sin embargo, caen en la cuenta de que puede ser una buena persona.

Sin embargo, no sabe a dónde ir para convertirse en una buena persona. En la sociedad moderna hoy, si una persona piensa: "Quiero hacer ronda en un lugar un tanto diferente", no es fácil saber a dónde ir. Cuando estaba creciendo, podíamos ir a cualquier casa o con los padres de un amigo y decir: "Estoy enojado con mis papás, no quiero ir a casa". Ese padre o madre decía: "OK, quédate aquí esta tarde". Pienso que ahora deberíamos crear hogares o lugares que cuenten con ese tipo de apertura, a donde esa gente pueda ir.

En tiempos de Baba, había unos treinta pequeños ashrams a donde la gente podía ir todos los días. No sé cuál era su programación porque yo no estuve allí. Creo que un día había canto. Un día había un video. Un día había un texto, como el *Śiva mahimnaḥ stotram*. Un día estaba designado para ser día de satsaṅg, cuando podías traer a un nuevo amigo. Un día probablemente había sevā. Cada día sucedía algo. Podías ir ahí y participar.

Los más de trescientos centros que Baba inició eran también lo que nosotros llamaríamos refugios seguros. Podías ir una vez por semana y cantar y meditar. En esas dos horas, podías rejuvenecerte para toda la semana.

Templos, iglesias, ashrams —todos estos lugares religiosos, espirituales, sagrados están ahí para que cuando un humano olvida su humanidad y se vuelve animalesco, pueda ir a un lugar así—.

En los doce años entre 1970 y 1982, vimos la cantidad de esfuerzo que Baba puso para compartir sus enseñanzas, compartir su sabiduría, en realidad, compartirse a sí mismo. No puede desaprovecharse. Él creía en todo lo que decía. No tenía duda alguna respecto a lo que compartía con nosotros.

Entonces, tenemos que hacer lo que podamos. Asegurarnos de hacer cosas buenas, de no acabar siendo malvados. Este ha sido el desafío para muchos que han permanecido en el camino. Sencillamente hacemos nuestras prácticas. Seguimos las enseñanzas. Evolucionamos constantemente para ser mejores humanos, en vez de animales.

Lo que hayas recibido de Baba en los años que pasaste con él, yo pienso que tienes que conservarlo fuerte. Y luego encontrar diferentes maneras de compartirlo en cualquier cosa que hagas en el mundo.

Pregunta: En Santa Mónica, tuve una experiencia alucinante. Pero desde que Baba se fue, sin importar qué tanto lo intente, no puedo recuperarla. El sendero me parece mucho más difícil. Existe algo especial en estar arropado en ese espacio embrionario que te alimenta diariamente, que no tienes cuando estás viviendo solo. No he cantado durante mucho tiempo, así que este satsang ha resultado muy sustancioso para mí.

Gurudev: Yo pienso que es por eso que Baba creó centros alrededor del mundo. Su idea era que la gente se reuniera en las salas de estar, así, y se alimentaran unos a otros.

Hablo de dos tipos de prácticas. Una es una práctica individual, y la otra es una práctica colectiva. Una práctica individual es algo que haces tu solo cada día, para establecerte en las enseñanzas, en tu comprensión. Una práctica colectiva es lo que hacemos quizás un día a la semana. O si vives en un ashram, entonces todos los días.

Yo nunca he vivido fuera de un ashram, excepto durante unos cuantos meses en 1986. Incluso entonces, viví con mis padres, así que la práctica era fácil. Pero puedo comprender lo que estás diciendo.

Por eso me gusta leer la revista del ashram con historias de los primeros tiempos. Me lleva ahí, a ese sentimiento, a esa experiencia. Pienso que lo que cada uno de nosotros tiene que hacer en su propio espacio es crear ese sentimiento embrionario que has mencionado.

Al principio cuando empezamos con Shanti Mandir, teníamos un satsaṅg de una hora los miércoles por la noche. La gente llegaba después del trabajo. Hacíamos el āratī. Cantábamos un texto. Y luego meditábamos. No servíamos comida, ni se hablaba. Una mujer traía siempre una bolsa de Andes chocolates con menta. Al final de satsaṅg, se paraba junto a la puerta con una bandeja de mentas. Cada persona tomaba una —algunos tomaban dos— y se iban a casa. Aunque solo unos cuantos de nosotros nos reuníamos cada miércoles, el sentimiento que teníamos era siempre maravilloso.

Yo creo que en cualquier lugar donde vivas, puedes hacer un esfuerzo para crear satsaṅg. No importa si solo son unas cuantas personas.

Hay una mujer aquí que ha empezado un satsaṅg donde quiera que va. Su esposo no participa, pero yo siempre le digo: "Él te permite hacerlo. Esa es su ofrenda". Él ama a sus caballos; esa es su meditación. Él ama su trabajo; esa es su meditación. Para el Día de las Madres, él vino al satsaṅg como una ofrenda para ella porque él sabía que aquí es donde ella quería estar.

A veces nos quedamos atrapados en nuestras ideas respecto a cómo deberían ser las cosas. Por esta razón, es que hablo de aceptación y paciencia.

Me identifico con lo que estás diciendo porque cuando estamos en la ruta, tenemos la ilusión de regresar al ashram. Sabemos los horarios que hay allí. Conocemos el sentimiento que abrigamos allí. Es más, cuando viajamos, tratamos de llevar ese mismo sentimiento con nosotros. Yo creo que, en tu propia manera, tienes que encontrar los diferentes elementos que crearán un sentimiento así.

Por supuesto, es extraordinario cuando un gran número de personas se reúnen y cantan. A menudo digo que el punto de ir a cualquier reunión religiosa no es ver qué está pasando, sino sentir la devoción.

Por ejemplo, en India, este enero y febrero, tenemos la Kumbh Melā. Unos cuantos millones de personas estarán allí. Alguna gente no irá porque tiene miedo de ser aplastada o de perderse. Pero creo que uno va allí para sentir la efervescencia de toda esa devoción.

LA SENCILLEZ DE LA DEVOCIÓN

Pregunta: Durante la Kumbh Melā, decenas de miles vinieron a Haridwar para llenar envases con agua del Ganges. ¿Cuál es el acto de fe que están llevando a cabo, y cómo podemos nosotros como occidentales aprender de ello?

Gurudev: Yo pienso que ver la sencillez de su devoción es la mayor lección que podemos recibir todos, seamos indios u occidentales.

Esta gente sencilla, que vive en chozas pequeñas, en aldeas, viaja cientos de kilómetros en autobús —o a veces incluso llega caminando— y luego recorre la misma distancia de regreso, solamente para llevar el agua del Ganges a su hogar o a su templo. Baña a su deidad con esa agua. Este es el propósito de llevarse el agua durante *Śivarātri*, el festival de Śiva.

Cuando estudias las escrituras y lees las historias de hombres sabios que han experimentado la divinidad, ves que lo que les ha dado la experiencia es su devoción, pura y simple.

Pregunta: ¿Puede usted poner en palabras lo que es la fe, o la devoción?

Gurudev: En el mundo material, el ejemplo más sencillo es cuando un hombre conoce a una mujer, o una mujer conoce a un hombre, y sienten una conexión. Se atraen mutuamente. Hay un sentimiento, el cual llamamos amor, que surge en el corazón. Ahora bien, explicar lo que sucede no es tan sencillo. Pero sabemos que el sentimiento está allí.

Cuando una persona espiritual o religiosa ve a una deidad o a un Guru o a un hombre santo, el mismo sentimiento surge en su corazón. Si bien en una relación humana, queremos algo de la otra persona, en una relación espiritual, no deseamos otra cosa que experimentar ese sentimiento continuamente.

Dicho simplemente, la devoción es ese sentimiento que surge dentro de tu corazón. Puede ser tan solo una probadita, un breve atisbo, de lo que puede surgir si te permites estar en estado de devoción puro en todo momento.

Cuando las escrituras dicen que seas como un niño pequeño, se refieren a esta inocencia. Un niño no piensa: "Si hago esto, va a suceder esto o aquello". Sencillamente es quien es. Cuando nosotros tenemos esa sencillez, entonces la devoción surge de nuestro interior.

Los aldeanos que están en la Kumbh Melā, como mencionaste, son, en cierto modo, como niños. Aunque son adultos, no están abrumados por todos los pensamientos materiales que la mayoría de la gente tiene en el mundo de hoy. Sencillamente creen: "Llevaré esta agua del Ganges a mi templo, y seré santificado. Quedaré liberado". No se preguntan: "¿Cuándo seré liberado?" ni "¿Cómo seré liberado?". Solamente saben: "Lo seré".

Tan solo tener ese pensamiento es importante. Por supuesto, sabes que puede no suceder ahora mismo, en este momento. Pero de alguna manera, en algún momento, sucederá. Dios mediante.

Pregunta: Mucha gente viene a la Kumbh Melā para recibir las bendiciones de grandes seres que rara vez aparecen en público. ¿Cómo es que una persona recibe las bendiciones? ¿Qué es lo que sucede en realidad?

Gurudev: La analogía que me viene a la mente es que si está lloviendo y sales, te mojarás. Pero si llevas un paraguas, estarás protegido de la lluvia.

Entonces, si una persona va con la mente abierta, con un corazón abierto, a ver a un sabio, su ánfora estará abierta para recibir las bendiciones que están siendo vertidas sobre él, que se le están otorgando.

Ya sea que vayas como buscador o como visitante o como turista, yo recomiendo tener un corazón y una mente abiertos. Trata de no juzgar ni racionalizar lo que veas. Simplemente di: "OK, eso está sucediendo". Atestígualo y date permiso de digerir lo que has visto.

En mis treinta años de crecer cerca de Baba y de vivir en

ashrams, sucedieron muchas cosas que uno podía no comprender en su momento, que parecían insólitas o extrañas o fuera de lugar o irracionales. Pero al paso del tiempo, uno llegaba a vislumbrar que el incidente o la experiencia estaba dando su fruto. Era posible decir: "Esto es lo que está sucediendo en realidad".

No puedo decir que yo estaba con Baba porque pensaba que quería su gracia, sus bendiciones. Mis padres me llevaban al ashram, y yo iba. Y me gustaba muchísimo estar cerca de la energía de Baba. Me atraía porque se sentía bien. Pero ahora que miro en retrospectiva los años que pasé con él y lo que recibí de él, veo su efecto. Eso me condujo a hacer ciertas prácticas, y estas están dando fruto.

Si dejas caer una semilla en la naturaleza, se convierte en un árbol. Si lo nutres, crece un poquito más aprisa. Si no haces nada, lleva un poco más de tiempo, pero de todas maneras crece.

Del mismo modo, si un buscador viene y siente: "Realmente quiero esto", recibirá lo que quiere. Si llega tan solo con la mente y el corazón abiertos, aun así lo recibirá. Puede llevar un poco más de tiempo, pero dará fruto.

El propósito de un hombre piadoso, de un santo, es dar bendiciones. El sol brilla sobre todos, sin distinguir lo alto de lo bajo. Un árbol da sombra, tanto si la persona es un viajero agotado como si está planeando cortar ese árbol después de haber descansado bajo su sombra. De la misma manera, un hombre sabio da sus bendiciones a cualquiera que llegue a su presencia. Cada persona recibe sus bendiciones según su capacidad y su entendimiento.

SANĀTAN DHARMA

Pregunta: Como Mahāmandaleshwar, parte de su responsabilidad es sostener el *sanātan* dharma. ¿Qué es exactamente el sanātan dharma?

Gurudev: El sanātan dharma se conoce hoy en día como la religión hindú o la filosofía hindú. Antes de que se acuñara la palabra *hindú*, la filosofía que se seguía se conocía como sanātan dharma, o simplemente dharma.

Dharma quiere decir la ley sostiene la vida. Sanātan quiere decir eterna.

Creemos que la filosofía hindú, o filosofía védica, ha existido durante miles de años y no fue creada por ningún individuo en particular. Ha sido seguida por mucha gente alrededor del mundo durante mucho tiempo. Así que nuestro deber como Mahāmandaleshwars y Gurus es asegurarnos de que las enseñanzas de los *Vedas* continúen; que la gente cobre conciencia de que debe vivir vidas buenas, rectas, honestas, sencillas, y de que cualquier acción que lleve a cabo tendrá consecuencias.

Podría parecer difícil vivir en el mundo de hoy según lo que se enseña en los *Vedas*. Sin embargo, yo creo que, si tratas de seguir ese ejemplo, puedes vivir una vida feliz y tranquila. Tan solo comprender la filosofía del karma te da un entendimiento de las diversidades en este mundo. Ves cómo todo lo que sucede es el resultado de acciones que han sido llevadas a cabo por todos nosotros, y que todas esas acciones están entrelazadas de alguna manera.

Pregunta: ¿Es posible reducir el sanātan dharma a un conjunto de reglas sencillas o es un conjunto de leyes complejas?

Gurudev: La filosofía en sí es muy sencilla. Sin embargo, cuando la enseñan diferentes personas, le dan su propio sabor, y parece complicarse. Tienes la filosofía esencial, y luego todos los comentarios hechos por diferentes personas.

La filosofía védica está escrita en sánscrito. A menos de que sepas sánscrito, tienes que leer las traducciones en hindi o en inglés o en cualquiera que sea tu idioma. Entonces tienes que aceptar cualquier significado que le haya dado el traductor.

Ahora la gente está tratando de revivir el sánscrito para que más gente lo hable, lo lea y lo comprenda. Si eso sucede, entonces la filosofía del sanātan dharma podrá ser comprendida de manera más simple.

Pregunta: ¿Es posible que nos hable usted respecto a la naturaleza de la ley universal?

Gurudev: Dicho sencillamente, el sanātan dharma quiere que vivamos una vida integral. En todo el mundo, la gente está tratando de ser orgánica estos días —por el bien de sus cuerpos, de la Tierra, del aire, del agua—. El sanātan dharma también nos enseña a ser holísticos, a ser orgánicos. Por supuesto, nos enseña sin usar esos términos.

El sanātan dharma nos enseña a ser bondadosos con la naturaleza, a ser bondadosos con los animales, a ser amorosos hacia otros seres humanos. De esta manera, nos está enseñando a cuidarnos mutuamente, a darnos cuenta de que uno necesita del otro para vivir.

Los *Upaniṣads* nos enseñan a hablar con la verdad, no solo en nuestro trabajo sino en nuestras acciones.

Alguna gente piensa: "Si siempre digo la verdad, con eso es suficiente". Pero se dice que debes vivir tu vida en Verdad, de tal manera que cualquier cosa que digas se convierta en realidad. De hecho, tenemos historias en las escrituras de sabios en la antigüedad que decían algo y luego eso sucedía.

Los reglamentos han sido expuestos, así que trata de seguirlos. Camina por ese sendero tanto como puedas.

Pregunta: A su derecha hay una ilustración de Ādi Śaṅkarācārya. ¿Quién es él y por qué se le respeta tanto?

Gurudev: Ādi Śaṅkarācārya se considera la encarnación del Señor Śiva; por lo tanto, lleva el nombre de Śaṅkara. Śaṅkara es uno de los nombres de Śiva. *Ācārya* quiere decir maestro. Cuando vio que el budismo estaba floreciendo y que a la filosofía del sanātan dharma se le estaba haciendo desparecer lentamente, Śiva sintió: "Debo reencarnar y asegurarme de que la filosofía de los *Vedas* continúe floreciendo". Así que vino en la encarnación de Ādi Śaṅkara, que nació en el sur de India. A una edad muy joven, dejó su casa y revivió la tradición de los sādhus y swamis. Organizó a los monjes en órdenes formales, que llegaron a conocerse como el Daśanāmi *sampradāya*. Daśanāmi quiere decir los diez nombres.

Cualquiera que se convierte en swami hoy día se siente agradecido con Ādi Śaṅkara por continuar con el sanātan dharma. Los ashrams que pertenecen a una de las diez órdenes que él creó ponen su retrato. O pueden tener su estatua.

En la esquina de nuestro ashram en Kankhal, India, tenemos un glorieta conocida como Śaṅkarācārya Chowk, donde está instalada su estatua. El 30 de abril, que es su cumpleaños, o *jayanti* de Śaṅkarācārya, la gente se reúne allí y hace una procesión. La gente de diferentes ashrams sale a darle la bienvenida a la procesión, y se ofrecen charlas acerca de su filosofía y de lo que hizo.

Todo lo que él hizo fue hecho en muy poco tiempo porque dejó su cuerpo a la edad de treinta y dos. Revivió la filosofía de los *Vedas*. Y luego se fue a los Himalayas y simplemente desapareció.

PARA IR MÁS ALLÁ DE LA FORMA, EMPIEZA CON LA FORMA

Pregunta: ¿Cuál es el propósito y el papel del ritual en el desarrollo espiritual?

Gurudev: Creemos que la mente necesita una forma en la cual enfocarse.

Supón que alguien te dice: "Tan solo ama a tu propio Ser".

Entonces surge la pregunta: "¿Qué es el Ser?". No puedes ver al Ser. Así que podrías no comprender lo que eso significa.

Pero si al Ser se le da una forma —ya sea Śiva o Rāma o Kṛṣṇa, o cualquiera de las innumerables deidades— entonces es más fácil. Ya sabes: "Esta es la deidad a la que me siento atraído, por la cual siento afecto, a la que amo".

En la *Bhagavad gītā*, Arjuna le pregunta a Krsṇa: "¿Cúal es el mejor camino: adorar a la forma o adorar a lo sin forma?".

Kṛṣṇa dice: "Para ir más allá de la forma, debes empezar con la forma".

Un devoto empieza adorando y honrando al ídolo o estatua de la deidad. Le ofrece ceremonias a ese ser. Al final del ritual, ocurre la meditación. Al paso del tiempo, la diferencia entre el devoto y la deidad, su amado, empieza a desaparecer.

Por supuesto, los sacerdotes y otras personas que realizan rituales quizá mediten solamente por un minuto o dos luego de terminar de cantar los versos. Pero de hecho la idea es meditar en la deidad. Al meditar, te impregnas de las cualidades de ese ser o de ese Guru. Invocas esas mismas cualidades en tu interior.

También tenemos lo que se llama *manasa pūjā*, o adoración mental. Te sientas y meditas, y todo el ritual sucede en el interior. Lentamente interiorizas el proceso y te liberas de la adoración exterior.

¿QUÉ ES LA ILUMINACIÓN?

Pregunta: ¿Qué es la Verdad?

Gurudev: La Verdad es la experiencia que tenemos cuando estamos felices y contentos, y cuando nada necesita decirse. Nos sentimos plenos. No queremos nada de nadie. Simplemente estamos aquí.

Pregunta: ¿Cuál es el punto final del que está usted hablando? ¿Existe un estado permanente de conciencia alterada hacia el cual estamos trabajando?

Gurudev: Yo pienso que buscar la experiencia de la iluminación es válido. Si lees el libro de Bhagavān Nityānanda, verás que él habla de la liberación una y otra y otra vez. De hecho, todas las escrituras indias hablan acerca de la liberación, o iluminación.

La pregunta es, ¿qué es la iluminación?

Amo citar a Jñāneśvar Mahārāj, quien dijo que la iluminación quiere decir iluminarse de la idea de la iluminación.

Tendemos a tener un concepto de qué es la liberación. Pero cuando lo contemplas realmente, te das cuenta de que es únicamente libertad. Por ejemplo, cuando te permites dejarte ir en un canto, hay simplemente éxtasis. No hay pensamientos, ni preocupaciones, ni problemas. Estás meciéndote, llevando el ritmo de la música con las palmas, cantando, perdido en el canto. Y cuando se detiene, tú sigues en ese estado.

Estos son atisbos de iluminación, de liberación. Por supuesto, la mente regresa y dice: "OK, ya vámonos y a hacer lo que necesite hacerse".

Estoy seguro de que has escuchado a diferentes personas compartir su experiencia de śaktipāt, de su despertar inicial. A menudo es solo un señuelo que uno recibe al inicio de su sādhanā. Piensas: "¡Esto es lo que quiero!". Sabes cuál es tu meta. Y a partir de ahí trabajas para ir hacia ella.

Al buscar y continuar con sus prácticas, la gente a veces se empieza a preguntar: "Pues bien, ese estado inicial estuvo agradable, pero ¿existe en realidad?".

Existe. Pero qué cantidad de combustible le pongas al proceso de soltar y cuánto cuides y nutras esa experiencia está en tus manos.

Baba es un gran ejemplo. ¿Qué hizo? Se fue de casa y pasó cerca de veinticinco años viajando, estudiando, buscando. Finalmente, luego de todos esos años de frustración, se reconectó con su Guru, Bhagavān Nityānanda. Recibió iniciación y luego pasó otros nueve años sin hacer otra cosa que despertar en la mañana... meditar de cuatro a cinco horas... leer por unas cuantas horas... dormir... levantarse... comer un poco... meditar... regresar a dormir... levantarse... leer... tener un poco de satsaṅg —o a veces ni satsaṅg—... meditar, y luego regresar a dormir por ahí de las once de la noche.

Tenemos que preguntarnos si tenemos la capacidad, la fuerza, de hacer eso sin sentirnos aburridos o frustrados o quedar atrapados en todas las diferentes emociones que surgen.

En *El juego de la Consciencia*, Baba habla principalmente de todas las cosas extraordinarias que le sucedieron. Sin embargo sabemos que en medio de sus experiencias extáticas, tuvo que haber otras cosas acerca de las cuales no escribió. Creo que los sabios dejan fuera el tipo de cosas que nosotros ya conocemos. Quieren contarnos sobre lo que no conocemos. Pero entonces, a causa de que Baba no nos contó lo que ya sabemos, pensamos que fue diferente. Pensamos que en realidad él no sabía por lo que nosotros estamos pasando.

El yoga es un proceso. Nos permite soltar un poquito más cada vez, estirarnos un poco más. Y ese poquito más se extiende hasta que llegas a un punto en el que tus conceptos y apegos y limitaciones se sueltan de ti. Se fueron. Pero si no te involucras activamente con este proceso, ese punto nunca llegará.

Si observas tu estado ahora, pienso que ves un cambio que ha tenido lugar a través de los años. Tu entendimiento ha seguido creciendo y profundizándose. Tu mente está más calmada de lo que estaba veinte años atrás. Tu aceptación de las situaciones es mayor. Antes de actuar, te detienes por un momento y preguntas: "¿Por qué estoy haciendo esto? ¿Cuál es el propósito?". Para mí, todas estas cosas están conduciendo hacia la meta de la liberación, de la iluminación.

LA EMOCIÓN ES ENERGÍA

Pregunta: En relación con las emociones que se desbordan, ¿sugiere experimentar la emoción o simplemente permanecer desapegado y verla como una forma más de māyā?

Gurudev: Depende del individuo. A algunos les encanta ahondar en sus emociones. A otros les encanta verlas como māyā. La emoción es solamente energía, y cómo usar esa energía está en tus manos. Si dejas que la mente se vaya en una emoción, te hundes, hundes, hundes. Entonces tienes que hacer algo para salir de eso.

Cuando una emoción está surgiendo, puedes repetir un mantra que te guste o cantar. Así, no te dejas ir en la emoción. Al mismo tiempo, te estás haciendo cargo de ella porque la estás dejando salir. Cuando hayas terminado de cantar, estarás en un estado más feliz, más extático, y el desahogo de la emoción habrá tenido lugar también.

Pregunta: Algunas veces me encuentro a un paso de actuar basándome en una emoción, pero no lo hago. Y sin embargo, me perjudica.

Gurudev: Para liberar la emoción, puedes realizar una acción que requiera un montón de energía física, como puede ser refregar el baño. Siempre hacíamos esto en el ashram. Tomas un cepillo de dientes y empiezas a limpiar. Para cuando terminas, estás exhausto y listo para ir a dormir.

Baba iba a caminar. Era su forma de liberar energía. Por supuesto, caminar es bueno para el cuerpo, pero también es una salida. Tu solo caminas. No hay responsabilidad, no necesitas pensar en nada.

Yo voy a dar una vuelta en auto y canto. Cuando uno trata mucho con gente, uno recoge diferentes energías. Yo manejo tan solo diez minutos, para recoger el correo o ir a la tienda de alimentos saludables. Cuando voy en auto, voy solo. Nadie me está hablando, diciéndome: "Necesitamos hacer esto o lo otro. Necesitamos ir allí o allá". Simplemente, voy conduciendo —un poco más aprisa, un poco más despacio— y en unos veinte minutos estoy de regreso. Siempre hay trabajos que hacer. En ese momento cuando tú estás a punto de actuar impulsado por la emoción, di: "OK, voy a hacer ese trabajo que he evitado durante tanto tiempo".

Cuando te involucras en una actividad —ya sea la jardinería o cualquier otra cosa que no te guste hacer— tu mente se absorbe totalmente. Si estás frustrado o enojado, probablemente hagas el mismo trabajo en menos tiempo de lo acostumbrado porque estás lleno de energía que necesitas liberar. Definitivamente, tiene que haber una salida. Reprimir emociones no lleva a nada. Es como sacudir una botella de soda: tienes que abrirla porque de otra manera la tapa puede salir disparada.

Algunas de las enfermedades que enfrentamos en el mundo hoy día son causadas por la frustración, el enojo, el estrés —todas las emociones que la gente embotella dentro y no deja salir—.

SÉ COMO UNA FLAUTA

Pregunta: Pasé por un periodo muy intenso hace un tiempo y me encontré dando consejos. Cuando lo atestigüe, no se sentía que era yo diciendo las palabras. ¿Me puse en contacto con mi Ser superior? ¿Podría usted darme algo de luz al respecto?

Gurudev: Pienso que todos tenemos sabiduría en el interior. Igual que la Consciencia está allí, la sabiduría también está allí. Pero cuando nos identificamos con nuestras limitaciones, no nos estamos identificando con la sabiduría, con la grandeza, que mora en nuestro interior.

Cuando nos permitimos ser magnánimos —y en esa magnanimidad no tener apego a lo que los demás pensarán o dirán o sentirán— es entonces cuando en realidad podemos ofrecer sabiduría. Y también quedamos pasmados.

A menudo la gente me pregunta: "¿Dónde leyó usted todo esto? ¿Dónde aprendió todo esto?".

Yo digo: "Bueno, viví con Baba. Estoy seguro de que, durante todos esos años de estar con él, me entró algo de conocimiento".

Los sabios nos dicen que seamos como una flauta. Si nos quedamos huecos, la śakti, la gracia, podrá fluir a través nuestro. Cada uno de nosotros puede tratar de ser como un carrizo a través del cual fluya la Consciencia.

Cuando eso sucede, te quedarás asombrado de los sonidos que llegan a través de ti. Pero tienes que recordar al mismo tiempo que no eres tú sino la Consciencia más grande la que está creando el sonido.

Por este motivo, una cosa es saber que "Soy Consciencia", pero es otra cosa realmente vivir en esa conciencia en todo momento. Tiene uno que encontrarse en un gran estado.

Te encanta venir los lunes a cantar el *Śiva mahimṇaḥ*. Es así como, encontrando una práctica que amas, eres capaz de conectarte con esa divinidad, esa sabiduría, que existe ilimitada en tu interior. Cuando haces eso, es como abrir una pequeña ventana dentro de ti. Cada vez que haces la práctica, abres esa ventana un poquito más.

La sabiduría siempre está allí. Es solo que la gente no la aprovecha porque está atemorizada o distraída. Si te alejas de tu limitación, puedes compartir esa gran sabiduría con los demás. Tan solo recuerda que está fluyendo a través de ti, que no es algo de tu propiedad.

CLARIDAD MENTAL

Pregunta: ¿Cómo adquiere uno claridad mental? ¿De qué maneras puede uno aumentar la claridad con la que llegan los pensamientos?

Gurudev: Toma el ejemplo de una habitación. Si tienes un montón de cosas en la habitación, sabes que lo que estás buscando está ahí en alguna parte. Pero ¿en dónde? No lo sabes porque hay muchas otras cosas más.

De la misma manera, cuando la mente tiene muchos pensamientos, sabes que un pensamiento en particular está ahí en alguna parte. Pero ¿en dónde?

Cuando entro en algunas habitaciones —como en esta— es maravilloso. Puedo deambular sin tropezarme con nada. En cambio, en algunas casas a las que voy hay tantas cosas que prácticamente tienes que abrirte camino entre todos los obstáculos. Es muy probable que te golpees el pie o la rodilla con algo.

La mente es así.

Por supuesto, una casa puede estar llena de objetos en desorden, pero para el dueño todo es valioso. Siente una conexión emocional con cada objeto. Igual pasa con los pensamientos. La gente tiene apego a todos sus pensamientos. Tiene emociones atadas a esos pensamientos.

La gente que tiene muchas cosas se pregunta: "Si me deshago de algo, ¿de qué me desharía?". No puede decidir.

De la misma manera, podrías pensar: "OK, voy a tener menos pensamientos". Pero luego te preguntas: "¿Cuáles pensamientos dejo ir?".

Alguna gente puede ver algo y recordar cada detalle en particular de lo que ha visto. Cuando tienes una conversación con ella, quiere que escuches cada detalle, de principio a fin. Está hablando de una cosa nada más, pero todo lo que ha visto o hecho en el transcurso de su vida viene junto con ello.

Tú les dices: "Dime nada más lo que en realidad quieres decir".

"No, no". Ella espera que tú retengas todos los detalles.

Yo creo que un buscador necesita crear espacio en su interior. Llega un momento en que te das cuenta de que no quieres llevar contigo nada que no sea necesario, nada que no vaya a tener un propósito en tu vida.

Crear espacio de esta manera nos trae claridad. Entonces cualquier pensamiento que estés buscando no está por ahí en algún lugar, está allí mismo.

Estoy seguro de que cada individuo tiene su propia manera de procurarse claridad. Pero en general, entre menos pensamientos tengas, más claro estarás.

Pregunta: Alguna gente podrá no tener muchos pensamientos, pero no tiene mucha conciencia tampoco.

Gurudev: Yo no diría que la gente que está en la inconciencia, que es *jad*, no tiene muchos pensamientos. Yo creo que tiene pensamientos más lentos, no más rápidos. No hay nada en ella que la impulse a hacer algo. Por lo mismo, se vuelve perezosa.

Cuando Baba usaba la palabra *jad*, quería implicar una pesadez, y una falta de interés. De hecho, cuando hablas con gente que es jad, a menudo tiene mucho que decir. Lo que no tiene es mucha claridad. Por lo mismo, no sabe qué es lo que quiere hacer. No puede decidir.

En la *Bhagavad gītā*, Kṛṣṇa le dice a Arjuna que nada de lo que él está por hacer es nuevo.

Swami Chinmayānanda comenta respecto a esto, que una persona puede pensar: "Si no estoy empezando nada nuevo, ¿entonces para qué empezar algo?".

Todo ya ha estado sucediendo al paso del tiempo. Aunque parezca nuevo al individuo que lo está creando, algo similar ya se ha hecho antes. Es por esto que Kṛṣṇa quiere que Arjuna se dé cuenta: "Sencillamente estoy dando continuidad a lo que se ha hecho".

Los *Upaniṣads* nos recuerdan: "No seas perezoso". Esto quiere decir que a veces tienes que forzarte a hacer cosas. Si tienes claridad y también el deseo de hacer algo, yo creo que lo harás.

Yo pienso que hay más gente jad e inconsciente que consciente. Por alguna razón, cuando alguna gente llega al camino de la espiritualidad, se vuelve floja. Cree que el yoga le está diciendo que no haga nada. Pero la filosofía del yoga no te dice que físicamente pares de hacer nada. Te dice que aquietes y silencies a la mente, pero sigas realizando tus actividades en el mundo.

Cuando realmente comprendes el yoga, te despabila, no te hace jad.

A veces la gente dice: "Me encanta el Shaivismo de Cachemira. Es simple: todo es Consciencia".

En realidad, no es tan simple. Sí, todo es Consciencia, pero tienes que llegar a esa comprensión. Es problemático si tratas de practicar "Todo es Śiva" cuando aún no te has deshecho de la taza.

El camino de Vedānta te lleva paso a paso. Aunque vaciar tu jarro o taza en el océano pueda parecer que sucede en un instante, tienes que recorrer todo el proceso. Tienes que llegar a la playa. Tienes que caminar hasta el océano. Tienes que haber llevado el jarro contigo. Y entonces, tienes que voltearlo boca abajo.

A veces la gente asume que la taza, como está, es Consciencia. En su estado limitado, anuncia: "Estoy autorrealizada".

Quieres preguntar: "¿Cómo puedes asegurar que estás autorrealizada?".

Un gran sabio, como lo fueron Bhagavān o Baba, vive en la experiencia del Ser en todo momento. Nunca tiene el pensamiento de: "Yo estoy ahora *no* realizado".

Un hombre que viene al ashram dice, en broma, que está realizado los lunes, miércoles y viernes. Los martes, jueves, sábados y domingos, es su ser limitado. Dice: "Llámame en los días que estoy realizado y responderé tu pregunta. En los demás días, soy normal, para poder divertirme". Por supuesto que está jugando con nosotros, y se da cuenta de que nada más está jugando. Pero alguna gente cree seriamente que está realizada cuando desea o elige estarlo.

Yo me sentiría tentado a quitarle a esa gente todo lo que supuestamente es suyo —ya sea una casa, un auto o dinero— y decir: "¡Quiero esto!".

Si realmente estuviera viviendo en esa experiencia, diría: "OK, aquí tienes. Lo pondré a tu nombre".

Por supuesto, la autorrealización es solo un concepto en su mente. Han estudiado Shaivismo y llegan a la conclusión: "He vislumbrado al Ser, así que comprendo qué es el Ser".

La filosofía del Shaivismo de Cachemira dice que el cuarto estado de *turīya* debe infiltrar dentro de todos los otros estados. Tus estados de vigilia, soñar y dormir profundo deben tener la misma experiencia de unicidad, de Consciencia, en todo momento.

El Shaivismo es como una guía que te muestra en dónde puedes terminar. Especialmente en el mundo hoy día, pienso que el Shaivismo debe enseñarse, por así decirlo, con pinzas. El estudiante tiene que darse cuenta de que esta filosofía le otorgará la experiencia. Llegarás hasta allí. Pero no puedes afirmar de la noche a la mañana: "Estoy allí". No puedes decir que has llegado, simplemente porque has leído: "No hay nada que no sea Śiva".

He visto esto en diferentes lugares en el mundo. Por supuesto, no puedes decir nada porque la gente pensará que estás celoso del hecho de que ellos están experimentándolo todo como Śiva. Así que en ese momento es mejor ser jad y decir: "Siento tristeza por no estar donde tú estás".

Espero que comprendan esto. Es una diferencia sutil, pero es una gran diferencia.

Pregunta: Estoy ponderando la relación de hacer uso de la śakti con la capacidad de acallar la propia mente.

Gurudev: La śakti se genera mediante la práctica.

En otras épocas, uno tenía una dínamo en una rueda de la bicicleta y esta generaba luz al girar la rueda. De la misma manera, a través de la práctica —ya sea japa o cantar la *Guru gītā* o venir al satsaṅg— generamos śakti. Y esa śakti nos permite entonces estar tranquilos y quietos.

Podrías decir que ambos van de la mano. La śakti está allí, pero también tenemos que hacer el esfuerzo de quedarnos quietos.

La otra noche, alguien dijo: "Sabes que el satsaṅg es bueno porque todo el mundo está entusiasmado, todos están charlando".

Yo dije, "También podrías decir que el satsaṅg es bueno porque al final, antes de que empiecen a hablar, hay un momento de inmovilidad, de quietud".

Alguna gente que viene al satsaṅg dice que quiere irse a casa en silencio, pero que todos están hablando.

Yo le digo: "¿Quién te está diciendo que hables? No tienes que quedarte para el té y la galletita, y charlar. Si te estás sintiendo bien, aprópiate de ese sentimiento, da las buenas noches y vete a casa".

Pero el instinto humano natural es sentir: "¡Ahora me estoy sintiendo estimulado!". Entonces la śakti se desinfla. La persona se va a casa y piensa: "Me sentía tan bien después del satsaṅg, pero luego tomé el chai y la galletita...".

CONVIÉRTETE EN OLAS EN EL OCÉANO

Pregunta: A veces siento que la dicha es tan abrumadora que tengo que apagarla o salir corriendo. Quiero saber cómo manejarla para no tener que suprimirla ni disminuirla.

Gurudev: Aquí tienes un ejercicio físico que puedes hacer. Cada día, lleva una jarra o una taza de agua y baja al arroyo. Echa el agua al arroyo y observa lo que pasa.

El agua se incorpora al arroyo. En realidad, no le sucede nada. Excepto que esa agua ya no la puedes volver a sacar.

¿Qué es lo que nos detiene para incorporarnos al océano de la dicha?

Hablando con la verdad, es un temor que todo el mundo tiene. Tú lo sabes y lo estás expresando. Pero si caminas por este salón, estoy seguro de que todos dirán que tienen el mismo miedo. Porque surge la pregunta: si me incorporo al océano de la dicha, ¿qué le pasará al "pequeño yo?".

Lo que le pasa al pequeño yo es igual a lo que pasa cuando llevas esa jarra y echas el agua al arroyo. Ya no hay "mí", ya no hay "yo". Ya tampoco está "mi" jarra de agua. Todo se vuelve uno con el agua.

Así pues, tratamos de ir a ese lugar interior donde no hay "yo" vibrando como un individuo separado.

Por ejemplo, cuando cantas, y eres capaz de dejarte ir, te sumerges en ese lugar al menos durante unos minutos. Cuando esto sucede, el canto es muy bueno.

Esta noche cantaremos *Hare Rāma hare Kṛṣṇa*, y espero que el canto nos lleve a ese lugar. Como intérprete del tambor, eso es lo que intento. Pero tengo de cincuenta a setenta y cinco elementos más con quienes trabajar, así que no siempre tengo éxito. Si estos elementos trabajan unidos, llegamos al lugar donde todos los "yos" separados se disuelven. Por supuesto que siguen existiendo, pero hablando subjetivamente, desaparecen. Se convierten en olas en ese océano único.

Cuando estamos cantando —ya sea la *Guru gītā* o *Hare Rāma*— no siempre llegamos a ese lugar. Pero cuando llegamos, es maravilloso. Y aun si no lo logramos, podemos sentir un movimiento, un cambio. Ese "yo" separado puede seguir estando allí, pero un cierto crecimiento ha tenido lugar. Estamos caminando hacia el océano. Hemos abandonado algunas cosas porque nos damos cuenta de que no necesitamos el equipaje extra.

Cuando viajábamos con Baba en su Tercera Gira Mundial, cada uno de nosotros podía llevar dos valijas. Pero en algunos lugares nos quedábamos durante seis meses. Quedándote tanto tiempo en un lugar, acumulas cosas. Así que al final de los seis meses tenías que decidir: "OK, ¿qué puedo dejar? De todas las cosas que no caben en mis dos valijas, ¿cuáles no necesito?".

Es un proceso de eliminación. Piensas: "Es que, esa persona realmente quería que yo me quedara con esta cosa…".

"Sí, pero no cabe en la valija".

Entonces dices *svāhā*, tienes que dejarla ir.

Al hacer sādhanā, pasas por un proceso que al principio está lleno de "yo", "yo", "yo". A la larga llegas a un lugar de una mayor comprensión, y te preguntas: "¿Quién es ese yo?".

Si lo estás preguntando desde un estado expandido, entonces hasta la pregunta "¿Quién soy yo?" desparece. Porque no hay "yo" que haga la pregunta.

Pregunta: Bastante a menudo en meditación, me surge un gran miedo y no sé cómo manejarlo. Me preguntaba si podría usted hablar un poco acerca del miedo.

Gurudev: Esta pregunta acaba de surgir en el retiro justo ahora. Una vez más, podríamos decir que yo, la taza, se encuentra con el océano. Y la taza aún no quiere hacerse una con el océano. Porque la taza se gusta a sí misma. Así que nuestro miedo es simplemente el miedo a la disolución de la taza en el océano.

Si te permites incorporarte al océano gota a gota, te das cuenta de que no hay necesidad de tener miedo. Pero el miedo está allí. Experimentas: "Si me disuelvo, ¿entonces quién soy yo?".

Por lo tanto, te involucras en el proceso de comprender "¿Quién soy yo?".

Al asentarte en esa experiencia, el miedo desaparece. La taza se ha ido. Eres parte del uno. Tienes que hablarte cuando surja el miedo. Ser capaz de reir y también de decir: "¿Existe algo, en realidad, a lo cual tenerle miedo?". No hay nada de qué asustarse excepto del hecho de que tus limitaciones desaparecerán.

La gente en tu familia o la gente con quien trabajas puede sentir miedo cuando piensa: "Podría convertirme en alguien mejor. Podría convertirme en alguien más". Porque le gusta la identidad que ha creado. Lo mismo sucede con el buscador. Aunque a nivel mental entiende que todo es Consciencia y sabe que está OK ser Consciencia, aun así no está tan seguro de que la ola quiera renunciar a su identidad.

PRESERVA TU DICHA

Pregunta: Puedo estar en un estado de dicha, pero como el cuerpo es un transmisor y receptor de energía, si recojo la energía negativa de alguien más, pierdo esa dicha. ¿Qué puedo hacer?

Gurudev: En el estado de dicha, estás totalmente abierto. Las escrituras explican que cuando estamos abiertos por completo, cuando no hemos cerrado los portones, es fácil que otras energías penetren nuestra aura —si así quieres llamarlo—.

Tienes que aprender que cuando alguien más o algo más pasa junto a ti, puede ser que necesites reducir tu campo energético. Puede ser que necesites contener tu aura dentro de ciertos límites para que la otra energía no te penetre.

Conserva la conciencia de tu dicha en tu interior, sin hacer contacto con esa persona. Estás mirando pero sin mirar. Al permanecer en ese estado de dicha y no salir de él, no recoges otras influencias.

Pregunta: ¿Cómo puede uno encontrar paz? ¿Cómo puede la mente sumergirse en la divinidad? ¿Hay una técnica?

Gurudev: Todas las cosas que hicimos ayer y hoy, y las que haremos mañana y durante el fin de semana, son técnicas. Cantamos. Meditamos. Nos rodeamos de buena compañía. Leemos buenos textos. Desechamos lo que es inútil.

Como buscador, lo primero que hay que aclarar en tu interior es qué es lo real y útil, y qué vale la pena conservar. Y decirle adiós a todo lo que no vale la pena conservar.

A menudo la gente dice: "Estoy dejando ir". Pero en realidad no ha dejado ir. Una mano suelta, pero la otra mano sigue aferrándose. Piensa: "No estoy tan segura de estar lista para quedar libre de esto". En el verdadero dejar ir, ahí termina. Que en eso quede.

Existen muchas técnicas para encontrar paz. Pero el asunto es no quedarte atorado en las técnicas. Estas deben dar fruto. Deben conducirte a un resultado.

A veces conoces a alguien que está orgulloso de haber estado en el camino por un X número de años. Pero luego le preguntas: "¿Qué tan lejos has llegado en tu jornada?".

Tal como nuestro amigo el Mulá Nasruddin.

Nasruddin y sus cuatro amigos llevaron un bote de remos a una isla. Después de terminar su fiesta en la isla, regresaron a su bote y empezaron a remar rumbo a casa. Para entonces es medianoche. Están borrachos y están remando.

Sale el sol. Nasruddin y sus amigos descubren que siguen en la isla. Olvidaron una cosa: desamarrar el bote.

A veces en la vida hacemos lo mismo. Remamos y hacemos un gran esfuerzo, pero no llegamos a ninguna parte. A causa de nuestro ego, nuestro apego y tantas otras cosas, estamos atados.

La primera cosa es liberarte, soltarte. Luego, rema. Llegarás a tu destino.

Pregunta: Estoy familiarizado con los apegos que tengo. No es fácil zafarme de algunos de ellos. Sigo buscando nuevos apegos a fin de experimentar nuevas sensaciones.

Gurudev: Yo creo que siempre estamos buscando nuevas sensaciones. Especialmente en nuestra sociedad de hoy, buscamos sensaciones fuera de nosotros.

Lo que eventualmente queremos hacer al final del día es llegar a darnos cuenta de que el placer viene del Ser, no de los objetos de disfrute.

Si todo el placer viene del Ser, podemos preguntar: "Por qué el Ser se involucra en los objetos externos de disfrute? ¿Qué necesidad hay de darnos gusto con placeres sensoriales?".

Las escrituras Shaivitas nos dicen: "El Ser es perfecto y satisfecho en sí mismo y no necesita solazarse en placeres sensoriales; y, sin embargo, por su propia y libre voluntad, disfruta de los sentidos". Esta indulgencia no disminuye ni profana al Ser. Por el contrario, enriquece su experiencia aún más.

Un ejemplo que se usa en el Shaivismo es el de una mujer hermosa que está poniéndose adornos. La mujer ya es hermosa, así que los adornos reflejan su belleza. Y a su vez, estos la embellecen todavía más.

Por supuesto, en este ejemplo, los adornos están separados de la mujer. Así que su disfrute depende de los adornos externos. En el caso del Ser, sin embargo, los adornos —los objetos disfrutables— son manifestaciones del Ser. El Ser es perfectamente independiente en su disfrute de ellos.

Este es el deporte del Ser. El disfrute del mundo es visto como la libre actividad del Ser.

Esto se expresa en uno de los *Śiva sūtras* que Baba citaba con frecuencia: *Lokānandah samādhi sukham.* "La dicha del mundo es la dicha suprema del samādhi".

Estoy seguro de que la primera vez que escuchas esto, te preguntas: "¿Cómo puede el disfrute externo ser lo mismo que el samādhi, o inmersión en el interior?".

El que pueda ser lo mismo se debe a que esa alegría —o sensación, como decías— no viene del objeto externo. Proviene de tu interior.

VIVE EN EL MUNDO
Y PRACTICA YOGA

Pregunta: ¿Cómo puedo experimentar la unión del yoga en la vida cotidiana?

Gurudev: Tienes que hacer del yoga una parte de tu vida.

Siempre le digo a las personas: "No dividas tu vida en compartimientos". Cuando divides en compartimientos, tienes problemas al tratar de acomodar cada cosa en su lugar.

Ten claro quién eres. Una vez que has aclarado quién eres, llévate a ese individuo durante el día.

El yoga nos enseña: "Vean a Dios los unos en los otros".

El yoga nos enseña a estar en contacto con lo divino en nuestro interior.

El yoga nos enseña a estar contentos en todo momento.

Podemos llevar a nuestra vida todas las cosas que el yoga enseña. Puedes hacer tus prácticas en un momento dado, en un determinado lugar. Y también puedes llevarte las enseñanzas contigo a todo lugar, siempre.

Yo creo que el estar siempre abierto y receptivo es maravilloso.

Pregunta: ¿Es suficiente para nosotros, como cabezas de familia, simplemente trabajar en nuestro estado, cuando estamos rodeados de gente que nos ha dejado en claro que no están interesados en la meditación o el yoga?

Gurudev: Yo creo que esas personas son grandes herramientas para ayudarte a permanecer calmado, centrado, amoroso, bondadoso, enfocado, compasivo. Cuando estás con ellos tienes que hacer todas las cosas que haces en el yoga, nada más que sin usar términos yóguicos.

A menudo comparto que cuando estás con familia y amigos que no están interesados en el camino del yoga, lo único que tienes que hacer es amarlos más.

En algún momento te preguntarán: "¿Por qué eres tan amable conmigo?".

Simplemente les respondes: "Porque te amo".

Entonces un buen día, algo en ellos querrá saber: "¿Por qué es que, aunque yo no quiera hablar contigo ni escucharte, sigues siendo tan amable conmigo?".

Es un gran regalo para nosotros poder vivir en el mundo y practicar yoga.

Uno de los mensajes principales de Baba, especialmente durante su tercera gira mundial, fue llevarnos las enseñanzas y las prácticas a nuestra vida cotidiana. No digas simplemente: "Soy un gran yogui" o "Estoy en paz en el ashram". En lugar de eso, al vivir en el mundo, sé pacífico. Si puedes seguir meditando, seguir con tus prácticas, diría él, entonces realmente has asimilado algo.

A menudo la gente que sigue el camino se entusiasma y quiere compartirlo con su familia o amigos: "¡Tengo algo que tú también deberías hacer!".

Pero la familia no está tan segura. Dicen: "¡Estás loco!".

Por supuesto, cuando vemos a gente que no hace lo mismo que nosotros, pensamos que está loca.

Imagina que hay algunas personas en una habitación. Están empezando a entonar un canto. Alguien está tocando el armonio. Otra está tocando el tambor. Cuando el canto avanza, las personas empiezan a mecerse. Tal vez algunas estén bailando.

Ahora bien, una persona sorda mira por la ventana. No puede oír la música. Claro que piensa: "¡Gente loca!".

Los sabios dicen que una persona que no practica yoga y que no ha oído la música interior, no puede comprender lo que es. Para una persona así, la idea de una experiencia interior le parecerá una locura. Pero una vez que la ha experimentado, piensan: "Wow".

Cada uno de nosotros tiene que encontrar diferentes maneras de atraer a esas personas —no tanto para que vengan al ashram o al satsaṅg sino para que se abran a su propio Ser—. Están cerradas en sí mismas de una u otra manera, y por esto tenemos que encontrar formas para que puedan sentir su propio amor, sentir su propia divinidad, sentir su propia dicha.

Pregunta: ¿Cómo hacer para no caer en la trampa de querer rescatarlos? ¿Cómo ofrecerlo sin apego a este camino?

Gurudev: Baba acostumbraba contar una historia, de un sabio que tenía el mantra: "Por eso es que eres lo que eres".

El sabio llega al palacio del rey. Lo detiene a la entrada un guardia, y le dice al guardia: "Quiero conocer al rey".

El guardia dice: "Solamente puedo llevarte ante mi supervisor".

El guardia lleva al sabio ante el supervisor. Pero el supervisor solo puede conducirlo ante un ministro de rango inferior.

En cada caso, el sabio dice: "Por eso eres lo que eres" —queriendo decir que la limitación del guardia es que él solamente puede llevarlo ante el supervisor, y la limitación del supervisor es que solo puede llevarlo ante un ministro de rango inferior, y la del ministro de rango inferior es que solamente puede llevarlo ante el primer ministro—. El primer ministro es el único que finalmente lo lleva ante el rey.

En la historia de Baba, la capacidad de cada persona está determinada por el trabajo que realiza. Por supuesto, el guardia de rango inferior quiere ser el primer ministro. Piensa: "Entonces podría estar con el rey. Podría aconsejar al rey. Podría ver quién viene, y escuchar lo que cada persona le dice al rey". Pero él no tiene la capacidad en sí mismo para ser el primer ministro, y por eso es solamente el guardia que cuida el portón.

De manera similar, según vamos por la vida, no podemos esperar lo mismo de cada individuo a quien conocemos. La capacidad de cada individuo es limitada. Podemos desear que llegue a ser un primer ministro, pero esa capacidad no está en él. Tienes que darte cuenta de que esa persona puede llegar nada más hasta ahí. Por lo tanto, no hay necesidad de molestarse ni enojarse, ni de apegarse.

Cuando sirves a la gente, tienes que calibrar su nivel de entendimiento. A veces basta una charla breve o hasta una pregunta sencilla. La manera en que responden te dirá si es un guardia o un supervisor o un ministro de nivel inferior o el primer ministro, o tal vez incluso el rey.

Otra manera de explicar esto es decir que no podemos esperar que un niño pequeño comprenda lo que un estudiante de secundaria puede entender. No podemos esperar que un estudiante de secundaria comprenda lo que un estudiante universitario puede entender.

En la vida, una persona es como un niño, otra como un estudiante de primaria, otra como un estudiante de nivel medio y otra más, como un estudiante universitario. En consecuencia, aunque el cuerpo de alguien pueda tener cincuenta o sesenta años, su mentalidad puede ser únicamente la de un niño o la de un estudiante de secundaria.

Pregunta: Trabajo con gente que sufre mucho dolor, sin hogar, hambrienta, cansada, que padece abusos. A menudo siento que nada que yo pueda hacer va a ayudarla en realidad.

Gurudev: Yo creo que la gente que no tiene hogar, lo primero que necesita es comida y refugio. Lo segundo que ayuda es tu amor y tu alegría.

Siempre que te encuentres con indigentes, trata de hacerlos reír o diles algo divertido. Generalmente pueden identificarse con eso. Si tratas de hablarles de Dios, su respuesta será: "¿Cuál Dios?". Porque ellos ven a Dios como el que los puso donde están. Así pues, dirán: "No quiero a ese Dios".

Pero si tu alegría y tu amor están a la vista, comienzan a preguntarse: "¿Por qué esta persona está tan feliz? ¿Por qué está sonriendo siempre, riendo siempre?". Tal vez tengan que pasar unos cuantos años, pero en algún momento empiezan, por lo menos, a contemplar lo que les has mostrado.

Sabes, Baba era muy discreto respecto a lo que le daba a la gente. No iba por ahí diciendo: "Soy un Guru. Voy a traer a Dios hasta ti". Él fue quien era, e hizo lo que tenía que hacer. Y exactamente porque fue quien era, la gente recibió lo que tenía que recibir.

Cada uno tenemos nuestro karma. Y no es posible cambiar

el karma de nadie. No importa lo mucho que yo quiera ayudar a alguien, si esa persona tiene un cierto entendimiento, entonces eso es lo que el entendimiento de él o de ella será.

La gente que hace trabajo voluntario algunas veces lo enfoca como una misión: "Voy a hacer esto, y voy a provocar un cambio". Unos años después, se siente decepcionada porque se da cuenta: "Yo no puedo provocar un cambio. Solamente puedo dar, y de lo que dé, se recibirá lo que pueda recibirse".

Lo principal que podemos darle a los demás es aceptación. No nada más decirles "aquí es donde estás, así que acéptalo". Sino una aceptación con amor y con bondad, para que lentamente aprendan a amarse y aceptarse a ellos mismos.

En el Shaivismo, hay un sūtra que dice: "Al que se le llama *saṁsārin*, es una persona de este mundo, que se ha envuelto a sí mismo en *dāridrya*".

No existe una buena traducción al inglés de dāridrya. Puedes pensar en ello como pobreza de śakti, de energía. Ser pobre en śakti nos ata a este mundo. El propósito del yoga es hacerlo a uno rico otra vez —no en riqueza material sino en gracia espiritual—. En tanto que uno no tenga riqueza espiritual, uno no se sentirá enaltecido.

Recientemente, cuando estuvimos en Houston, alguien contó una historia de uno de sus socios, que quería hacer algo por la gente que vive en las calles. Cuando veía a una persona indigente, le entregaba su tarjeta de visita y le decía: "Venga a mi oficina. Le daré un empleo".

Nadie se presentó jamás.

Yo creo que cada vez que hacemos algo por los demás con amor, debemos admitir que lo hacemos porque nos da alegría. Podemos decir que lo hacemos porque eso hará feliz a la otra persona. Pero en última instancia somos egoístas; lo hacemos porque nos da alegría. Queremos verlos felices porque eso nos hace felices.

Hace unos cuantos años, en Haridwar, un grupo de nosotros veníamos de regreso del Ganges. Vimos a unas personas mendigando afuera de un restaurante, y decidimos alimentarlas.

Todas estaban formadas, pero algunas se salieron de la fila, diciendo cosas como: "Cómprame harina, yo no como en este restaurante" y "Denme una taza de té, no quiero comida".

Así pues, dije: "Esperen, esto es lo que les estamos dando. Si quieren comida, tómenla. Si no, encuentren a alguien más".

Un hombre que vestía un hábito harapiento naranja dijo: "Hace frío. ¡Necesito una cobija!".

Era enero, así que mandé a uno de los chicos que estaba conmigo a comprar un cobertor para el hombre.

Este le dijo al chico: "Sígueme".

El chico dijo: "No, no voy a ir a donde usted quiere llevarme. Vamos a ir a una tienda".

Así pues el chico lo llevó allá y le compró el cobertor. Más tarde, vio al mismo hombre siguiendo a alguien más, y mendigando: "Deme un cobertor, deme un cobertor".

Cuando terminamos ese día, y ya íbamos de regreso al ashram, un hombre vino corriendo. Dijo: "Esperen, yo sigo aquí. ¡Necesito que a mí también me den de comer!".

Yo dije: "Hemos terminado por hoy. No traigo más dinero".

"A menos de que me dé de comer", dijo, "lo que usted haya dado hoy valdrá cero".

Le dije: "Pues qué pena que no te lo creo". Y me alejé de ahí.

El hombre pronunció unas cuantas malas palabras, y luego se fue y encontró a alguien más.

Yo creo que, en este tipo de situación, haces lo mejor que puedes. No puedes sentir lástima. No puedes sentirte triste. Simplemente, das desde tu corazón. Te aseguras de que tus intenciones sean transparentes. Y eso es todo lo que puedes hacer.

Por ejemplo, si alguien está enfermo y se obstina: "Oh, estoy tan enfermo, estoy tan enfermo", ¿qué puedes hacer? A esa persona no puedes sacarle la mente, convencerla de que "No estás enfermo", y volvérsela a meter. En cierto sentido, tienes que aprender a volverte indiferente.

Este es un predicamento que encuentro en el trabajo que hago.

La gente dice: "No puedo meditar".

Digo: "Intenta esto…".

Luego los veo unos meses más tarde: "Sigo sin poder meditar".

"Es que, te dije que hicieras esto…".

"Es que, no funciona".

Recuerdo a alguien que venía a verme con el mismo problema cada vez. Yo siempre le decía a ella lo mismo porque sabía que funcionaría. ¡Si tan siquiera lo hubiera intentado! La última vez que vino me habló de un problema y dijo: "Y no me diga que haga esto…".

Dije: "Usted sabe lo que tiene que hacer".

Nunca la volví a ver.

La gente se mete en un surco y se queda atorada en él. Por lo tanto, en mi caso, aun en el trabajo que hago, he tenido que aprender a ser indiferente. No puede uno sentirse satisfecho de que alguien haga las prácticas y viva lo que uno enseña; ni tampoco puede uno sentirse defraudado porque algún otro no lo haga.

Cada persona viene por diferentes razones. Me di cuenta de eso estando cerca de Baba. Algunas personas venían porque amaban cantar y meditar y hacer las prácticas. Algunos venían y le hablaban de política o de negocios. Yo pensaba: "Estás con un gran santo. ¿Por qué quieres desperdiciar tu tiempo?".

Pero al paso de los años me di cuenta de que eso era todo lo que conocían, todo lo que querían. Ese era el alcance de su capacidad. Si esa era la única manera en que podían recibir gracia —y si Baba estaba dispuesto a escucharlos— entonces, estaba bien.

Baba tenía gran compasión. Al mismo tiempo, reconocía que lo que él podía dar estaba limitado por la capacidad de la gente.

El mejor ejemplo en que puedo pensar es que si vas al océano con una pequeña taza, tendrás el volumen de agua que cabe en una taza. Si vas al océano con una cubeta, podrás llevarte el volumen de la cubeta. O bien, puedes lanzarte al océano y volverte parte de él.

GLOSARIO

ābhāsavāda: verlo todo como un reflejo

ācārya: maestro reverenciado

Ādi Śaṅkarācārya: [788–820 EC] sabio, creador del Advaita
   Vedānta

adhyāya: estudio

ahaṁkāra: ego

ājñā: el chakra del tercer ojo; literalmente, comando

ānanda: dicha, beatitud

aṅga-nyāsa: ritual para la purificación de partes del cuerpo

āratī: ondeo de luces para adorar a una deidad

Āratī karūṁ: canto; literalmente, "Ondeemos las luces"

Arjuna: guerrero, héroe de la *Bhagavad gītā*

āsana: postura yóguica

āśrama: etapa en la vida

Ātman: el alma, el Ser

avadhūta: asceta

Āyurveda: la antigua ciencia de la salud en India

Bhagavad gītā: escritura hindú

bhakti: devoción

Bhakti sūtras: escritura del amor divino

bhasma: ceniza sagrada

bhastrikā: tipo de prāṇāyāma; respiración de fuelle

bhāva: sentimiento

bindu: punto

buddhi: intelecto

chakra: centro de energía en el cuerpo sutil

Caṇḍī: una de las muchas formas de la diosa

Chaitanya Mahāprabhu: [1486–1534] santo bengalí

Chinmāyānanda, Swami: [1916–1993] escribió comentario
   sobre la *Bhagavad gītā*

cit: Consciencia

citta: la mente; la mente subconsciente

dāridrya: pobreza de conciencia

darśan: visión de lo divino, experimentado en la presencia de
   un ser santo

Daśanāmi: orden de monjes fundada por Ādi Śaṅkarācārya;

literalmente, diez nombres
Devī: la Diosa
dharma: acción correcta, ley justa
Gaṇeśa: dios con cabeza de elefante, hijo de Śiva, removedor
de obstáculos
gopī: devoto de Kṛṣṇa
guṇa: una de las tres cualidades en la naturaleza
Guru gītā: comentario sobre el Guru
Hare Rāma hare Kṛṣṇa: canto a Rāma y Kṛṣṇa, encarnaciones
del dios Viṣṇu
Haṁsa: mantra; literalmente, "Yo soy so"
hṛdaya: corazón
jad: inerte
japa: repetición de un mantra
jayanti: cumpleaños
Jñāneśvar Mahārāj: [siglo XIII] poeta-santo de Maharashtra
Jyota se jyota: canto que invoca la gracia del Guru
Kabīr: [1440–1518] poeta-santo y tejedor
Kali Yuga: la era oscura, la última de cuatro eras
Kankhal: pueblo cerca de Haridwar, India, donde se ubica un
ashram de Shanti Mandir
kara-nyāsa: ritual para purificar las manos
Kashmir Shaivism: filosofía basada en la idea de que todo es
Consciencia
Kaṭha upaniṣad: escritura hindú
Krishnamurti, Jiddu: [1895–1986] filósofo
kriyā: purificación mental o física, generada por la kuṇḍalinī
despierta
kriyamaṇa: karma hecho en esta vida
Kṛṣṇa: deidad hindú, Guru de Arjuna en la *Bhagavad gītā*
Kulārṇava tantra: escritura tántrica
kumbhaka: retención de la respiración
Kumbh Melā: vasto encuentro de sādhus y peregrinos
kuṇḍala: espiral
kuṇḍalinī: energía espiritual latente dentro de todos los
humanos, puede ser despertada por un Guru

laddu: dulce hindú en forma de pelota
Lalitā sahasranāma: mil nombres de la Diosa
loka: lugar, mundo
Magod: pueblo en Gujarat, India, donde se ubica un ashram
    de Shanti Mandir
Mahābhārata: escritura hindú, contiene la *Bhagavad gītā*
Mahāmandaleshwar: distinguido maestro de la orden de
    monjes Śaṅkarācārya
mahāsamādhi: fusión final con el absoluto
manana: contemplación
manas: mente
manasa pūjā: adoración mental
mantra: palabras o sílabas sagradas, literalmente, "aquello que
    protege la mente"
mala: impureza
mālā: hilo de cuentas usado como rosario
mātṛkā: poder detrás de las letras de una palabra o mantra
māyā: ilusión
māyīya: limitado
Nāciketa: niño héroe del *Kaṭha upaniṣad*
Nasruddin, Mulá: personaje popular sufí
Navrātra: celebración de la Diosa, dura nueve noches
nididhyāsana: absorción
nirvikalpa: más allá del atributo, pensamiento o imagen
Oṁ namaḥ Śivāya: mantra; literalmente, "Me inclino ante lo
    divino"
Pādukā pañcakam: cinco estrofas acerca de las sandalias del
    Guru
Pārvatī: diosa hindú, esposa de Śiva
Patañjali: [sigo II ACE] autor de los *Yoga sūtras*
prāṇa: aliento vital
prāṇāyāma: regulación de la respiración
prārabdha: karma de una vida anterior que se manifiesta en
    esta vida
Pratyabhijñāhṛdayam: texto de siglo XII sobre el Shaivismo
    de Cachemira

pratyāhāra: retraimiento de los sentidos
pūjā: adoración
rajas: la cualidad de la pasión
Rāma: encarnación del Señor Viṣṇu
Rām Tīrth, Swami: [1873–1906] santo indio
Rudram: canto de alabanza a Rudra
sādhanā: prácticas espirituales
sādhu: renunciante
sahasrāra: el chakra coronario (centro de energía)
śakti: la energía creativa del universo; la energía espiritual
    despierta
śaktipat: transmisión de śakti por un Guru
samādhi: unión con el absoluto
saṃpradāya: tradición
saṁsārin: persona sujeta al ciclo de la vida y del renacimiento
saṁskāra: impresión latente
sanātan: universal, eterno
sañcita: karma acumulado a través de vidas
sandhyā: amanecer y atardecer
Śaṅkara: nombre para Śiva
sannyāsa: renunciación
satsaṅg: en compañía de la verdad
sattva: la calidad de la pureza
savikalpa: con pensamientos residuales
sevā: servicio desinteresado al Guru
siddha: maestro perfecto
Śiva: deidad hindú, el Guru primordial
Śiva mahimnaḥ stotram: himno de alabanza a Śiva
Śivarātri: la noche de Śiva
Śiva sūtras: texto del siglo IX del Shaivismo de Cachemira
smṛti: aquello que es recordado
śraddhā: fe
śravaṇa: escucha
Śrī Chakra: representación simbólica de la Diosa
Śrī Rām: canto al Señor Rāma, encarnación del Señor Viṣṇu
śruti: aquello que es oído

sūrya namaskār: salutaciones al sol, postura de hatha yoga
suṣumnā: canal mayor en el cuerpo sutil
sūtra: aforismo, verso
sva: ser
svādhyāya: estudio de sí mismo
svāhā: así sea; literalmente, "Lo rindo ante el Ser"
tamas: la cualidad de oscuridad e inercia
tāmasika: teniendo la cualidad de tamas
tattva: principio
Tukārām Mahārāj: [1608–1650] poeta-santo
turīya: cuarto estado de conciencia, estado de unicidad
Uddhava: amigo de Kṛṣṇa en la *Bhāgavata purāṇa*
ujjāyī: tipo de prāṇāyāma con exhalación forzada
Upaniṣads: escrituras hindúes ancestrales
Vasiṣṭha: sabio védico
Vedānta: filosofía basada en los *Vedas*
Vedas: escrituras hindúes ancestrales
viśala: magnánimo
viveka: discernimiento entre lo real y lo irreal
vṛtti: fluctuación de la mente
yajña: ritual de fuego
Yama: dios de la muerte
Yoga sūtras: escritura compilada por Patañjali
Yudhiṣṭhira: hermano mayor de los Pāṇḍavas en el
　Mahābhārata

Nota. Las palabras sánscritas e hindi aparecen en cursivas en
su primera mención en el texto.

MAHĀMANDALESHWAR
SWAMI NITYĀNANDA

Mahāmandaleshwar Swami Nityānanda proviene de un linaje de maestros espirituales tradicionales de India. Al tiempo que conserva las enseñanzas espirituales, hace de la espiritualidad parte de la realidad cotidiana moderna, guiado por la plegaria "Que todos los seres vivan en paz y en contentamiento".

Nacido en 1962, Swami Nityānanda fue criado, desde su nacimiento, en un ambiente de yoga y meditación. Sus padres eran devotos del famoso *avadhūta* Bhagavān Nityānanda, y luego se convirtieron en discípulos de su sucesor, el renombrado Guru Baba Muktānanda.

Swami Nityānanda fue entrenado desde su niñez por Baba Muktānanda e iniciado en el misterioso sendero de los Siddha Gurus. Aprendió diversas prácticas yóguicas, incluyendo la meditación y el canto en sánscrito, y estudió las filosofías del Vedānta y del Shaivismo de Cachemira.

Fue iniciado como monje en la orden Sarásvatī en 1980, a los dieciocho años de edad, y recibió de Baba Muktānanda el nombre Swami Nityānanda. En 1981, Baba Muktānanda declaró que Swami Nityānanda lo sucedería para continuar el linaje.

En 1987, Swami Nityānanda fundó Shanti Mandir como vehículo para continuar con el trabajo de su Guru, y posteriormente estableció cuatro ashrams.

En 1995, a los treinta y dos años de edad, en una ceremonia tradicional en Haridwar, India, los ācāryas y santos de la tradición del Daśanām lo instalaron como Mahāmandaleśwar de la Akhara Mahānirvani. Ha sido el más joven en recibir este título desde que se instituyó esta orden.

Actualmente, Swami Nityānanda, también conocido como Gurudev, viaja alrededor del mundo compartiendo las prácticas espirituales en las que ha sido entrenado.

Mahāmandaleshwar Swami Nityānanda

SHANTI MANDIR

Shanti Mandir es una organización espiritual sin fines de lucro, que se dedica a la propagación de las enseñanzas de Baba Muktānanda.

Uno de los ashrams de Shanti Mandir está cerca de las orillas del río Ganges, en Kankhal, junto a Haridwar. El otro ashram, en Magod, se encuentra en un entorno rural, en medio de una huerta de mangos de veinte acres (ocho hectáreas), en el estado de Gujarat. El ashram de Shanti Mandir en los Estados Unidos abarca 294 acres (119 hectáreas) arbolados en las afueras del pueblo de Walden, en el Estado de Nueva York.

Bajo la guía de Swami Nityānanda, Shanti Mandir simboliza la paz, el progreso y el amor. Además de las prácticas espirituales realizadas a diario, los tres ashrams contribuyen con sus recursos a las siguientes actividades caritativas: Śrī Muktānanda Sanskrit Mahāvidyālaya (educación), Shanti Mandir Arogya (salud) y Shanti Hastkala (oportunidades económicas mediante la elaboración y venta de artesanías).

Baba Muktānanda

Bhagavān Nityānanda

LOKĀḤ SAMASTĀḤ SUKHINO BHAVANTU

QUE TODOS LOS SERES ESTEN CONTENTOS